FELIX KLEMME

# *bin raus*

aus allem, was mich davon abhält,
natürlich und erfüllt zu leben

Besuchen Sie uns im Internet:
www.knaur-balance.de

© 2018 Knaur Verlag
Ein Imprint der Verlagsgruppe Droemer Knaur GmbH & Co. KG, München
Alle Rechte vorbehalten. Das Werk darf – auch teilweise – nur mit
Genehmigung des Verlags wiedergegeben werden.
Bearbeitung: Melle Siegfried
Redaktion: Anke Schenker
Covergestaltung: ZERO Werbeagentur, München
Coverabbildungen: Felix Klemme fotografiert von Lara Burr-Evans;
Hintergrund von FinePic / shutterstock
Satz: Adobe InDesign im Verlag
Druck und Bindung: Uhl, Radolfzell
ISBN 978-3-426-67555-7

5  4  3  2  1

# Inhalt

# Vorwort

Hast du Lust, einfach mal raus zu sein? Raus aus allem? Aus den Verpflichtungen, Erwartungen und Sorgen des Alltags? Verbindest du mit *raus sein* Urlaub oder einen Wochenendausflug? Oder willst du nur noch weg, dein altes Leben hinter dir lassen? Muss es ein komplettes Aussteigen aus all diesen Konstrukten sein? Atmest du tief durch, wenn du deinen Arbeitstag beendet hast und du endlich *raus* bist? Vielleicht ist es auch eine Beziehung, aus der du dich insgeheim lösen willst, weil sie dir nicht guttut, aber du hast noch nicht den richtigen Weg gefunden, aus dieser Beziehung herauszukommen? Oder ist *raus sein* einfach wörtlich gemeint: rausgehen und draußen sein?

Ich vermute, in dir gibt es dieses Bedürfnis, *raus* zu sein, denn sonst hättest du dieses Buch nicht in der Hand. Aber du hast angefangen, es zu lesen, und ich hoffe, ich kann dir Wege und Möglichkeiten zeigen, auf positive Art *raus* zu sein. Sei es, dass du dich wieder im Spiegel erkennst oder im wahrsten Sinne des Wortes neu entdeckst, dass du einen Schritt in eine ungewohnte Richtung gehst oder den Mut findest, Entscheidungen zu treffen, vor denen du dich bisher gescheut hast. Vielleicht betrachtest du dein Verhalten auch einfach nur einmal aus einem anderen Blickwinkel und kommst raus aus dem Glaubenssatz von »man sollte« und vorschnellen Urteilen. Apropos *raus* sein … ist dein Handy eigentlich noch eingeschaltet? Bevor du weiterliest, möchte ich mit dir eine Vereinbarung treffen. Warum genau, erkläre ich dir gleich. Zuerst einmal unsere Vereinbarung:

*Schalte jedes Mal, wenn du dieses Buch in die Hand nimmst, dein Handy, dein Tablet und deinen Computer aus. Geh offline. Jedes Mal. Oder lass das mit dem Lesen.*

Womöglich ist das für dich total einfach, weil du das sowieso immer so machst und dich gern auf nur eine Aufgabe konzentrierst. Oder bist du jemand, der immer auf mehreren Kanälen aktiv und erreichbar ist? Ist dein Handy, dein Laptop oder ein anderes Gerät immer eingeschaltet? Dann könnte meine Forderung möglicherweise Ablehnung oder Abwehr in dir auslösen. Wenn das so sein sollte, dann überleg mal, was genau so schwer daran ist, alles auszuschalten und für eine Weile komplett *raus* zu sein. Warum also diese Vereinbarung?

Ich möchte, dass du aus diesem Buch den größtmöglichen Wert schöpfen kannst. Und das geht am besten, wenn du aufmerksam bist und dich einlässt. Aus eigener Erfahrung weiß ich sehr gut, wie schnell wir abgelenkt werden oder uns selbst ablenken können. Natürlich möchte auch ich erreichbar sein, wenn ich dringend gebraucht werde, weil etwas Wichtiges passiert ist. Aber mal ehrlich, wann ist eine sofortige Reaktion, die absolut keinen Aufschub duldet, wirklich notwendig? Es sind die großen Probleme, vor denen wir uns schützen wollen, aber die kleinen Dinge, die uns wirklich aufhalten.

Für dich ist es ein Riesengewinn, wenn du beginnst, kleine Dinge zu ändern, denn genau das ist letztendlich effektiv. Wir tun »Kleinigkeiten« gern als unbedeutend oder unwichtig ab. Zähneputzen ist auch keine »große« Sache, es macht aber auf Strecke gesehen einen erheblichen Unterschied, ob du morgens und abends diese drei Minuten investierst oder nicht. Es einfach zu lassen hat Folgen, die sich mit dem Argument der Zeitersparnis nicht rechtfertigen lassen.

Ich möchte dir mit diesem Buch Mut machen, deine Komfortzone zu verlassen. Ich zeige dir anhand von Beispielen, wie Menschen »Kleinigkeiten« verändert haben, sich *raus*bewegt haben aus alten Mustern, Gedanken und Verhaltensformen. Du wirst selbst erkennen, welche unfassbaren Wirkungen diese Veränderungen mit sich brachten. Bist du bereit, *raus* zu sein? Hast du Lust, Sichtweisen und Möglichkeiten kennenzulernen, die anders sind als das, was du bislang angenommen oder gesehen hast?

Ich nehme dich mit auf die Reise, auf die Reise von Menschen, die in ihrem Leben etwas geändert haben, aber auch mit auf meine Reise. Ich lasse dich an meinen persönlichen Erlebnissen und Erfahrungen teilhaben, denn diese Erfahrungen haben mich zu dem Menschen gemacht, der ich heute bin.

Vielleicht brauchst du ein bisschen Mut, um dich auf all das einzulassen, was dieses Buch für dich bereithält. Den Anfang machst du sofort, alles beginnt hier und jetzt: Wenn du einsteigen und auf den folgenden Seiten meine Begleitung sein willst, dann löse dein Reiseticket ein. Es ist kostenlos und nachhaltig. Du bezahlst einfach mit dem Drücken des POWER-Knopfs deines Handys, Laptops und aller anderen Geräte. Es ist der AUS-Knopf für die Ablenkung und der EIN-Knopf für deine Reise *raus* aus dem, was du hinter dir lassen willst. Was das ist, wirst du vielleicht erst auf deiner Reise selbst entdecken.

Herzlich, Felix

# Raus sein

Wer oder was weckt dich jeden Morgen? Dein Wecker, deine Kinder, der Hund, deine Frau, dein Mann? Die meisten Menschen begrüßt heute das Smartphone in den Tag. Der erste Griff des Tages ist also der Griff zu dem Gerät, das für den Großteil der Bevölkerung zum wichtigsten Begleiter geworden ist.

## Kontrollzwang

Viele meiner Freunde und Klienten berichten mir, dass sie ihr Handy nicht nur als Wecker nutzen, sondern sogar nachts angeschaltet lassen. Die Begründung: »Für Notfälle.« Das finde ich krass! Klar, wenn in meinem Familienkreis irgendetwas Schlimmes passiert, dann möchte ich erreichbar sein, um helfen zu können. Die Vorstellung, nicht erreichbar zu sein, nicht helfen zu können, als Letzter von etwas Wichtigem zu erfahren, ist nicht schön. Aber mal ehrlich, wie oft kommt das vor?

Wenn du nicht gerade einen Job hast, der dich auf Stand-by hält, wie oft wirst du nachts aus dem Bett geklingelt? Wie viele Gelegenheiten sind dir durch die Lappen gegangen, weil du nicht erreichbar warst? Und jetzt einmal von der anderen Seite betrachtet: Wie oft hast du auf etwas Spannendes, Neues, Wichtiges gewartet, was nicht eingetreten ist? Warum liegen wir permanent auf der Lauer?

Was dieses Verhalten wirklich widerspiegelt, ist etwas, das wir uns erst in den letzten Jahrzehnten angeeignet haben. Es ist das unbändige Bedürfnis, über ALLES die Kontrolle zu haben. Aber was können wir wirklich kontrollieren und vor allem, welches Gefühl produziert das Streben nach Kontrolle? Denn Kontrolle selbst ist kein Gefühl, es ist ein Zustand. Aus dem Französischen kommend, bedeutet *contrôle* (aus dem

Wort *contrerolle* entstanden) »Gegenregister zur Nachprüfung von Angaben eines Originalregisters«. Kontrolle ist also genauer betrachtet kein Zustand, sondern ein Gegenstand, mit dem man etwas überprüfen oder kontrollieren kann. Je nachdem, wie diese Überprüfung ausgeht, erzeugt ihr Resultat wiederum ein Gefühl in uns. Und genau das ist das eigentliche Ziel der Kontrolle.

Gefühle sind der Antrieb für alles, was wir tun, deshalb starte ich mit diesem wichtigen Thema gleich zu Beginn dieses Buches. Den größten Einfluss auf unsere Gefühlswelt nimmt das *Natural Network,* unser Umfeld inklusive aller Faktoren wie Lebensraum und -situation, gesellschaftliche Konventionen und unsere sozialen Kontakte. Wir leben in einem großen Wenn-dann-Konstrukt: Wenn du in der Schule nicht fleißig bist, wirst du im Leben scheitern. Wenn du nicht viel Geld verdienst, wirst du nicht ernst genommen. Wenn du zu dick bist, bist du nicht schön. Wenn du alt wirst, wirst du unattraktiv und krank. Es gibt unzählige weitere dieser Konstrukte. Diese Wenn-dann-Formeln erzeugen Druck, und zu versuchen, ihnen immer gerecht zu werden, macht unser krasses Streben nach Kontrolle sehr nachvollziehbar.

Und jetzt spür doch mal in dich hinein. Welches Gefühl entsteht in dir, wenn du das liest? Welches Gefühl löst dieses Kontrollbedürfnis (das manchmal sogar in einen Kontrollzwang ausarten kann) aus und befeuert es gleichzeitig? Es ist die Angst. Die Angst, etwas zu verpassen. Die Angst, nicht »da zu sein«, wenn etwas Wichtiges oder Entscheidendes passiert. Die Angst, machtlos zu sein, die Zügel nicht mehr in der Hand zu haben. Du willst die Kontrolle behalten, koste es, was es wolle. Damit in Verbindung steht allerdings auch die große Illusion, überhaupt in der Lage zu sein, immer alles kontrollieren zu können. Wer nicht akzeptieren kann oder will, dass ständige Kontrolle eine Illusion ist, wird damit automatisch seine Angst steigern und seinen Stress erhöhen. Die Auswirkungen von Dauerstress auf die Gesundheit können auf lange Sicht fatal sein.

# »FOMO« – die Angst, etwas zu verpassen

Im vorangegangenen Kapitel habe ich von unserem Drang geschrieben, alles kontrollieren zu wollen. Die gut versteckten schwelenden Ängste in uns sollen in Schach gehalten werden. Wenn wir uns nicht mit ihnen auseinandersetzen wollen, lenken wir uns ab. Hand aufs Herz – auch du weißt vermutlich schon lange, dass es nicht sinnvoll ist, den Tag am Smartphone oder auf Instagram zu verdaddeln. Warum aber fällt es uns so schwer, das Smartphone einfach auszuschalten? Neben der Gewohnheit und dem Bedarf nach Kontrolle gibt es noch eine weitere Komponente: Du hast Angst, etwas zu verpassen. Dieses Phänomen, das ganze Generationen betrifft, hat mittlerweile einen eigenen Namen: FOMO – *the fear of missing out.*

Du liegst entspannt im Liegestuhl auf deinem Balkon, als dein Handy einen Signalton abgibt. Auf Instagram erscheint der Post einer Freundin. Du siehst das Foto mit den strahlenden Gesichtern deiner kompletten Clique auf einem Straßenfest. Hättest du vielleicht doch mitgehen sollen, statt es dir mit einem Buch gemütlich zu machen? Minütlich tauchen nun immer mehr Bilder und Filmchen auf. Verpasst du etwa die Party des Jahres? Du beginnst dich zu ärgern. Und du fühlst dich allein. Die anderen scheinen viel mehr Spaß zu haben als du.

Was du fühlst, wird FOMO genannt und gilt als die erste Social-Media-»Krankheit«. Die Untersuchung einer amerikanischen Website ergab, dass 56 Prozent aller befragten Social-Media-Nutzer zugaben, dass sie Angst haben, etwas zu verpassen.[1] Das Bedürfnis, immer zu wissen, was geschieht, geht sogar so weit, dass 26 Prozent der Nutzer andere Gewohnheiten wie Rauchen oder Reality-TV-Sendungen aufgeben würden, wenn sie dafür ihre Social-Media-Aktivitäten beibehalten dürften.

Es ist aber auch schwer, sich und sein Leben nicht zu vergleichen, wenn einem ständig Bilder von spaßigen Abenden, wundervollen Reisezielen, sportlichen Erfolgen oder der besten Hausdekoration unter die Nase gerieben werden. Wir beginnen uns permanent infrage zu stellen und daran zu zweifeln, ob wir wirklich die richtige Entscheidung getroffen haben, wie wir unsere Zeit verbringen. Hätte ich nicht mit auf die Party gehen sollen? Wäre eine hellere Farbe nicht schöner fürs Schlafzimmer? Sport, ich müsste auch mehr Sport machen. Und mehr Smoothies trinken, guck dir die Farben an! Oder ins Museum gehen. Die anderen sind schon wieder auf einer Ausstellung. Wie willst du da einen Moment genießen? Du bist mit dem Kopf überall, nur nicht im Hier und Jetzt.

Dabei beachten wir häufig nicht, dass das, was wir in den sozialen Medien zu sehen bekommen, nicht unbedingt auch immer »echt« ist. Es kann gut sein, dass das gesellige Bild deiner Freunde der einzige schöne Moment auf dem Straßenfest war, und vielleicht war dieser Moment nicht einmal schön, sondern fürs Selfie inszeniert. Weißt du's? Und das toll arrangierte Blümchen, passend zur Wandfarbe, sagt nichts über die Person aus, die das Foto postet. Vielleicht hat deine Schwester nur einen genervten Pflichtbesuch bei deinen Eltern absolviert, aber ein Foto gepostet, weil das Licht gerade schön war oder um sich selbst zu beweisen, dass Abende mit den Eltern schön sind oder zumindest so aussehen.

Versuch doch mal, das Ganze aus der Distanz zu betrachten. Ja, Menschen tun Dinge, und Menschen zeigen uns, was sie tun, aber hinter die Fassade blicken können wir nicht. Guck dir die schönen Bilder an und freu dich, mal nicht dabei zu sein. Du sollst nicht zum Eremiten werden, aber bitte genieße das, was du tust – ob es ein Essen im Café oder dein freier Abend auf dem Balkon ist –, mit allen Sinnen. Auch dafür gibt es mittlerweile ein Wort: JOMO, *joy of missing out,* das bewusste Verpassen; die Freude, raus zu sein.

Wir neigen dazu, mit dem Kopf in der Vergangenheit oder der Zukunft zu verweilen. In der Studie der oben genannten amerikanischen Website gaben 27 Prozent der Teilnehmer an, gleich nach dem Aufwachen ihre Social-Media-Accounts zu besuchen. Wie startest du in den Tag? Wie lange hat dein Körper Zeit, im Hier und Jetzt anzukommen, ohne dass dein Kopf bereits voller Gedanken, Erwartungen, Bedürfnisse oder dem Wunsch nach Kontrolle ist?

Ich habe mich lange Zeit von meinem Handy wecken lassen und meist direkt als Erstes den Flugmodus ausgeschaltet. Die Folge war, dass sofort eine Flut von Benachrichtigungen meine Accounts flutete. Nachrichten von Mitarbeitern, Klienten, Freunden und Bekannten. Selbst wenn ich sie nicht sofort las, habe ich sie wahrgenommen, und fortan spukten sie in meinem Kopf herum. Was will mein Klient so früh am Morgen? Ist alles okay, oder braucht jemand meinen Support? Ist in der Firma alles okay? Verpasse ich etwa einen wichtigen Termin?

Während ich frühstücke, kontrolliere ich die Aufgaben des Tages und stelle mir für wichtige Dinge eine Erinnerungsfunktion. Ob ich ins Büro fahre, einen externen Termin habe oder von zu Hause aus arbeite, mein Handy ermöglicht es mir, Mails auch von unterwegs zu beantworten, Gespräche auch während der Mittagspause im Café anzunehmen und Ideen zu notieren, die mir spontan kommen. Diese Unterwegs-Ideen sind oft die wertvollsten, und ich arbeite sie wenn möglich direkt in mein Mind-Map-Programm im Laptop ein. Wenn ich eine Idee teilen möchte, mache ich das sofort. Ich freue mich über jedes Feedback, denn ich liebe es, in Kontakt mit Menschen zu sein. Für mich gibt es nichts Schöneres als ein warmes Miteinander. Parallel arbeite ich die Aufgaben des Tages ab, und es stimmt mich zufrieden, im Laufe des Tages meine To-do-Liste abzuhaken. Wenn alles gut geht, ist sie gegen Abend leer. Übrig gebliebene Aufgaben übertrage ich gleich auf den nächsten Tag – und bevor ich schlafen gehe und den Flugmodus anschalte, checke ich ein letztes Mal den Posteingang.

Diese oder ähnliche Abläufe geben nur einen Teil dessen wieder, was täglich medial bei mir abgeht, und deshalb will ich sie gar nicht bis ins kleinste Detail aufzählen. Ich möchte nur verdeutlichen, dass auch ich –

der Wert darauf legt, viel draußen zu sein, sich bewusst zu ernähren und zu bewegen und achtsam mit mir und meiner Umwelt umzugehen — verdammt viel Zeit vor diversen praktischen Gerätschaften verbringe. Das ist zum Teil auch gut so. Für mich ist das Smartphone viel mehr als nur ein Handy, denn es ist schon lange nicht mehr ausschließlich zum Telefonieren da, sondern auch ein wichtiges Instrument bei meiner Arbeit. Ich arbeite unterwegs, nehme Videos auf, poste sie und bin häufig mit Menschen über Videotelefonie in Kontakt, denn wenn ich jemanden sehe, ist die Verbindung eine andere, als wenn ich nur dessen Stimme hören würde.

Wie ist es bei dir? Wie viel Zeit verbringst du täglich mit oder vor irgendeinem computerartigen Gerät? Erst als ich mir selbst diese Frage gestellt habe, ist mir aufgefallen, wie präsent Handy, Rechner und Tablet in meinem Leben sind — nicht nur präsent, sondern vollends in mein Leben integriert. Erst als ich bewusst darauf geachtet habe, ist mir klar geworden, wie viel Raum die Technik in meinem Leben einnimmt.

## Wie viel Zeit hängst du am Handy?

Es gibt übrigens auch Apps, die dein Konsumverhalten am Handy aufzeichnen und dir einen Überblick geben, wie viel Zeit du am Smartphone verbringst, welche Apps du am meisten nutzt und sogar, wie oft du dein Smartphone entsperrst. Das eigene Verhalten zu dokumentieren oder schwarz auf weiß zu sehen, wie viel Zeit für Snapchat, Instagram und Co. draufgeht, kann ganz schön erschreckend sein.

Also, warum mache ich das? Warum nehme ich mir selbst die Möglichkeit, runterzukommen und zu regenerieren oder das zu tun, was für mich das Wesentliche ist, was auch immer es ist?

# Mein Weg raus

Die erste Reise führt in meine noch gar nicht so lang zurückliegende Vergangenheit. 2017 war mein Leben richtig stressig. Es gab unzählige Baustellen und eine Menge Chaos. Wobei sich das Chaos im Außen noch nicht zeigte. In meinem Inneren brodelte es dafür umso heftiger. Mein Unternehmen *Outdoor Gym* krankte an allen Ecken und Enden. Nichts lief mehr so, wie es sollte. Es stellte sich heraus, dass in den letzten Jahren der wichtigste Aspekt eines gut funktionierenden Unternehmens fehlte: funktionierende und geregelte Strukturen. Das damals gesteckte Ziel hieß Wachstum. Wir wollten immer mehr Standorte eröffnen, in möglichst vielen Städten präsent sein, um unser Angebot möglichst vielen Menschen verfügbar machen zu können. Das war eine Fehlentscheidung, denn ohne Struktur in der Zentrale war das gar nicht möglich.

Ich selbst stand zudem auch nicht zur Verfügung. Neben Outdoor Gym war ich zu dieser Zeit in viele weitere Projekte eingebunden: TV-Formate, Vorträge, Workshops, Lesungen, das Coaching von Klienten und zu guter Letzt meine Familie, die zu Recht hier am Ende steht, weil ich kaum Zeit für sie hatte. Ich war permanent unterwegs. Das operative Geschäft sowie die Entwicklung meines Unternehmens leitete jemand anders. Ich selbst konnte und sollte diese Verantwortung aufgrund der anderen Projekte nicht leisten.

Obwohl ich erkannte, dass die Strategie, die in meinem Unternehmen gefahren wurde, falsch war und es immer mehr Probleme gab, erlaubte ich, diesen Kurs weiterzuverfolgen, und ließ mich immer wieder davon überzeugen, dass sich schon alles regeln würde und alles auf dem richtigen Weg sei. Heute weiß ich, dass ich die Reißleine viel früher hätte ziehen und einen klaren Cut machen müssen.

Ich kann mich noch gut erinnern, wie ich mich zu dieser Zeit fühlte, wenn ich morgens aufwachte. Der erste Griff war der zum Smartphone.

Ich schaltete den Weckmodus aus und schaute direkt auf meinen Nachrichteneingang. Gab es etwas Dringendes? Irgendwelche Probleme, die gelöst werden wollten? Zu dieser Zeit kam fast täglich die Nachricht, dass irgendetwas nicht rund lief. Ständig gab es Probleme und Hiobsbotschaften. Ich lag also noch im Bett und hatte weder die Zähne geputzt noch einen Schritt in Richtung Badezimmer getan, da war ich mit dem Kopf bereits voll im Chaos.

Diese Zeit war enorm intensiv. Durch die immense berufliche Belastung und den Erwartungsdruck von allen Seiten war ich ständig unter Strom. Gleichzeitig war ich traurig, wie sich alles entwickelt hatte. Die Idee, den Menschen eine erfüllende, natürliche und besondere Art und Weise von Bewegung, Fitness und Gesundheit zu ermöglichen, war zu einem Unternehmen geworden, das nicht nur unpersönlich war, sondern hinter dessen Fassade sich zudem ein Mount Everest an Problemen aufgetürmt hatte.

Ich hatte das Gefühl, das alles nicht mehr handeln zu können. Was sollte ich jetzt tun? Was hatte ich falsch gemacht? Ich ging mit mir ins Gericht und musste mir eingestehen, dass der fatalste Fehler war, nicht den Mut gehabt zu haben, unangenehme Entscheidungen zu treffen, denn diese Entscheidungen hätten radikale Veränderungen nach sich gezogen. Radikal, weil ich mich von einigen meiner eigenen Ansichten, von alten Glaubenssätzen und auch von Menschen hätte trennen müssen, aber ich habe die Augen davor verschlossen, weil ich mich nicht traute. Ich bin ein sehr harmoniebedürftiger Mensch und immer bereit, sehr viel in Menschen zu investieren. Mich von ihnen zu trennen fühlte sich wie Verrat an. Deshalb hatte ich eine enorme Angst, diesen Schritt zu gehen.

In dieser Zeit haben mir drei Dinge geholfen. Ganz klar an Position eins: die Kraft meiner Frau. Ich kann nicht sagen, wie ich diesen Druck damals ohne meine Frau, ihre Liebe und ihr tiefes Vertrauen in mich und uns ausgehalten hätte. Die beiden anderen wichtigen Faktoren waren meine Bereitschaft, mir Mentoren zu suchen, die mich unterstützten, und meine kleinen Inseln in der Natur.

Es gibt keinen einzigen Ort, wo ich besser zur Ruhe komme, als im Wald. Dort tanke ich Energie, mein Kopf wird klar, und die Gedanken bekommen neuen Raum. Rückblickend kann ich sagen, dass ich meine wichtigsten Entscheidungen unter Bäumen getroffen habe.

Zuallererst habe ich erkannt, dass ich den Verrat, den ich an meinen Mitarbeitern nicht begehen wollte, an mir selbst begangen habe. Ich war nicht ehrlich zu mir und hatte meine Prinzipien und Ziele aus den Augen verloren. Das zu erkennen war bitter. So konnte es nicht weitergehen. Ich wollte raus aus diesem Morast. Ich wollte echte und wahre Harmonie und dieses gesamte Kartenhaus von falschen und illusorischen Erwartungen und Fiktionen loslassen. Es war höchste Zeit, die Klarheit zurückzugewinnen, auch wenn das bedeutete, alles zu verlieren. In mir wuchs die Bereitschaft, unangenehme Entscheidungen zu treffen, und mir war klar, damit auch andere Menschen zu enttäuschen.

Das Wort *Enttäuschung* ist für mich eines der Wörter mit der größten Stärke und Tragweite. Denn eine Ent-Täuschung ist das Ende einer Täuschung. Ich habe mich selbst getäuscht, als ich mir entgegen meines Gefühls weismachte, dass wir mit Wachstum auf dem richtigen Weg seien. Mit dieser Einstellung habe ich gleichzeitig andere getäuscht, indem ich ihnen versicherte, dass wir mit dieser Strategie richtig fahren. Zu begreifen, dass ich mich getäuscht habe, war extrem schmerzhaft! Für mich selbst, weil ich wirklich an unseren Erfolg geglaubt hatte, aber noch viel mehr, weil ich auch andere Menschen ent-täuschen musste. Ich musste die Täuschung auflösen, der ich selbst aufgesessen war. Und das, wo ich doch niemals einen Menschen täuschen wollte und will. Zuallerletzt Menschen, die mir wichtig sind.

Dass auf die nun ehrlichen Gespräche, die ich führen musste, Enttäuschungen und heftige Emotionen folgten, war eine logische Folge. Das musste ich aushalten, denn es war an der Zeit, einen neuen Weg zu gehen, um Klarheit, Wahrheit und die Essenz meiner Idee und den Kern von Outdoor Gym wiederzubeleben.

Ich gehe noch einmal einen Schritt zurück. Ich habe erkannt, dass ich mich selbst getäuscht hatte und dass mein Unternehmen mitten in einer Krise steckte, wenn es nicht sogar vor dem Aus stand. Welche Möglichkeiten hätte es also zu diesem Zeitpunkt für mein Unternehmen gegeben? Ich hätte sagen können: »Ich bin raus!«, und hätte alles hinschmeißen können. Aufgeben und Hinschmeißen kam aber für mich noch nie infrage. Also musste es einen anderen Weg *raus* geben. Und genau diesen Weg bin ich inklusive aller Schwierigkeiten, Trennungen, Veränderungen und neuer Prozesse gegangen.

Es mussten Mitarbeiter gehen, weil die Konstrukte, die über Jahre hinweg aufgebaut wurden, nicht gegriffen haben und weder effektiv noch rentabel waren. Es mussten neue Strukturen geschaffen werden, die eine sinnvolle Form von Kontrolle ermöglichten und einfach und sicher zu handhaben waren. Es gab unzählige Aspekte, die verändert werden mussten. Der Teufel steckt im Detail, wie man so schön sagt, und da ist so viel Wahres dran. Ich brauchte Hilfe. Ich erkannte, dass ich die Idee und das Konzept zu meinem Unternehmen nach wie vor mit ganzem Herzen vertreten konnte und dass ich jemanden brauchte, der meine Passion versteht und das Unternehmen aufbauen und entwickeln kann.

Genau diese Person habe ich (wieder)gefunden. Einen Menschen, den ich noch aus meiner Zeit nach meinem Studium kannte, in der ich als Personal Trainer arbeitete. Er hatte mittlerweile eine Menge Erfahrungen gesammelt und war Geschäftsführer eines großen Fitnessstudios in Köln. Die Vision war klar. Weg vom Wachstum an Standorten hin zu einem Wachstum an Qualität mit Fokus auf die Menschen. Die Menschen im eigenen Team und die Menschen, die bei uns trainieren. Denn nur so können wir effektiv arbeiten, und genau diese Effektivität war etwas, das ich all die Jahre völlig missachtet hatte.

Die krasseste Erkenntnis und mein intensivstes Learning aus dieser Zeit: Das Unternehmen war seit einigen Jahren überhaupt nicht wirtschaftlich. Das Unternehmen konnte nur bestehen, weil ich es die ganzen Jahre durch meine Einnahmen aus den anderen Jobs finanzierte. Das hat bis zu einem gewissen Punkt funktioniert, doch dann kam der Moment, an dem auch dieser Punkt überschritten war und sich die Erwartungen, die wir in das Wachstum gesetzt hatten, nicht erfüllten. Wir hatten nicht nur viel zu viele Standorte eröffnet, sondern auch viel zu viele Trainings angeboten, was sich nicht rechnete. Aus der Angst, andere Menschen zu enttäuschen – diejenigen, die bei uns trainierten, und die Trainer, die für uns arbeiteten –, ließ ich das einfach so weiterlaufen. Mir wurde damals geraten, die unrentablen Standorte aus Imagegründen zu halten. Eine Schließung wäre das falsche Signal nach außen. Heute sage ich: Scheiß auf die Signalwirkung, scheiß drauf, was andere denken! Denn ganz ehrlich: Es geht nicht um ein richtiges oder falsches Signal, es geht um die richtige Entscheidung! Und diese war längst überfällig.

## Erwartungen und Druck

Dass ich diese Entscheidung nicht getroffen habe, lag nicht nur daran, dass ich niemanden enttäuschen wollte, sondern auch daran, dass ich nicht erkannt hatte, wie wichtig es mir bisher war, anerkannt zu werden. Ich wollte nicht nur Menschen, sondern auch die Erwartungen, die an mich gestellt wurden, nicht enttäuschen. Ich wollte verdammt noch mal alles richtig machen. Von klein auf habe ich um Anerkennung gekämpft. Ein Grund dafür war sicherlich auch die Trennung meiner Eltern, als ich fünf Jahre alt war. Plötzlich war mein Vater nicht mehr da. und mir fehlte ein wichtiger Teil meiner Familie und damit das Gefühl, Anerkennung und Sicherheit zu erleben. Eine Anerkennung, die ich aber auch nicht erhalten hätte, wenn er geblieben wäre, denn mein Vater hat lange Zeit meine Entscheidungen nicht akzeptieren können, allen voran, dass ich mich dafür entschied, Sport zu studieren. Als Mathematiker und Physiker war er ein sehr rationaler Mensch, und in seiner Generation war nur derjenige erfolgreich, der etwas Sichtbares oder Messbares schuf. Sport zu machen gehörte definitiv nicht dazu.

Mein ständiger Kampf und mein stetes Streben galten also seiner Anerkennung. Ich bekam sie nicht und fühlte mich in vielem falsch, was ich tat. Als mir mein Vater kurz vor seinem Tod sagte, dass er stolz auf mich sei und ich mir meine Lebensfreude erhalten solle, war es das erste Mal, dass ich mich *richtig* fühlte. Nach all dem, was ich in den vielen Jahren vermisst hatte, mich doch von ihm akzeptiert zu wissen, war ein sehr wichtiger Moment für mich. Ich musste nicht mehr um Akzeptanz kämpfen. Das Gefühl, alles richtig machen zu wollen, war allerdings in mir verankert.

Durch die Schräglage bei Outdoor Gym wurde mir nun auch noch mein nächstes großes Thema vor den Latz geknallt.

Ich hatte immer das Bestreben, dass es allen gut geht. Ich scheute Auseinandersetzungen und wollte Konflikte, so gut es irgendwie ging, vermeiden. Einfach gesagt wollte ich immer Harmonie. Koste es, was es wolle. Das war das zweite große Ding, das mir als Kind so sehr fehlte, denn meine Eltern gingen nach ihrer Trennung alles andere als harmonisch miteinander um. Ständig stritten sie, und so lebten wir in einem Dauerkonflikt. Als Kind und später als Jugendlicher stand ich immer zwischen ihnen und versuchte zu vermitteln. Auf keinen Fall wollte ich der Auslöser für den nächsten Streit sein. Der größte Wunsch, den ich hatte, war Harmonie. Ich versuchte, immer dafür zu sorgen, dass es allen gut geht.

Und jetzt stand ich vor der Entscheidung, Mitarbeitern zu kündigen. Wahrscheinlich war das eine der schwersten Entscheidungen meines Lebens, denn es lag auf der Hand, dass das Resultat dieser Entscheidung war – egal, ob ich das Unternehmen aufgab oder weiterführte –, einige Menschen enttäuschen zu müssen. Und das bedeutete im Klartext, dass ich ihnen offen sagen musste, was ich schon längst wusste: »So geht es nicht weiter, wir haben viele Fehler gemacht. Wenn es weitergehen soll, dann gilt es, klare Veränderungen umzusetzen.« Das war die Wahrheit, die ich anerkennen musste und nach der ich nun auch handeln wollte.

Als ich mir eingestand, dass dies der ehrliche und einzige Weg ist, merkte ich, dass ich damit auch bereit war, alles zu verlieren. Ich konnte und wollte mich nicht mehr selbst täuschen, nicht um den Preis, eine vermeintliche Harmonie aufrechtzuerhalten. Mir war bewusst, Gefahr zu laufen, dass sich alle Menschen von mir und meinem Unternehmen abwenden würden. Dass sie nicht nur enttäuscht wären, sondern wütend und sicherlich auch manch einer gegen mich arbeiten würde. Letztendlich gab es von allem etwas. Es tut mir leid, dass sich einige falsch verstanden fühlten, wütend oder enttäuscht waren und heute noch sind. Und trotzdem war diese Entscheidung richtig. Ein Unternehmen, das sich finanziell nicht trägt, kann nicht bestehen.

Ich habe mich also für ein »Raus aus dem Alten« und ein »Rein in etwas Neues« entschieden. Ich habe nicht zugemacht. Ich glaube, dass auch das Wort *zumachen* ein Wort mit großer Bedeutung ist. Denn zumachen bedeutet auf psycho-emotionaler Ebene, sich vor etwas zu verschließen. Und wer sich verschließt, ist nicht offen, etwas Neues zu erkennen. Sich zu öffnen ist ein elementarer Bestandteil für Veränderungen. Offen sein bedeutet aber auch, bereit zu sein, verletzt zu werden oder gar alles zu verlieren.

Mit der Bereitschaft, ALLES zu verlieren, und der Erkenntnis, dass ich das überleben würde, da ich alles, was mir wichtig war – meine Familie, meine Integrität und meine neu gewonnene Selbstliebe – behalten würde, wurde es plötzlich leichter, und vor mir öffneten sich neue Türen. Die Menschen in meinem Team teilten die neue Vision und waren bereit, den neuen Weg mit mir zu gehen. Mit allen Schwierigkeiten und Tiefen, die es zu durchqueren galt. Diese Erfahrungen, die ich mit meinem Unternehmen machen durfte, habe ich gebraucht, um zu verstehen, dass ich Entscheidungen treffen darf, die andere gegebenenfalls enttäuschen. Aber noch viel wichtiger war, dass ich begriffen habe, dass

Ent-Täuschungen nur dann notwendig sind, wenn vorher Täuschungen bestanden haben. Ich habe mir vorgenommen, Täuschungen in Zukunft gar nicht erst entstehen zu lassen und im besten Falle weder mich selbst zu täuschen noch andere. Eine Täuschung findet statt, wenn ich mich vor der Wahrheit verschließe und nicht bereit bin, ihr ins Auge zu sehen.

Wenn ich heute erkenne, dass etwas in die falsche Richtung läuft, warte ich nicht mehr, sondern ändere es sofort. Ich spreche an, was ich als falsch empfinde, und bin bereit, damit einen möglichen Konflikt mit einem anderen Menschen einzugehen. Dieser Konflikt ist aber viel kleiner, als würde ich das Problem aussitzen oder erst viel später ansprechen. Dadurch wächst nur die (spätere Ent-)Täuschung. Wichtig ist nicht, was andere in dir sehen, sondern was du selbst in dir siehst und was daraus wachsen kann. Es ist entscheidend, in sich zu schauen, ehrlich mit sich zu sein und sich vor sich selbst zu öffnen.

Drei Dinge habe ich auf dieser Reise gelernt:
1. Stoppe direkt, wenn du erkennst, dass sich etwas in die falsche Richtung entwickelt.
2. Sei immer bereit, dir Unterstützung zu holen.
3. Unangenehme Entscheidungen sind oft die wichtigsten in unserem Leben. Habe den Mut, sie zu treffen.

## Die zwei Seiten von »raus sein«

*Raus sein* hat für mich zwei Bedeutungen. *Raus sein* kann bedeuten, dass du dich draußen, also an einem anderen Ort als deinem Zuhause oder dem Büro befindest. Reize und Einfluss einer neuen Umgebung helfen, Distanz zu deinem Alltag und damit häufig auch zu Sorgen und Stressoren zu finden. Ein Tagestrip in eine andere Stadt kann sich anfühlen wie ein Kurzurlaub. Die Probleme bleiben für eine Weile verschwunden. Räumliche Distanz allein reicht aber nicht aus, um dauerhaft *raus* zu sein. In Kapitel zwei werde ich dir noch einiges dazu sagen.

Die andere Seite des Rausseins erleben wir in unserem Alltag wesentlich häufiger. Wir sind nämlich auch raus, wenn unser Unterbewusstsein die Regie übernimmt. Auf der Basis der Erfahrungen, die wir in unserem Leben gemacht haben, und der Glaubenssätze, die daraus entstanden sind, steuert es uns und sorgt dafür, dass wir unsere Glaubenssätze immer wieder bestätigt bekommen. Wir laufen quasi auf Autopilot. So können unangenehme Themen geschickt umschifft werden. Sobald es doch unangenehm wird, nutzen wir Ablenkungsmechanismen, die uns auch *raus*bringen. Medien, das Internet, aber auch andere Dinge wie Alkohol, Nikotin, Zucker, Fett, Einkaufen und vieles andere sind wirksame Mittel, um uns vom eigentlich Wesentlichen abzulenken. Mit ihrer »Hilfe« sind wir die Sorgen eine Weile los. Das ist übrigens auch das Fatale an Alkohol, Drogen oder auch Junkfood – diese Dinge erwarten nichts von uns.

Eine Klientin sagte mir einmal: »Essen ist immer da, und es nimmt mich so, wie ich bin. Es wertet nicht.« Das ist einer von vielen Gründen, warum übergewichtige Menschen zu maßlosem Essen neigen. Sie wünschen sich eben auch, raus zu sein aus ihren Ängsten und krassen Glaubenssätzen, und solange ihr Belohnungszentrum im Gehirn anspringt, fühlen sie sich auch wirklich (kurz) besser. Na klar wertet das Essen nicht, das tut dann aber spätestens die Gesellschaft, die übergewichtigen Menschen wenig Respekt entgegenbringt. Ihre Nöte sieht keiner.

Es ist nicht verwerflich und wirklich häufig so, dass wir nicht das tun, was gut für uns wäre, sondern uns mit Essen oder anderen Dingen ablenken oder das tun, was andere von uns erwarten und was andere für richtig oder wichtig halten. Wer zu einem großen Teil für andere lebt, lebt fremdbestimmt. In diesem Sinne bringt uns das *Rausein* davon ab, das Wesentliche zu tun, dich mit dir selbst und deinen innersten Wünschen, Gefühlen, aber auch Ängsten auseinanderzusetzen. Es ist wesentlich einfacher, sich abzulenken und ablenken zu lassen, als sich seinen Ängsten zu stellen. Das klingt jetzt hart, und wenn du auch zu denjenigen gehörst, die sich lieber ablenken, als sich Problemen zu stellen, nimm diese Worte nicht persönlich. Wir entscheiden meist nicht, Konflikte zu vermeiden, dieses Verhalten entsteht oft unterbewusst.

Früher, zu Zeiten Sigmund Freuds, dachte man, das Unterbewusste sei gleichzusetzen mit einer dunklen, bedrohlichen Kraft. Heute weiß man, dass das Unterbewusstsein alle bisherigen Erfahrungen, Sinneseindrücke, die Informationen daraus und die dazugehörigen Gefühle eines Menschen speichert. Das tut es aus einem guten Grund – es sorgt dafür, dass alles, was einmal als gefährlich, schmerzhaft oder auch unangenehm erlebt wurde, nicht noch einmal erlebt werden muss. Die Aufgabe unseres Unterbewusstseins ist, uns immer zu schützen. Und das tut es sehr effizient und häufiger, als uns lieb ist.

99 Prozent unseres Denkens laufen unterbewusst ab.
Auch wenn die Hirnforschung unseren Denkapparat noch nicht zur Gänze entschlüsselt hat, vermutet man, dass die Macht des Unbewussten immens ist. Sagte man bisher, 10 Prozent des Denkens verliefen bewusst, geht man mittlerweile davon aus, dass dem Denkenden nur 2 Prozent (mache Forscher sagen sogar nur 0,1 Prozent) dessen bewusst wird, was sein Gehirn leistet. Zwei Prozent sind so viel wie zwei Esslöffel der Gesamtmenge deines Gehirns, das, wenn du ein Mann bist, etwa 1400, bist du eine Frau, etwa 1300 Gramm wiegt.
Es ist dein Unterbewusstsein, das maßgeblich beeinflusst, wie du dich entscheidest und verhältst.

## Negative Glaubenssätze

Dein Unterbewusstsein hat eine wichtige Aufgabe: Es speichert alles, was du bisher erlebt hast, Positives wie Negatives. Deine Erfahrungen verknüpft es mit den zeitgleich erlebten Emotionen. Taucht eine ähnliche Situation auf, »entscheidet« dein Unterbewusstsein, was zu tun ist, um dich vor Schaden zu bewahren. Das tut es, um dein Überleben zu sichern, und seine Entscheidung muss nicht das sein, was du rational entscheiden würdest. Grund dafür sind Glaubenssätze, die sich in deiner Kindheit gebildet haben und die dir heute im Weg stehen. Ist der Glaubenssatz negativ, wie zum Beispiel »Das schaffe ich doch nie!«, verknüpft dein Unterbewusstsein diese Aussage mit der entsprechenden Reaktion wie Trauer, Enttäuschung oder Hilflosigkeit. Diese schmerzhafte Emotion gilt es zu vermeiden – und schon macht dein Unterbewusstsein seinen Job. Es sorgt dafür, dass du dein Ziel vorher aus den Augen verlierst, um dir das schmerzhafte Gefühl des Scheiterns zu ersparen. Schon hast du es tatsächlich wieder nicht geschafft, und das wiederum bestätigt deinen negativen Glaubenssatz.

**Was sind negative Glaubenssätze?**
Dein Unterbewusstsein speichert alles, was du bisher erlebt hast. So entsteht eine individuelle Sammlung an Erfahrungen, die deine Art zu denken, zu handeln und damit dein Verhalten beeinflussen. Diese Sammlung kondensiert in Glaubenssätzen. Sie immer wieder zu bestätigen bedeutet Sicherheit. »Siehst du, stimmt doch. Versuch gar nichts Neues, das könnte schiefgehen und noch viel schlimmer werden.« Selbst so ein negativer Glaubenssatz will dich immer nur in Sicherheit wiegen und dich vor weiteren schmerzhaften Erfahrungen beschützen. Dummerweise steht er dir bei deiner persönlichen Entwicklung im Weg.

Ein Großteil negativer Glaubenssätze entsteht während der Kindheit. Fast alle meine Klienten, die mich wegen Blockaden, Beziehungsproblemen, Essstörungen oder Gesundheitsproblemen um Rat fragen, haben in ihrer Kindheit auf irgendeine Weise prägende Erfahrungen gemacht.

Glaubenssätze sind Sätze, die wir uns immer wieder sagen und an die wir (meist unterbewusst) glauben. Diese Sätze sind aus Erfahrungen entstanden, die nicht einmal unsere eigenen sein müssen. Bei Glaubenssätzen handelt es sich genau genommen um Gedanken, die – weil wir sie immer wieder denken – wie von allein abgespielt werden, wenn eine Situation entsteht, in der sie »gebraucht« werden. Und weil wir sie immer wieder denken, hat unser Gehirn sie fest angelegt. Wie eine gut eingefahrene Straße. Das Gehirn macht das, um Energie zu sparen. Auf einer glatten Straße fährt es sich ja auch viel leichter als auf einem Waldweg. (Wie diese Gedankenautobahnen entstehen, die durch die Wiederholung von Gedanken oder Taten zu Gewohnheiten werden, erkläre ich dir genauer im Kapitel »Wie funktioniert Neuroplastizität?«.)

Weil die Glaubenssätze in unserem Kopf so reibungslos abgespielt werden, sind sie uns meist gar nicht bewusst. Sie verhalten sich wie Gesetze, und genau das ist das Problem — erkennen und hinterfragen wir sie nicht, können sie uns ganz schön limitieren. Selbst wenn wir sie erkannt haben und uns bewusst von einem Glaubenssatz distanzieren oder sogar genau das Gegenteil von dem tun, was man von uns verlangt, kämpfen wir immer noch gegen dieselben Muster, statt sie aufzulösen.

Ein Großteil der Glaubenssätze entsteht während der Kindheit. Zum einen sind Kinder evolutionär darauf angewiesen, im Schutz einer Gruppe aufzuwachsen. Sie passen sich also den Werten und Anforderungen der Erwachsenen an, um nicht »ausgestoßen« zu werden. Egal, was passiert, Kinder stellen es nicht infrage. Das ist ein biologisch verankertes Schutzverhalten. Zum anderen weisen Kinder bis etwa zum zehnten Lebensjahr eine andere Hirnfrequenz auf als Erwachsene. Während sich die Frequenz der Gehirnwellen Erwachsener im wachen Zustand im Betawellenbereich (14–100 Hertz = Zyklen pro Sekunde) befindet, wird bei Kindern größtenteils ein hoher Anteil von Thetawellen (4–8 Hertz) gemessen. Bei Erwachsenen kommen Thetawellen nur im Schlaf oder während einer Trance oder tiefen Meditation vor.[2] Dann ist das Unterbewusstsein aktiv, und es herrscht eine erhöhte Lern- und Erinnerungsfähigkeit. Deshalb sind Kinder auch viel empfänglicher für Programmierungen jeglicher Art.

Was Kinder erleben, formt ihre Persönlichkeit. Werden sie geliebt und wertgeschätzt, fühlen sie sich gut; werden sie abgelehnt, fühlen sie sich schlecht. Schmerzhafte Erfahrungen bleiben vermutlich niemandem erspart. Sie entstehen durch Kritik, Schuldzuweisung, Mangel an Ermutigung und Unterstützung, Abwertung, verbale Gewalt, übermäßige Kontrolle oder das Fehlen von Grenzen, Ausgrenzung und Isolation. Von körperlicher Gewalt und Missbrauch ganz zu schweigen. Wer immer wieder hört: »Das schaffst du sowieso nicht!«, »Du bist so eine Memme!«, »Ich ertrage dein Gejammer nicht!«, oder sich aufgrund des

Verhaltens der Erwachsenen als störend, ungeliebt oder wertlos empfindet, wird diese Gefühle wahrscheinlich als Glaubenssatz bis ins Erwachsenenalter in sich tragen.

Zwei meiner wichtigsten Glaubenssätze waren: »Ich bin nicht gut genug« und »Ich muss es allen recht machen, und es muss allen gut gehen«. Diese beiden Glaubenssätze haben mein Leben auf vielfältige Art und Weise beeinflusst. »Ich bin nicht gut genug« hat dazu geführt, dass ich mich selbst sehr lange Zeit nicht wirklich annehmen und lieben konnte. Andere Menschen zu akzeptieren, fiel mir hingegen sehr leicht. Ich konnte auch problematisches Verhalten anerkennen. Ich mochte sehr viele Menschen und empfand vielen meiner Freunde gegenüber enorme Wertschätzung und auch Liebe. Nur mir selbst gegenüber nicht, weil mein Unterbewusstsein auf vielen subtilen Ebenen gelernt hatte, dass ich nicht gut sein *konnte*.

Meine Eltern waren getrennt und stritten, sobald sie aufeinandertrafen. Häufig auch über das, was ich tat. Mein Vater fand mein Sportstudium blödsinnig und für meine berufliche Zukunft schlecht. Ich musste mir (und ihm) beweisen, dass Sport zu machen und Sport zu studieren nicht, wie er sagte, »ziellose Spaßhüpferei«, sondern anspruchsvoll und anstrengend war. Das führte dazu, dass ich mit mir selbst sehr oft unnachgiebig umging. Ich trainierte meinen Körper sehr häufig, sehr intensiv und sehr hart, um besser als andere und endlich »gut genug zu sein«. Neben meinem Studium hatte ich unzählige Jobs, habe sehr viel gearbeitet und habe viel Zeit aufgewendet, um anerkannt zu werden. Ich habe oft genug unter meinem eigentlichen Wert gearbeitet, habe oft auch kein Geld genommen oder viel zu wenig für das, was ich leistete.

Der vielleicht noch viel krassere Glaubenssatz war allerdings der zweite, der mir sagte, ich müsse es allen recht machen. Denn durch dieses Harmoniebedürfnis habe ich enorm viel zugelassen. Ich habe mich für viele

Menschen aufgeopfert und unglaublich viel Zeit in Menschen investiert, ohne dafür wirklich etwas zurückzubekommen. Wenn das Ziel ist, es allen recht zu machen, hat man viel zu tun. Es geht ja um alle. Irgendwer ist immer da, für den noch nicht alles richtig ist.

Genau dieser Glaubenssatz trug auch maßgeblich zur Situation in meinem Unternehmen bei. Auch hier hatte ich versucht, es allen recht zu machen. Allen, nur mir nicht. Das gehörte sich nicht. Und schließlich war jemand, der es nicht schaffte, es allen recht zu machen, nie gut genug. Da schlossen sich die beiden Glaubenssätze in einem Teufelskreis. Mein Unternehmen ging den Bach runter, und der Druck war unbeschreiblich. Denn für mich fühlte es sich so an, dass ich persönlich für *jeden* Einzelnen, der in meinem oder für mein Unternehmen arbeitete oder bei uns trainierte, verantwortlich war. Ich war schon immer sehr gut darin, mich in Menschen hineinzuversetzen und mir vorzustellen, wie es sich für jemanden anfühlt, wenn dieses oder jenes passiert.

Diese Zeit hat mich an meine absoluten Grenzen gebracht. Permanent gingen in meinem Kopf Filme von enttäuschten, wütenden oder traurigen Menschen ab. Ich träumte sogar davon. So gut ich anderen helfen konnte – jetzt steckte ich selbst fest. Ich nahm mir Auszeiten, ging viel spazieren und suchte mir einen Businesscoach. Ich gewann immer mehr Abstand, und irgendwann war ich raus. Raus aus der Gedankenmühle, raus aus der Schuldnummer, und vor allem erkannte ich, wie sehr mich meine inneren Glaubenssätze immer wieder die gleichen Erfahrungen machen ließen. So lange, bis ich meine Lektion gelernt hatte. Diese Erfahrungen waren nötig, um zu erkennen, dass nicht ich für jemanden verantwortlich bin, sondern ich für mich und jeder für sich selbst.

*Ich bin für mich selbst verantwortlich.*

Das musste ich begreifen. Alle Entscheidungen, die ich treffe, können Einfluss auf andere Menschen haben, aber wie sie damit umgehen, entscheiden sie selbst. Es liegt nicht in meiner Verantwortung, es allen recht zu machen. Meine Verantwortung ist es, ehrlich zu sein. Ehrlichkeit kann immer dazu führen, dass manche Menschen das, was ich sage, nicht nachvollziehen, richtig finden oder ertragen können oder wollen. Ich musste akzeptieren, dass es in der Verantwortung der anderen Menschen liegt, wie sie mit dem Ball umgehen, den ich ihnen zuwerfe. Sie können ihn annehmen oder zurückwerfen. Locker und spielerisch oder fest und voller Wut. Jeder trägt die Verantwortung, mit dem, was ihm die Welt zeigt, einen ehrlichen Umgang für sich selbst zu finden. Wenn wir (an)erkennen, dass wir jeden Moment in unserem Leben die Wahl haben, Ja oder Nein zu sagen, etwas zu tun oder zu lassen, dann werden wir neben der Freiheit, die wir für uns selbst finden, ein enormes Potenzial freisetzen, das uns dazu befähigt, glücklich und erfüllt zu leben.

An dieser Stelle ist es mir wichtig zu erwähnen, dass es nicht mein Anliegen ist, meinen Eltern oder überhaupt jemandem die Schuld in die Schuhe zu schieben. Es gibt für mich keine Schuld, aber es gibt Gründe. Ich habe lange Zeit einen Groll gegen meinen Vater gehegt, der mit meiner Entscheidung, Sport zu studieren, zeitlebens unzufrieden war. Überhaupt hatte ich das Gefühl, ihm nichts recht machen zu können. Das hat mich lange beeinflusst. Aber ich habe auch begriffen, dass es mein Vater so gut gemacht hat, wie er konnte, und dass auch er nur nach seinen erlernten Glaubenssätzen gehandelt hat. Er hat gelernt, dass nur Messbares etwas Wahres ist, und sich gewünscht, dass ich etwas lerne, das seinem Sicherheitsempfinden entspricht. Es war nicht seine Schuld, er hat sich aufgrund seiner Erfahrungen einfach große Sorgen um meine berufliche Zukunft gemacht.

Es wäre viel einfacher zu sagen, dass meine Eltern schuld daran seien, dass ich so lange gebraucht habe, mich selbst anzuerkennen. Aber es sind nicht meine Eltern – oder auch die Welt –, die mich zu dem gemacht haben, der ich heute bin, sondern mein Umgang mit diesen Erfahrungen. Auch mich trifft keine »Schuld« – es ist, wie es ist. Aber es ist wunderbar zu sehen, wie viel Einfluss ich auf meine Sichtweise und damit auf meine Gefühle habe. Es liegt in meiner Hand. Ich habe erkannt, dass ich mich lange Zeit mit den durch meine Erfahrungen in mir angelegten Glaubenssätzen selbst sabotiert habe.

Die meisten Glaubenssätze entstehen durch ein schmerzliches Erlebnis. Wenn wir uns immer wieder so verhalten, wie wir es durch einen Glaubenssatz gelernt haben, erleben wir den erfahrenen Schmerz aus unserer Vergangenheit wieder und wieder, nur eben mit einer neuen, anderen Erfahrung. Nehmen wir einmal ganz banal an, dein Bruder bekommt eine Armbanduhr, aber du nicht, weil deine Eltern sagen, dass du so oft Dinge verlierst und dass sie dir deshalb etwas so Wertvolles nicht schenken. Kinder glauben ihren Eltern, und in dir bildet sich der Glaubenssatz: »Ich bin es nicht wert.« Dieser Glaubenssatz kann dich davon abhalten, um eine Gehaltserhöhung zu bitten; deine Partnerin zu fragen, ob sie dich heiratet; dir ein dickes Auto zu gönnen oder einen Stundensatz zu verlangen, der deiner Arbeit angemessen ist. Ist auch okay, du bist es ja nicht wert. Aber so bekommst du weder das, was du dir wünschst, noch das, was dir zusteht. Damit bestätigt sich dein Glaubenssatz immer wieder selbst, und da liegt der Haken.

Dein Unterbewusstsein will Glaubenssätze immer wieder verifizieren, denn wenn das stimmt, was du dir als Muster angelegt hast, ist zumindest alles »sicher«. Gewohnheiten geben Sicherheit. Auch dein Gehirn weiß genau, was als Nächstes passiert, und verbindet damit ein Gefühl. Und exakt dieses Gefühl (das Sehnen nach Sicherheit, Akzeptanz oder Nähe) soll erfüllt werden. Veränderung ist mit Unsicherheit und Angst verbunden. Uns auf ein neues Gebiet zu wagen, könnte mit erneuten Verletzungen einhergehen, und so verharren wir lieber in unseren alten Mustern, als uns ins Unbekannte zu wagen. Einen negativen Glaubenssatz immer wieder zu verifizieren ist aber echt blöd. Also hilft nur, ihn zu entlarven und zu versuchen, ihn in einen positiven Satz umzuwandeln. Aus »Ich bin es nicht wert!« wird »Ich bin wertvoll«. Das stimmt immer, du wirst aber vielleicht eine Weile brauchen, dir das zu glauben. Und es ist wichtig, dir diesen Satz nicht einfach nur zu sagen, sondern auch danach zu handeln, indem du Dinge tust, die du tun willst, weil sie es dir wert sind. Damit sind nämlich nicht nur die Dinge wertvoll, die du tust, sondern du wirst damit automatisch selbst wertvoll. So kannst du dein Unterbewusstsein auf schlaue Art und Weise neu programmieren.

Dieses große Bedürfnis nach Harmonie, das ich als Kind hatte, als ich mir nichts sehnlicher wünschte, als dass mit meinen Eltern alles wieder gut sei, hatte ich auch in meinem Unternehmen, als es nicht gut lief. Ich musste erkennen, dass es Dinge gibt, die ich beeinflussen kann, und andere, bei denen das nicht geht. Anders gesagt: Es gilt im Leben, Dinge anzupacken oder loszulassen. Der Unterschied dabei ist allerdings, dass ich als Kind mein rationales Gehirn nicht so klar einsetzen konnte, wie ich es heute mit meinem erwachsenen Bewusstsein kann. Genau diese Fähigkeit gilt es zu nutzen, um zu erkennen, wann wir uns in Glaubenssätzen bewegen und entsprechend verhalten, um dann anschließend Entscheidungen zu treffen, die nötig sind.

Übrigens sind diese beiden Glaubenssätze nur ein kleiner Teil der Glaubenssätze, die ich mir im Laufe meines Lebens angeeignet habe. Ich bin nach wie vor im Prozess, Glaubenssätze in mir zu entdecken und loszulassen. Genau dafür ist es so wichtig, einen Coach oder Mentor an seiner Seite zu haben, der in der Lage ist, die richtigen Fragen zu stellen, um die Glaubenssätze »hervorzulocken«. Ohne meine Coaches und Mentoren wäre ich heute nicht so klar und bewusst, wie ich es bin. Und ich bin noch lange nicht an dem Punkt, an dem ich sagen könnte, ich bin angekommen.

Unsere Glaubenssätze konfrontieren uns oft mit Ängsten. Diese Ängste können massiv sein. So massiv, dass unser Körper das Gefühl hat, es ginge um Leben und Tod. Mein Unterbewusstsein wurde sehr früh mit einem Verlust konfrontiert, und dadurch entwickelte ich eine Verlustangst. Die Angst, meinen Vater zu verlieren, war ja nicht gedacht, sondern sie war gelebte Realität und damit ein real erlebter Schmerz. Diese Angst zeigte sich im Laufe meiner Unternehmensentwicklung wieder, aber auf einer anderen Ebene: Ich hatte Angst, mein Unternehmen (und die Personen, mit denen ich gerne arbeitete) zu verlieren. Zusammengefasst haben mich also diese drei Ängste gesteuert:

1. die Angst, etwas oder jemanden zu verlieren,
2. die Angst, nicht gut genug zu sein,
3. die Angst, nicht gemocht, geliebt oder akzeptiert zu werden.

**Erkenne deine größte Angst und finde deinen größten Wunsch**

Wenn du deine größten Ängste kennst, erkennst du dein größtes Potenzial. Wenn du bereit bist, dich deinen Ängsten zu stellen, können die größten Veränderungen entstehen. Dafür braucht es Mut, den richtigen Begleiter und Räume, einfach mal raus zu sein, um mit dir selbst in eine tiefe und wahre Verbindung zu kommen. Wer seine größte Angst kennt, der kennt seinen größten Wunsch. Oder umgekehrt. Oft bringt dich der Wunsch auch zu deiner Angst. Wunsch und Angst liegen immer ganz nah beieinander, und häufig ist das eine sogar das Gegenteil des anderen.

Nur wer weiß, was sein größter Wunsch ist, kann sich auf den Weg machen, ihn zu erreichen. Wir können also versuchen, unsere negativen Glaubenssätze zu finden und zu entschärfen. Doch obwohl unser Unterbewusstsein ganz schön kreativ wird, um uns vor schmerzhaften Gefühlskontakten zu schützen, kommen wir oft gar nicht so weit zur Ruhe, dass wir unserer inneren Stimme lauschen und uns mit diesen Dingen auseinandersetzen könnten. Wir benutzen das Internet immer mehr dazu, uns vom eigentlich Wesentlichen – von uns selbst – abzulenken. Wir sind dauer-online, dauerhaft abgelenkt, bespaßt und beschäftigt. Technologie ist etwas Großartiges, sie kann uns aber auch in den Wahnsinn treiben. Es wird Zeit, das Internet auszustöpseln und uns wieder mit uns selbst zu verbinden. »The Internet to the Inner-net« – so lautet der Titel eines Buches des Google-Mitarbeiters Gopi Kallayil, und das beschreibt für mich genau das, was wir brauchen. Eine Verbindung nicht nach außen, sondern nach innen. Eine natürliche Verbindung zu uns selbst, zu unseren Wünschen und Gefühlen.

## Wie uns unterdrückte Gefühle davon abhalten, unser Leben zu leben

Bevor ich dir zeige, was passiert, wenn deine Aufmerksamkeit dauernd an äußere Dinge gebunden ist, möchte ich dir ein paar unbequeme Fragen stellen. Solltest du noch keinen Notizblock bei dir haben, hole dir einen. Bitte notiere dir spontan (und ehrlich), was dir als Erstes in den Kopf kommt.

*1. Was bringt dich raus?*
*Was entkoppelt dich von deiner Verbindung zu dir selbst?*

*2. Wo willst du raus?*
*Womit willst du dich nicht auseinandersetzen?*

Als ich mir diese Fragen gestellt habe, kamen mir folgende Gedanken:
»Ich will raus aus der Box!« Jede fremde Autorität steckt einen in eine Schublade, und häufig akzeptiert man das klaglos. Der Arzt sagt: »Sie sind in einem Alter, in dem Sie akzeptieren müssen, dass Sie nicht mehr so fit sind.« Der Chef sagt: »So haben wir das schon immer gemacht,

und daran wird auch nichts geändert.« Ich will aber in keine Box gesteckt werden. Ich mache mir meine eigenen Gedanken.

Auch ich war gefangen, so wie du es vielleicht gerade bist. Ich war gefangen in meiner kleinen Box, in der ich täglich saß und dachte, dass ich dieses und jenes tun muss. Wenn ich es nicht täte, würde das fatale Folgen haben. Deshalb habe ich mich in meiner Vergangenheit (ver-) leiten lassen, das ein oder andere zu tun, was ich eigentlich ablehnte. Es gab zum Beispiel einen TV-Auftritt, den ich eigentlich nicht machen wollte. Ich hatte ihn aber zugesagt, weil das von mir erwartet wurde. Das sei gut fürs Image, sagte man mir. Was für ein Blödsinn, der da ablief, und was für eine dämliche Inszenierung. Es war völlig sinnlos, dort zu sein. Meine Lebenszeit hätte ich für so viele andere Dinge besser nutzen können. Während des kompletten Abends fühlte ich mich nicht wohl, und ich wünschte mir so sehr, *raus* zu sein aus diesem ganzen Quatsch, aber ich zog das Ganze durch.

Zu dieser Zeit war ich mehr fremdgesteuert als selbstbestimmt, und meine Verbindung zu mir selbst war nicht so, wie sie heute ist. Das bedeutet aber weder, dass ich all das, was ich damals getan habe, nicht tun wollte, noch, dass ich diese Zeit bereue. Die meisten Dinge haben mir Spaß gemacht, aber es gab eben auch etliche Dinge, die gegen meine Grundprinzipen gingen und die ich jetzt anders machen würde. Heute habe ich mehr Klarheit und einen viel intensiveren Kontakt zu mir selbst. Ich entscheide mich bewusster für die Dinge, die ich will, und gegen die Dinge, die ich nicht will. So habe ich mich auch bewusst entschieden, Dinge in meinem Leben zu ändern und mich von Dingen zu lösen.

Als ich damals mit dem Fernsehen begonnen hatte, habe ich das aus zwei Gründen getan: Erstens war das Format, das ich machen durfte, eine fabelhafte Möglichkeit, eine wertschätzende Arbeit zu tun, die dann dazu führte, dass ich zweitens über das Medium Fernsehen viele Menschen erreichen und dafür sensibilisieren konnte, wie sie ihr Leben positiv verändern können. Das hat mir gefallen. Aber mit der Zeit wurde mir eins immer klarer: Mein Input war gemessen an dem, was ich damit erreichte, sehr hoch. Natürlich half ich unseren Protagonisten und sicherlich auch einigen Fernsehzuschauern, aber das reichte mir nicht. Ich wollte auf einer anderen Ebene mit Menschen arbeiten. Nicht indirekt, sondern in direktem Kontakt. Heute ist es so, dass ich meine Bedürfnisse und Wünsche klarer und schneller erkenne und ihnen folge. Ich achte sehr genau darauf, wie ich meine Zeit und Energie nutze. Die wichtigsten Fragen, die ich mir stelle, sind:

1. Wofür möchte ich meine Energie und mein Potenzial verwenden?
2. Welche Werte kann ich durch mein Handeln schaffen?
3. Steht der zeitliche Aufwand im Gleichgewicht zu dem Nutzen, den ich durch mein Handeln erbringen kann?
4. Entspricht mein Handeln meinen höchsten Werten?

Mein wichtigstes Ziel ist es, Werte zu schaffen. Für mich selbst und andere Menschen. Den höchsten Wert hat für mich das positive Gefühl zu uns selbst, aus dem alles wächst: Gesundheit, Natürlichkeit, Glück, Freiheit, Erfolg und alles andere, was wir uns wünschen. Ich sehe mich als Begleiter, der bereit ist, alles zu geben, und anerkennt, dass jeder für sich selbst die Verantwortung trägt und damit das volle Potenzial besitzt, fatale Glaubenssätze hinter sich zu lassen und alles zu kreieren, was er sich wünscht.

Solltest du noch nicht genau wissen, was du hinter dir lassen möchtest, gebe ich dir ein paar Antworten, die meine Klienten gegeben haben:
- Ich will raus aus der Angst.
- Ich will raus aus der alltäglichen Tretmühle.
- Ich will raus aus dem Hamsterrad.
- Ich will raus aus dem Hass.
- Ich will raus aus den Schmerzen.
- Ich will raus aus meinem Selbsthass.
- Ich will raus aus den Zwängen.

- Ich will raus aus meinen (negativen) Glaubenssätzen.
- Ich will raus aus der Krankheit.
- Ich will raus aus den Verpflichtungen.
- Ich will raus aus den Erwartungen mir selbst gegenüber (s. Glaubenssätze), aber auch weg von den Erwartungen der anderen.
- Ich will raus aus der Langeweile.
- Ich will raus aus dem Mangel.
- Ich will raus aus der Angst, dass sich nie etwas verändert.
- Ich will raus aus der Angst vor Veränderung.
- Ich will raus aus den Fesseln.
- Ich will raus aus der Enge.

## Glaubenssätze positiv formulieren

Es ist wichtig zu wissen, welche negativen Gefühle dich in deinem Leben begleiten, weil sie dir als Stolpersteine oder massive Blockaden im Weg stehen können. Noch wichtiger ist es aber zu lernen, diese negativen Gefühle zu akzeptieren und in positive Gedanken umzuwandeln. Ich erkläre dir am Beispiel eines der oben angeführten Glaubenssätze, was ich meine.

Negative Formulierung: »Ich will raus aus der Krankheit.«
Positive Formulierung: »Ich lebe gesund und übernehme selbst und bewusst die Verantwortung für mein Handeln. Dazu bin ich bereit, alternative und neue Lösungswege zu gehen.«

Unser Handeln folgt unseren Gedanken, und sind diese Gedanken kraftvoll und positiv, ebnen sie dir den Weg. Solltest du dich schwertun, deinen Glaubenssätzen auf die Schliche zu kommen, lass dich von einem erfahrenen Coach unterstützen.

Ich glaube, du hast ein gutes Gefühl dafür bekommen, wie dich negative Glaubenssätze in deinem Denken und Verhalten beeinflussen. Sie haben viel Macht über dich, was auch daran liegt, dass sie zu einer Zeit in dir entstanden sind, als du offen für jede Art von Einfluss warst – als Kind.

Heute bist du erwachsen, und trotzdem wirken die Meinungen anderer in dir weiter. Und es sind nicht nur die »alten« Glaubenssätze, die Einfluss auf dich nehmen, sondern auch die Erwartungen deines Umfelds und der Gesellschaft. Wie geht es dir damit? Lebst du für den Eindruck, den du (vermutlich) auf andere machst? Ist es dir in erster Linie wichtig, dass dein Arbeitgeber zufrieden ist und deine Lieben glücklich sind? Und wann bist du glücklich? Oder weißt du das gar nicht, weil du dich mit deinen Gefühlen nicht auseinandersetzt? Du wärst damit nicht allein. Viele meiner Klienten umgehen den Kontakt mit gegebenenfalls schmerzlichen Gefühlen, indem sie im Internet verschwinden. Dann sind sie für eine Weile raus aus dem Chaos, das um sie herum tobt.

## Aufmerksamkeit und Überfokussierung

Wir sind mit allem und überall vernetzt. Straßen, Schienen und Flugrouten vernetzen die Städte, der globale Handel vernetzt die Märkte, und elektronische Geräte sind miteinander verbunden, um möglichst effizient zu arbeiten – und dann ist da natürlich das Internet, das Menschen weltweit miteinander verbindet. Wir leben in einem riesigen Netzwerk. Überall, jederzeit und pausenlos vernetzt zu sein ist toll, kann uns aber auch wahnsinnig machen. Denn ein weiteres, noch wesentlich komplexeres Netzwerk, das menschliche Gehirn, benötigt das genaue Gegenteil davon, dauer-online zu sein. Um optimal funktionieren zu können, braucht es Phasen der Ruhe und Achtsamkeit.

Doch seien wir ehrlich, unser Leben zieht uns permanent in die andere Richtung. Wir planen bereits unsere Termine für die nächste Jahreshälfte, chatten uns durch den Tag und recherchieren, wie das Wetter auf Mallorca ist. Dadurch sind wir überall und nirgends, aber bestimmt nicht im Hier und Jetzt. Wir konzentrieren uns tagein, tagaus auf viele kleine Punkte, unsere Aufmerksamkeit ist permanent zielgerichtet. Wir haben immer etwas zu tun, und wenn es nur Instagram und Facebook sind, denen wir geistig folgen. Eine ständig zielgerichtete Aufmerksamkeit führt aber, wie die Umweltpsychologen Stephen und Rachel Kaplan bereits Ende des vergangenen Jahrhunderts herausfanden, zu Erschöpfung. Sie nennen diese Art der Erschöpfung *directed attention fatigue*. Sie entsteht, weil wir dauerfokussiert sind und unsere Aufmerksamkeit Überstunden macht.

Wir alle kennen das, was die Kaplans beschreiben. In unserem Alltag richten wir unsere Aufmerksamkeit meist auf eine bestimmte Aufgabe, wie zum Beispiel das Ausfüllen eines Projektplans, das Füllen eines kariösen Zahns oder das Fahren eines Baggers. Wir konzentrieren uns auf eine bestimmte Sache. Die Konzentration hat aber nicht immer die beste Ausdauer, und wenn wir parallel von Anrufen, Messages oder Mails, unseren Kindern, Partnern, Kollegen oder Umgebungslärm abgelenkt werden, sind die Aufmerksamkeitsreserven irgendwann erschöpft. Wir werden unaufmerksam, unkonzentriert und bekommen nicht selten das Gefühl, überhaupt nicht mehr vernünftig denken zu können. Hält dieser Zustand an, spüren wir die Erschöpfung auch körperlich.

Es ist aber nicht nur so, dass uns das »Umweltrauschen« um uns herum überanstrengt und unsere Aufmerksamkeitsspanne sinken lässt, wenn wir versuchen, uns auf etwas zu konzentrieren. Häufig überfokussieren wir uns auch. Der Begriff »Überfokussierung« wird bei der Beschreibung der Aufmerksamkeitsdefizite verwendet. Menschen, die unter ADS oder ADHS leiden, neigen dazu, extrem ablenkbar zu sein, sich also nicht konzentrieren zu können. Oder sie »überfokussieren« ein Detail, beißen sich also an einem Gedanken, einem Thema oder an der Erreichung eines Ziels fest.

Für mich ist Überfokussierung kein Krankheitsbild, sondern ein »evolutionär modernes« Symptom unserer heutigen Zeit. Wir richten unseren Fokus auf ganz bestimmte Dinge, denken uns fest und bewegen uns in eingefahrenen Bahnen. Wir sind dann nicht mehr in der Lage, Dinge entspannt zu betrachten und das große Ganze zu sehen. Wir sind gefangen in den Gedanken zu ganz bestimmten Themen wie unserem Job, Verpflichtungen, Aufgaben und Erwartungen, die an uns gestellt werden. Zudem prasseln so viele Informationen auf uns ein, dass wir versuchen, das Rauschen auszuschalten, das um uns herum ist.

Wir überfokussieren, wenn wir uns übermäßig mit Instagram beschäftigen, wir überfokussieren uns auf den eigenen Körper, die perfekte Ernährung und die Erwartungen, die im Job an uns gestellt werden. Keines dieser Themen lässt uns wieder los, wir beschäftigen uns mit hoher Intensität und in einer Dauerschleife. Überfokussierung ist also nicht gleichzusetzen mit Konzentration, eher mit einem Festfahren der Gedanken und exzessiver Grübelei.

## Gerichtete und ungerichtete Aufmerksamkeit

Die Fähigkeit, aufmerksam zu sein, ist eine der wichtigsten und nützlichsten Ressourcen, die der Mensch besitzt. Wir benötigen diese Fähigkeit permanent – und auch du nutzt sie genau in diesem Moment, in dem du diese Zeilen liest. Wir brauchen die Aufmerksamkeit, um das hinzubekommen, was uns wichtig ist. Ohne Aufmerksamkeit geht es nicht. Sie ist die Voraussetzung dafür, zu planen, zu verhandeln, Ziele zu setzen und Probleme lösen zu können; in der Lage zu sein, unser Verhalten zu beobachten und zu regulieren und funktionierende soziale Beziehungen zu unterhalten.

Der Mensch hat zwei Methoden, Informationen auf- und wahrzunehmen. Manche Dinge, Umgebungen, Situationen oder Gedanken sind einfach fesselnd und erregen mühelos unsere Aufmerksamkeit. Kaplan und Kaplan nennen diese Art der Aufmerksamkeit *involuntary attention*. Direkt übersetzt würde es unfreiwillige oder unbeabsichtigte Aufmerksamkeit heißen, ich bevorzuge aber den Begriff *ungerichtete Aufmerksamkeit*. Es ist beispielsweise völlig un-anstrengend, die Flammen eines Lagerfeuers zu beobachten, einen Wasserfall anzuschauen oder die Vögel in den Zweigen vor dem Fenster zu bestaunen. Auch wenn du durch den Wald spazierst, können deine Sinne völlig frei an dem, was dort zu sehen ist, vorbeischweifen. Du nimmst trotzdem viel auf, nur ohne dich anzustrengen. Es gibt auch Dinge, bei denen es wirklich schwerfällt, sie nicht zu beachten: wenn sich dein Kleinkind einer Treppe nähert, dir jemand vom gemeinen Verrat eines gemeinsamen Freundes berichtet oder plötzlich ein Reh in deinem Garten auftaucht – so etwas fesselt deine Aufmerksamkeit unwillkürlich und ohne jede Anstrengung.

Andere Situationen oder Dinge erfordern es, aufzupassen und sich direkt auf etwas zu konzentrieren. Wenn du im Wald nicht läufst, sondern einen steilen Waldweg mit dem Mountainbike hinunterschießt, ist es mit der (ausschließlich) ungerichteten Aufmerksamkeit vorüber. Du konzentrierst dich auf die Gegebenheiten des Waldbodens, achtest auf Steine oder große Wurzeln, um nicht zu stürzen. Auch wenn du dich draußen in der Natur betätigst, der Erholungsfaktor für dein Gehirn geht bei einer solchen Tätigkeit zum Teil verloren. Die Kaplans nennen diese Art der Aufmerksamkeit *gerichtete Aufmerksamkeit*.

Wie wir alle wissen, ist diese Art der gerichteten Aufmerksamkeit endlich. Jeder, der schon einmal eine Klausur geschrieben, ein Protokoll verfasst, eine Sitzung mitgeschrieben oder zielgerichtet an einem Projekt gearbeitet hat, weiß, dass die Aufmerksamkeit nach einer Weile nachlässt und die Konzentration schwächelt. Nutzen wir unsere gerichtete Aufmerksamkeit über eine längere Zeit, nimmt die Fähigkeit ab, sie zielgerichtet einzusetzen. Wir werden geistig müde. Wenn ich eine Phase mit vielen Vorträgen oder – wie jetzt – konzentrierter Textarbeit hinter mir habe, brauche ich erst einmal eine Denkpause. Das ist zwar leicht

## Social Media grillt unser Hirn

Das Spannende ist doch, einmal genau hinzuschauen, was wir tun. Heute versuchen wir, uns die positiven Effekte einer ungerichteten Aufmerksamkeit durch Social Media zu holen, anstatt diese in der Natur zu suchen! Genau das ist das Perverse an den sozialen Medien – sie ziehen mühelos unsere Aufmerksamkeit an und fesseln uns. Sie bringen uns aber nicht die geistige Erholung der *ungerichteten* Aufmerksamkeit, durch die die Gedanken frei werden, sondern wir gehen ständig in eine gerichtete Aufmerksamkeit: Wir erfahren in Bruchteilen von Sekunden, wer alles wo in der Welt was wie macht: So geht Instagram. Wenn wir uns dort tummeln, sind wir jedes Mal auf einen Menschen fokussiert, und wir konzentrieren uns darauf, was hinter diesem einen Bild noch für weitere Bilder stecken! Es feuert unsere Vorstellungskraft an, indem wir uns ausmalen, was da wohl noch alles passiert. Da steht die gut trainierte Frau im Bikini am Strand. Was ist da wohl los? Macht sie Urlaub? Wie viel Zeit hat sie dort, und was macht sie da Tolles? Geht sie schnorcheln und erforscht die Unterwasserwelt? Oder vielleicht wellenreiten? Wobei, sind da überhaupt Wellen?

Wir denken uns die Geschichte zum Bild. Und das Ganze wird noch viel krasser. Wir betrachten so ein Bild ja nur sehr kurz und scrollen in Sekunden von einem Bild zum nächsten und von einer Geschichte zur anderen. Unser Hirn ist dabei unter Dauerfeuer. Das Besondere daran ist auch, dass wir nicht wie vor ein paar Jahren einfach nur einen Film schauen, wo jedes Bild, das dem vorhergehenden folgt, auch einen Zusammenhang zu diesem hat, sondern all die Bilder sind zusammenhanglos, und jedes Bild hat seinen ganz eigenen Film, den unser Gehirn jedes Mal aufs Neue weiter ausbaut und fortsetzt. Es ist also *ungerichtete* und *gerichtete* Aufmerksamkeit zusammen, die sich gegenseitig hochschaukeln!

gesagt, aber genau hier liegt in der heutigen Zeit ein wirklich dickes Problem. Wir bekommen diese Pause nicht automatisch.

Früher – und ich bleibe jetzt mal in der nahen Vergangenheit, also vor etwa 60 Jahren – standen wir morgens auf, frühstückten und gingen zur Schule oder zur Arbeit. Nur wenige Menschen hatten damals ein eigenes Auto, also fuhr man mit dem Rad, dem Bus oder ging zu Fuß. Allein. Ohne die Begleitung eines Podcasts auf den Ohren oder das Smartphone in der Hand. In solchen Phasen des Leerlaufs schaltete sogar der Kopf eines Vieldenkers zwischendurch mal ab. Heute müssen wir uns nicht nur auf unsere Arbeit konzentrieren, die meisten von uns sind gleichzeitig damit beschäftigt, sich in einem Feld äußerer und innerer Unterbrechungen zu fokussieren. Während wir uns konzentrieren wollen, suchen Signaltöne und aufblinkende Mailfenster unsere Aufmerksamkeit, unser Umfeld ist laut und turbulent, und so sind es unsere getriebenen Gedanken.

Sich zu konzentrieren wird ungleich anstrengender, und nicht selten führt das zu einer Situation, die die Kaplans und andere Forscher DAF *(directed attention fatigue)* nennen.

## Directed attention fatigue – Aufmerksamkeitsermüdung

Bereits seit Jahrhunderten beobachten Historiker, dass immer mehr Menschen vom Land in die Städte ziehen. Gegenwärtig leben weltweit mehr Menschen in Städten als auf dem Land. Das Stadtleben bietet viele Vorteile – die Nähe zur Arbeit und Kultur, höhere Lebensstandards –, hat aber auch Schattenseiten. Eine davon ist seine Auswirkung auf unser Gehirn. Wissenschaftler, die diese Auswirkungen des Stadtlebens auf unser Gehirn untersuchten, haben erschreckende Entdeckungen gemacht: Das Stadtleben kann unsere grundlegenden mentalen Fähigkeiten wie Aufmerksamkeit und Gedächtnisleistung schädigen. Es ist wissenschaftlich belegt, dass bereits wenige Minuten auf einer lebhaften Innenstadtstraße ausreichen, um die Fähigkeit unseres Gehirns zu beeinträchtigen, zu fokussieren und die Selbstkontrolle aufrechtzuerhalten.[3] Die Wissenschaftler schlossen aus dieser Studie (und es gibt mittlerweile zahlreiche andere, die genau dies belegen!), dass die Reize, die im Stadtleben auf uns einprasseln – Verkehr, Ampeln, Neonlichter, Sirenen, Hupen, überfüllte Gehwege –, unsere Aufmerksamkeit auf sich ziehen, das allerdings nur flüchtig, oder wie die Kaplans sagen: Die Aufmerksamkeit ist *ungerichtet*.

Das ist auf eine Art gut so, denn wer sich in dieser Situation in ein Buch vertieft, läuft Gefahr, ein sich näherndes Auto zu übersehen und angefahren zu werden. Die Informationen aus der direkten Umwelt aufzunehmen und zu verarbeiten ist wichtig. Trotzdem überlastet dieses Dauerfeuer an Reizen den Arbeitsspeicher unseres Gehirns, und das führt zu mentaler Erschöpfung. Das Ende der Fahnenstange ist dann das, was man *directed attention fatigue* oder *Aufmerksamkeitsermüdung* nennt. Der Teil des Gehirns, der es uns ermöglicht, uns trotz Ablenkung zu konzentrieren, macht schlapp. Menschen, die unter einer Aufmerksamkeitsermüdung leiden, sind noch ablenkbarer, ungeduldig oder vergesslich. Wenn dieser Zustand verstärkt wird und anhält, weisen die Betroffenen eine schlechtere Urteilsfähigkeit und erhöhte Stressmarker auf.

> **Aufmerksamkeitsermüdung oder**
> ***directed attention fatigue (DAF)***
> Bekommt unser Kopf keine Pause und wird unsere (nur endlich) verfügbare *gerichtete* Aufmerksamkeit von einer ständig arbeiten müssenden *ungerichteten* Aufmerksamkeit – also ständigen externen oder internen (Gedankenkarussell) Ablenkungen – gestört, kann es zu einer generellen Aufmerksamkeitsermüdung kommen.

Woran erkenne ich, dass ich unter DAF *(directed attention fatigue)* leide? DAF kann sich in vielen Bereichen zeigen. Hier die wichtigsten:

INPUT: Du bist sehr ablenkbar, kannst schlecht zuhören, kriegst Zusammenhänge oder Inhalte falsch mit oder verpasst Dinge.

DENKEN: Du kannst dich schlecht auf eine Sache konzentrieren; lässt, was du angefangen hast, halbfertig liegen; verlierst Dinge; kannst deinen Gedanken schlecht folgen; kommst häufiger durcheinander oder bist weniger kreativ. Manche von uns beißen sich auch an Ideen oder Gedanken fest und reagieren eingleisig.

VERHALTEN: Du reagierst impulsiver, risikofreudiger, bist ungeduldig, machst mehr Fehler, plauderst Geheimnisse aus, ziehst voreilige Schlüsse, bist zügellos (beim Essen, Trinken, Einkaufen oder Serienglotzen) – du weißt nicht, wann es gut ist.

GEFÜHLE: Du bist schneller gereizt, regst dich über Kleinigkeiten auf, findest es schwieriger, Lärm und Unruhe zu ertragen, bist launischer oder emotional instabil.

Symptome dieser Art wirken sich irgendwann auf die komplexeren Lebensbereiche wie das Sozialleben oder deine Lebensplanung aus.

PLANUNG: Es fällt dir schwerer, Dinge zu planen und Entscheidungen zu treffen, Maßnahmen in der richtigen Reihenfolge anzugehen, einen Plan zu verfolgen oder überhaupt mehr zu tun, als nur auf Ereignisse zu reagieren. Du kommst schlecht in Gang oder bleibst an der Hausarbeit kleben – du läufst Gefahr, die Perspektive zu verlieren.

MENSCHEN: Du nimmst anderen übel, was sie tun oder sagen, lachst, weinst oder redest zu viel oder zum falschen Zeitpunkt. Du verpasst den Absprung, reagierst verwirrt oder ungeschickt. Vielleicht verlierst du die Lust, anderen zu helfen, bist weniger rücksichtsvoll, fürsorglich oder nachsichtig.

Die beiden letzten Punkte auf dieser Liste beziehen sich auf komplexere mentale Aktivitäten, die stärkere Auswirkungen auf dein Sozialleben haben, und es dauert länger, sich davon zu erholen.

ABER – du kannst dich davon erholen. Und auch wenn es etwas länger dauert, geht es ganz leicht. Was genau du tun kannst, verrate ich dir im dritten Kapitel. Was du SOFORT tun kannst? Geh raus in die Natur und lausche dem Wind, dem Regen, den Vögeln und beobachte die Blätter der Bäume und Hecken oder Grashalme, wie sie sich sacht im Wind wiegen. Damit bringst du deine Aufmerksamkeit und deinen gesamten Organismus in einen Zustand der ungerichteten Aufmerksamkeit und damit in Entspannung.[4,5]

## Soft fascination – oder auch raus sein

Sind wir draußen in der Natur, läuft die ganze Sache etwas anders. Die Natur fängt unsere Aufmerksamkeit ein, ohne dass wir uns gezielt auf etwas konzentrieren müssen. Wir nehmen die Bewegung der Blätter im Wind wahr, hören das Rauschen in den Baumkronen oder des Baches, an dem wir entlanglaufen, und spüren die Steine unter unseren Füßen. Die Kaplans nennen diesen Zustand *soft fascination*. In diesem Zustand werden andere Hirnareale angesprochen als diejenigen, die aktiv sind, wenn unsere Aufmerksamkeit auf etwas Bestimmtes gerichtet ist. Und eben diese Hirnareale regenerieren während eines Aufenthalts in der Natur. Es passiert genau das, was wir spüren, wenn wir draußen sind – wir kommen runter. Oder eben raus. Raus aus der Gedankenmühle, raus aus dem Grübeln, raus aus negativen Mustern. Unsere gerichtete Aufmerksamkeit kommt zur Ruhe. Eine Überfokussierung, zumindest auf aufmerksamkeitsbindende Medieninhalte, findet nicht statt, zumindest nicht, wenn du nicht mit deinem Handy auf einer Bank im Wald sitzt, um YouTube zu gucken.

*Soft fascination* ist das Gegenteil von Überfokussierung. Und dann bist du *raus*. Die Kaplans nennen das *being away*.

> Being away *ist genau das, was ich mit* raus sein *meine.*
> *Raus zu sein* kann bedeuten, dass du dich draußen, also an *einem anderen Ort befindest, aber auch, dass dein Geist die Geschehnisse und Sorgen des Alltags hinter sich lässt.*
> *So oder so ein guter Zustand.*

Was aber, wenn du keinen Kontakt zur Natur hast oder suchst? Wenn du nie gelernt hast, wie gut dir die Zeit tut, die du draußen bist? Immer mehr Kinder verbringen heute immer weniger Zeit im Freien. Das geht so weit, dass die Natur als bedrohlich empfunden wird. Während ich als Kind nachmittags im Wald oder in den Feldern verschwand, um meine Freunde zu treffen, sitzen die Kids heute am Smartphone und chatten. Aber zu welchem Preis? Freies Spiel, das dem Erlernen sozialer Kompetenzen dient und Kinder selbstbewusst macht, kommt immer weniger vor. Wir waren damals richtige Kinderbanden. Meist gingen wir schon auf dem Heimweg von der Schule irgendwo »verloren«. In der jetzigen Zeit werden die Kinder zur Schule und nachmittags zum Tennisunterricht, zu Freunden oder zur Klavierstunde gefahren. Ich habe mal den Begriff »verinselte« Kindheit dafür gehört.

Das Ergebnis einer von *Unilever* unterstützten Studie aus dem Jahr 2015 ist erschreckend. Weltweit wurden 12 000 Eltern zum Spielverhalten ihrer Kinder befragt. Die Studie offenbarte, dass Kinder im Durchschnitt weniger Zeit draußen verbringen als ein Gefängnisinsasse. Woher sollen die Kinder wissen, wie Erde schmeckt und wie Marienkäfer riechen? Und wie sollen sie sich als Erwachsene an die heilende Kraft der Natur erinnern? Woher sollen sie wissen, dass Regen nach einem heißen Tag anders riecht als nach einem vorangegangenen Regentag?

Wir entfremden uns immer mehr von der Natur, was der von Richard Louv geprägte Begriff *Natur-Defizit-Syndrom (nature deficit disorder)* für mich sehr gut deutlich macht. Er stellte als einer der Ersten dar, dass Kinder, die kaum Zeit in der Natur verbringen, zu Angst, Konzentrationsstörungen und Übergewicht neigen. Kinder leiden also am Verlust natürlicher Rhythmen und Erlebnisse, und wir Erwachsenen leiden an Überfokussierung und Aufmerksamkeitsermüdung. Wir erholen uns nicht. Und es wird uns nicht einmal bewusst.

Das Fatale an der ganzen Sache mit der Aufmerksamkeitsermüdung und ihren Folgen ist, dass wir oft gar nicht merken, dass wir alle längst in dieser Falle stecken. Wir kommen nach Hause und brauchen dringend eine Pause, um abzuschalten. Aber was tun wir? Ob wir gerade auf einer Parkbank oder an der Haltestelle sitzen, essen oder vielleicht sogar fernsehen – wir surfen im Internet oder lassen uns durch die sozialen Medien treiben. Noch einmal: Wir tun das, um *ab*-zuschalten. Aber genau das Gegenteil passiert. Wir steigern dadurch nur unsere Überfokussierung. Unser Kopf ist permanent *ein*-geschaltet. Auch wenn wir uns nicht konzentrieren müssen, uns nicht fokussieren, ist unsere ungerichtete Aufmerksamkeit dort immer beschäftigt. Unser Hirn leistet Höchstarbeit, obwohl wir doch nur Ruhe und Entspannung suchen. Viele machen genau diesen Fehler. Um sich abzulenken oder »runterzukommen« oder den Kopf freizubekommen, surfen sie, erreichen damit aber genau das Gegenteil und erschöpfen ihre Gehirnleistung umso mehr.

Manchmal ist für mich Fortschritt auch ein Schritt fort von dem, was uns als Menschen wirklich ausmacht. Wir verbinden uns tagtäglich mit anderen, aber wir berühren uns nicht. Nähe braucht unmittelbare Präsenz. Nähe geht nur mit Nähe. Oder kannst du dir vorstellen, dein Neugeborenes über FaceTime zu begrüßen? Wir brauchen Nähe und Berührungen von der ersten Sekunde unseres Lebens an. Es ist wichtig, sich in die Augen schauen zu können, den anderen zu fühlen, zu riechen und seine Nähe zu spüren. Dann schüttet der Körper *Oxytocin* aus. Für Neugeborene ist das Hormon überlebenswichtig und zukunftsweisend. Zum einen bewirkt es bei der Mutter eine starke körperliche und emotionale Hinwendung zum Kind, zum anderen sorgt ein ungestörter natürlicher Geburtsverlauf für viel Nähe und die Aktivierung der lebenslangen Oxytocin-Produktion des Kindes.

Oxytocin wirkt auf unser Wohlbefinden. Mittlerweile weiß man, dass wir das sogenannte Kuschelhormon auch für das sogenannte soziale Sehen und Hören benötigen, um Veränderungen in der Mimik oder Tonlage anderer Menschen wahrnehmen und deuten zu können. Ich frage mich, ob viele Auffälligkeiten bei Kindern und später auch Erwachsenen nicht vielleicht auch mit den Auswirkungen unseres modernen Lebens zusammenhängen. Dreißig Prozent aller Kinder kommen per Kaiserschnitt auf die Welt. Viele Kinder gehen früh in die Kita, der Medienkonsum am Smartphone ist hoch. Nicht nur, dass Eltern häufig selbst am Smartphone kleben, auch die Kinder werden in sehr jungen Jahren schon an das Smartphone »gewöhnt« und spielen alle möglichen Spiele auf dem Gerät. Auch hier geht die natürliche Verbindung – auf beiden Seiten – verloren. Wie viel Zeit für Nähe aber braucht ein Kind, um zu einem ausgeglichenen, starken Erwachsenen heranwachsen zu können?

Unter der Distanz zwischen Familienmitgliedern leiden nicht nur die Kinder. Fernbeziehungen, lange Arbeitszeiten, dezentrale Familiensysteme, geringere Einbindung enger Familienmitglieder in die Kindererziehung (oft auch aufgrund räumlicher Distanzen) wirken sich auf biochemischer Ebene und eben auch auf psycho-emotionaler Ebene auf uns aus. Ich sage hier ganz bewusst »auf uns«, weil es falsch wäre zu denken, dass sich Distanz nur auf die Kinder auswirken würde. Ein Mangel an Verbindung wirkt sich auf alle Beteiligten in diesem Konstrukt aus. Die natürlichen Abläufe eines Familiensystems werden durch diese modernen Veränderungen beeinflusst und eben auch verändert.

Jeder Mensch braucht Nähe. Auch körperliche. Da wären wir wieder beim Oxytocin, das bei Körperkontakt ausgeschüttet wird. Welchen massiven biochemischen und damit auch medizinisch-therapeutischen Einfluss Oxytocin hat, zeigt eine Studie in einem norwegischen Pflegeheim. Dort wurde eine Gruppe von Bewohnern täglich zehn Minuten massiert. Im Vergleich zu einer Kontrollgruppe, die keine Massage erhielt, konnten bei der ersten Gruppe die Gaben von Schmerzmitteln und Antidepressiva deutlich gesenkt werden. Berührungen führen zur Ausschüttung von Oxytocin und zum Abbau von Stresshormonen.[6] Damit wirkt Oxytocin – und damit auch die echte Verbindung zwischen Menschen – medizinisch.

Auch wenn das Internet die Möglichkeit bietet, sich weltweit mit anderen Menschen zu verbinden – die natürliche, echte Verbindung gibt es nur im direkten Kontakt zwischen Lebewesen. Gemeinsam auf der Wiese zu sitzen und zu schweigen, bringt ein ganz anderes Gefühl hervor als das Schweigen am anderen Ende des Telefons, bei dem wir nicht wissen, ob der andere schweigt, weil er nichts mehr zu sagen hat, oder einfach nur einen Moment nachdenkt. Es macht einen Unterschied, ob du ein Emoji mit ausgestreckten Armen geschickt bekommst oder von einem Freund in die Arme genommen wirst.

Die Möglichkeiten, die moderne Technik bietet, sind bereichernd, keine Frage. Ich möchte dich aber dafür sensibilisieren, diese Möglichkeiten in ihrer Gesamtheit und von allen Seiten zu betrachten. Es ist toll, dass du deine Familie aus dem Ausland anrufen kannst, ohne nach einem Münzfernsprecher oder – wie vor nicht allzu langer Zeit auf den thailändischen Inseln – nach einem Satellitentelefon suchen und dein halbes Reisebudget opfern zu müssen. Ja, das ist gut. Aber kennst du das Gefühl, dass du traurig bist, wenn du mit deinem besten Freund aus Australien geskypt hast? Eben hast du dich ihm noch so nah gefühlt, und kaum ist er vom Bildschirm verschwunden, tut der Verlust weh. Kein Chat, kein Anruf, keine Videokonferenz bringt echte Nähe, nur kurze Nähe auf Distanz. Das ist Stress. Und auch das ist wissenschaftlich belegbar. Eine im April 2018 erschienene Studie belegt, dass soziale Medien dein Stresslevel und damit das Level deiner Stresshormone beeinflussen.

Forscher der *University of Queensland* in Australien wollten herausfinden, welche gesundheitlichen Auswirkungen eine Pause von Facebook hat. Sie befragten und untersuchten dazu 138 aktive Facebook-User, teilten die Probanden in zwei Gruppen ein und ließen eine Gruppe weiter Facebook nutzen, die andere Gruppe machte eine Pause von fünf Tagen. Man notierte die Einschätzung der Probanden zu Stress und Wohlbefinden und maß den Spiegel des Stresshormons Cortisol vor und nach dem Test. Sie verzeichneten bei der Gruppe, die eine Facebook-Pause machte, niedrigere Cortisollevel, weniger wahrgenommenen Stress und höhere Werte bei der Lebenszufriedenheit.[7] Eine andere Studie sieht einen Zusammenhang zwischen der Nutzung sozialer Medien und Essstörungen wie Magersucht, Bulimie und *Binge Eating* sowie Störungen der Körperwahrnehmung. Diejenigen mit der höchsten Social-Media-Nutzung gaben doppelt so häufig an, eine negative Körperwahrnehmung oder eine Essstörung zu haben, als diejenigen, die diese Portale weniger häufig nutzten.[8] Es ist nicht klar, ob Menschen eine Essstörung entwickeln, weil sie mehr Zeit mit sozialen Medien verbringen, oder ob Menschen mit einer Essstörung mehr Zeit mit sozialen Medien verbringen, um sich mit Menschen mit ähnlichen Problemen auszutauschen. Wahrscheinlich trifft beides zu. So oder so ist es ratsam, seinen Medienkonsum zu reflektieren. Und eine Auszeit von ein paar Tagen hat noch niemandem geschadet.

Auch ich hatte in der schwierigen Phase meines Unternehmens einen hohen Medienkonsum. Ich war raus. Raus aus meiner Intuition und weit entfernt von meinen tiefsten Wünschen und Gefühlen. Ich lief Gefahr, in ein Burn-out zu rasen. Ich denke, mein Wissen und der Kontakt zu mir selbst – durch meine Arbeit als Coach – haben mich vermutlich davor bewahrt. Vor allem aber war meine Zeit in der Natur, die ich in dieser Phase zwar nicht bewusst lebte, aber immerhin als Teil meiner Arbeit »mitnahm«, vermutlich meine Rettung. Ich erkannte, dass es die Natur als Teil unseres Natural Networks ist, die mich zu mir selbst zurückbringen würde. Es ist ja nicht so, dass ich es nicht wusste. Ich war nur *raus*. Auch ich hatte eine Art *Natur-Defizit-Syndrom*. Ich hatte die Verbindung zur Natur und zu mir selbst verloren. Ich surfte im Kielwasser meiner Glaubenssätze und hing in allen möglichen Zwängen fest.

Diese Überfokussierung – mein Bedürfnis, in meinem Unternehmen alles unter Kontrolle zu haben, alles selbst machen zu müssen, es allen recht machen zu wollen – hat mich von mir und den Menschen um mich herum entfernt. Dass ich die Glaubenssätze auslebte, alles richtig machen und alle retten zu müssen, zeigte deutlich, wie wenig ich in Verbindung zu mir selbst stand. Ich war abgelenkt durch Multitasking und die Unfähigkeit, mich abzugrenzen. Ermüdet von zu viel – zugegeben spannendem – Input. Auch hier hatte ich das Maß überschritten. Ich musste gar nicht viel tun, um diesen Zustand zu verlassen. Es zu bemerken war bereits die halbe Miete. Was ich getan habe? Ich habe beherzigt, was ich anderen Menschen sage:

1. Mach Pausen für deinen Kopf.
2. Mach diese Pausen draußen.
3. Mach dabei NICHTS.

Das tat nun auch ich. Ich plante wieder mehr Zeit in der Natur ein und ging jeden Tag raus. Ich ging wieder mehr mit unserem Hund spazieren und ließ meine Gedanken schweifen. Manchmal stand ich einfach irgendwo auf den Feldern und blickte in die Ferne, oder ich saß im Wald auf einer Bank. Meist wanderte mein Blick einfach durch die Natur, und meine Augen entspannten sich, indem sie nicht auf einen Bildschirm schauen mussten, sondern einfach ziellos und bedingungslos schweifen konnten, wie sie wollten. Ohne jegliche Erwartungen. Dadurch wuchsen Ruhe und neuer Raum in mir.

Vor allem längere Runden zu Fuß sind Balsam für die Seele, denn es braucht einfach eine Weile, bis die Natur mit ihrer medizinischen Kraft wirken kann. Es ist wie bei einem schönen, warmen Wannenbad. Auch hier stellt sich die Entspannung nicht beim Hineinsteigen in die Wanne ein, sondern es braucht eine Weile, bis der Körper in eine tiefe, wohlige Entspannung kommt. Deshalb mag ich auch den Begriff des Waldbadens so sehr. Ich tauche in Grün ein und entspanne. Die Natur hat mich darin unterstützt, wieder in Klarheit zu kommen und neue Lösungen zu finden und mich mit mir wieder zu verbinden, natürlich zu verbinden.

Was soll ich sagen – innerhalb kürzester Zeit legte sich der Sturm in meinem Kopf und wich einer neuen Klarheit und Ordnung. Meine Gedanken kamen zur Ruhe. Es öffneten sich neue Räume, die neue Entscheidungen zuließen. Statt auf allen Kanälen jederzeit *up to date* und verfügbar zu sein, lege ich nun für meine Arbeit in und mit den sozialen Medien – die nun einmal zu meiner Arbeit gehören – Zeiten fest, zu denen ich diese Medien nutze. Ich weiß genau, was wann ansteht, und verzettele mich nicht in meinen vielen Aufgaben, weiß aber genau, dass ich verbindlich und zuverlässig für die Menschen um mich herum da bin. Das gibt mir Ruhe und Kraft für alles, was ansteht.

# Die alten Muster verlassen mithilfe der Neuroplastizität

Überfokussierung, Ablenkung, Naturdefizit und die Ermüdung unserer Aufmerksamkeit sind Phänomene der heutigen Zeit, denen sich kaum jemand entziehen kann. Dabei ist es gar nicht so schwer. Der wichtigste Schritt ist getan, wenn wir erkennen, was wir da tun. Wenn wir nur einen Moment innehalten, um uns zu beobachten und in uns hineinzuspüren.

Bist du mit deinem Leben zufrieden? Mit deiner Umgebung? Dem Tempo deines Alltags? Oder gehörst du zu den vielen Menschen, die immer zu wenig Zeit haben, gehetzt und unter Druck sind? Ich gehörte dazu. Auch heute gibt es noch Momente, in denen ich in die alten Muster verfalle, die so lange gelernt und eingeschliffen sind. Aber ich habe einen starken Helfer an meiner Seite: Auf der anderen Seite unserer vollen, überfokussierten Zeit steht die Natur. Mit ihrer Hilfe schaffen wir es, aus diesen unnatürlichen Verbindungen *raus*zukommen, und sie hilft uns, uns auf eine natürliche Art und Weise wieder mit uns selbst zu verbinden.

Das eine ist eine unnatürliche Verbindung, die uns von uns selbst wegbringt, die Natur ist die natürliche Verbindung, die uns unserem Selbst näherbringt. Das eine ist die Welt der Erwartungen (Gesellschaft, Facebook, Instagram und Co.), und das andere ist die Welt, die wirklich nichts erwartet. Die Natur nimmt uns einfach so an, wie wir sind. Hier lernen wir, unsere Gefühle wahrzunehmen und für uns selbst zu bestimmen. In der Natur kannst du sein, wie und wer du bist. Der Natur ist es völlig egal, wie du aussiehst, ob du groß oder klein, dick oder dünn, sportlich oder unsportlich, Mann oder Frau, schwarz oder weiß oder sonst wie bist. *Egal* ist hier im Sinne von *gleich* gemeint, denn die Natur wertet nicht. Sie akzeptiert alles, wie es ist, und passt sich an die gegebenen Umstände an. Es ist ihr auch egal, wie es dir geht. Ob du wütend bist, frustriert, hoffnungslos, traurig, grübelnd oder glücklich verliebt, die Natur empfängt dich mit offenen Armen.

Wenn wir von *Biophilie* sprechen, nämlich der Liebe zu Natur, lebt die Natur genau dieses Prinzip. Sie akzeptiert alle Natur um sich herum als gegeben. Und zu dieser Natur zählst auch du. Begibst du dich ins Grüne, passiert etwas Wundervolles: Deine Sinne beginnen wieder ganz von alleine zu funktionieren. Du kannst das Gefühl, das Wind, kühler Regen oder warme Sonnenstrahlen auslösen, wenn sie auf deine Haut treffen, nicht abschalten. Deine Füße und dein gesamter Körper spüren den Unterschied, wenn du über unebenen Boden gehst. Manchmal riechen blühende Kastanienbäume echt penetrant. Aber kannst du dich ihrem Duft entziehen? Und kannst du einen reißenden Bach oder das Zwitschern der Vögel überhören? Das Flirren und Funkeln des Sonnenlichts *nicht* sehen, wenn du im Schatten eines großen Baumes sitzt?

Wenn du im Besitz deiner natürlichen Körperfähigkeiten bist, nehmen deine Sinne – ob du es bewusst mitbekommst oder mit anderen Dingen beschäftigt bist – all das wahr. Und auch wenn dir einer der Sinne fehlt, du beispielsweise das Gehör verloren hast, kannst du sehen, tasten, riechen, schmecken und spüren. Du brauchst gar nichts zu tun, allein schon durchs Draußensein verbinden sich deine Sinne mit dem, was sie im Laufe der Evolution zu dem gemacht hat, was sie heute sind – mit der Natur. Das ist für mich ganz klar, denn unsere Körper mit all ihren Zellen und Funktionen entwickelten sich im Kontakt mit der Natur, nicht in einer technisierten Umwelt. Unsere Körper »wissen«, wie sie funktionieren, und sind in der Lage, unsere Verbindung zur Natur wahrzunehmen. Wir verstehen ihre Signale. Wir riechen, wir sehen, wir hören, wir fühlen, und wir nutzen Sinne, derer wir uns manchmal gar nicht bewusst sind.

So zum Beispiel beim Thema »Wetterfühligkeit«, das immer noch gerne als reine Fantasie oder Hypochondrie abgetan wird. Wir nehmen Luftdruckschwankungen, kleine Temperaturunterschiede und Veränderungen in elektromagnetischen Feldern wahr. Naht ein Gewitter,

können empfindsame Menschen die Veränderung der elektromagnetischen Wellen, die dem Gewitter vorausgehen, bereits Stunden, manchmal sogar Tage vorher spüren. Das haben Forscher der Justus-Lie-
big-Universität Gießen nachgewiesen. Die elektromagnetischen Veränderungen, die bei jeder Entladung eines Blitzes entstehen, dauern etwa
eine halbe Millisekunde und breiten sich mit einem Tempo nahe der
Lichtgeschwindigkeit aus, weshalb sie auch schon spürbar sind, bevor
eine Kalt- oder Warmluftfront eintrifft. Diese Veränderungen – *Sferics*
genannt – sind eindeutig im EEG nachweisbar und bleiben noch etwa
eine Viertelstunde nach Abklingen der Pulse bestehen.[9] Das Gehirn verändert also seine Aktivität. Welche weiteren biologischen Effekte daraus
entstehen, ist noch nicht bekannt. Auch Schwingungen des Luftdrucks
sind spürbar. Je nachdem, ob sich eine Kalt-, Warm- oder Sturmfront
nähert, vibriert der Luftkörper unterschiedlich. Als »Messgeräte« im
menschlichen Körper, die diese Vibrationen melden könnten, vermuten
Forscher sogenannte spezielle *Barorezeptoren* in der Gefäßwand der
Halsschlagader. Bei einem Druckunterschied passt ein Baroreflex Blutdruck und Herzfrequenz an. Auch das spüren wir, manch einer mehr,
ein anderer weniger. Es sind also nicht nur die klassischen fünf Sinne,
die uns wahrnehmen lassen, was um uns herum geschieht.

In der heutigen Zeit ist unsere Wahrnehmung häufig unterdrückt. Wir
benötigen unsere Sinne auch nicht mehr, wie sie unsere Vorfahren
brauchten. Wir müssen ein Raubtier nicht aus möglichst großer Entfernung riechen können, um rechtzeitig Reißaus zu nehmen. Wir brauchen
unsere Sinne nicht mehr zum Überleben, und dennoch: Nutzen wir sie
nicht, fehlt uns etwas. Denn die Sinne sind nicht nur dazu da, Gefahren
aufzuspüren, sondern vielmehr, uns in der Welt zu verorten. Wir fühlen
mithilfe unserer Sinne. Verkümmern die Sinne, verkümmert auch unsere Gefühlswelt. Wir verlernen gleichermaßen, auf unsere Gefühle zu
hören, dabei ist unsere Intuition ein sehr weiser Ratgeber. Wie bereits
erwähnt, kommen wir in der Natur unserer Intuition auf leichte, ange-

nehme Weise wieder näher. Unsere Sinne leiten uns. Wenn wir fühlen, fühlen wir mehr. Augen, die die kleine Bewegung eines Eichhörnchens aus dem Augenwinkel bemerken; Nasenlöcher, die den scharfen Duft von Bärlauch im Wald einfangen; Fingerspitzen, die über weiches Moos gleiten; ein kühler Windhauch, der uns eine Gänsehaut beschert – unsere Sinne verbinden uns mit der Natur und uns selbst.

*Draußen in der Natur zu sein ist in mehr als nur einer Hinsicht gut für uns. Ob du ständig unter Erkältungen leidest oder gedanklich in einer Tretmühle gefangen und ständig »kaputt« bist – die Natur könnte deine »Werkstatt« für beides sein.*

Aber es ist eine lange Reise zurück zu unserer Verbindung mit der Natur. Seit mehreren Hundert Jahren entfernt sich der Mensch bereits von einem natürlichen Leben. Immer mehr Menschen leben in Städten, manch einer verlässt das Haus nur, wenn er muss.

Naturvölker erleben einen permanenten Austausch mit allem, was um sie herum ist. Sie spüren die Natur, sie lernen von ihr, und ihr Wissen von den Vorgängen in der Natur ist immens. Die Polynesier gelten als die größten Seefahrer aller Zeiten. Sie waren in der Lage, über Tausende von Kilometern zielsicher zu navigieren, und das, obwohl sie weder Kartierungsmaterial noch Navigationsgeräte hatten. Ihr Element war das Wasser, und sie orientierten sich in der unendlichen Weite des Pazifiks an Wellenmustern, Strömungen, Wasserfärbungen und den Sternen. Sie brauchten keine Karten, denn sie konnten das Meer anhand von Naturphänomenen »lesen«. Für uns unvorstellbar, für sie der Alltag. Die Indianer Nord- und Südamerikas konnten Wetterphänomene »lesen«, die Aborigines Australiens selbst in den kargsten Gegenden Wasser und Nahrung aufspüren. Diese Fähigkeiten, die nichthumane Welt zu verstehen und mit ihr zu interagieren, waren selbstverständliche Bestandteile des menschlichen Lebens, und der Mensch war ganz klar ein Teil der Natur, die er achtete.

Heute fühlen wir uns nicht mehr zugehörig. Wir haben uns der Natur entfremdet. Wen wundert es, dass wir mit etwas uns Fremdem nicht achtsam umgehen? Unsere Zellen aber »wissen«, dass der Mensch mit der Natur eine wohltuende Verbindung eingehen kann, die Natur genau genommen zum Überleben braucht. Deshalb tut es uns in der Seele weh, wenn wir beobachten müssen, dass Wälder gerodet, Gewässer verschmutzt oder Tiere gequält werden. Wir wollen uns diesem Schmerz aber nicht aussetzen und sehen weg oder lenken uns ab. Dabei ist unsere Verbindung mit der Natur so wichtig für uns – wir können uns erst richtig fühlen und verstehen, wenn wir die Natur spüren und ein bisschen besser verstehen.

## Wege aus den alten (Stress-)Mustern

In meinen ersten Büchern habe ich beschrieben, dass unser Körper verschiedene Dinge braucht, um fit zu bleiben: nährstoffreiches Essen, regelmäßige Bewegung, ausreichend Ruhe und ein »gesundes« Umfeld – das Natural Network. Es ist mir besonders wichtig, das Natural Network noch einmal genauer zu betrachten, denn neben dem Lebensumfeld, wie zum Beispiel der Wohnlage (Stadt oder Land) und deiner Lebenssituation (Job und Freizeit), beinhaltet es einen der wichtigsten Faktoren für deine innere Fitness – dein soziales Umfeld. Sind deine familiären und beruflichen Kontakte die Hölle? Hast du jeden Morgen Magenschmerzen, wenn du nur daran denkst, gleich deiner missmutigen Kollegin zu begegnen, oder macht dich deine Familie wahnsinnig? Dann hast du Stress, denn negative Gedanken und Emotionen, mit denen du deinen Geist und Körper fütterst, machen dich krank.

Für einen gesunden Lebensstil sind eine natürliche Ernährung und natürliche Bewegung die essenzielle Basis. Noch wichtiger als diese beiden Bereiche sind aber unsere Gedanken und die daraus resultierenden Emotionen und Gefühle. Denn je nachdem, wie wir uns fühlen und welche Emotionen uns täglich begleiten, folgen daraus unsere Handlungen. Daraus folgt, was wir essen, wie wir essen und in welchen Abständen wir essen. Daraus folgt weiterhin, wie wir uns bewegen, wie oft wir uns bewegen und welche Bewegungsform wir wählen. Jede Emotion führt zu einem ganz bestimmten Verhalten, das deutlich nach außen zeigt, wie sich unser Inneres (die *Psycho-Neuro-Biochemie*) darstellt. Anders formuliert beschreibt ein Glaubenssatz gleichzeitig das, was wir »glauben« (im Inneren), und das, was wir im »Satz« (im Außen) sagen und tun.

Die Emotionen sind das Element in uns, das uns am stärksten in unserem gesamten Tun beeinflusst. Dabei können Gefühle sowohl Antrieb als auch Blockade sein. Angst kann uns antreiben. Wenn wir nachts durch die Stadt laufen und uns jemand verfolgt, setzt die Angst in uns enorme Energie frei, um davonlaufen zu können. Auf der anderen Seite kann uns Angst auch lähmen. Das ist der Fall, wenn wir beispielsweise in ständiger Angst leben, unseren Arbeitsplatz zu verlieren. Auch die Wut hat zwei Seiten. Wenn uns jemand beschuldigt, etwas getan zu haben, was jedoch nicht der Wahrheit entspricht, uns also angreift, setzt Wut die Kraft frei, uns zu verteidigen. Auf der anderen Seite kann eine ständige Wut auf uns selbst, weil wir beispielsweise den Glaubenssatz haben, es nie zu schaffen abzunehmen, jeglichen Antrieb im Keim ersticken, einen neuen Versuch zu unternehmen, um das Wunschgewicht doch zu erreichen.

Auch (vermeintlich) negative Emotionen können also zwei Seiten haben, sie sind demnach nicht ausschließlich schlecht für uns. Jede Emotion hat eine Daseinsberechtigung und verfolgt immer nur *ein* Ziel: unser Leben zu schützen oder zu verbessern. Allerdings gibt es dabei eine Einschränkung, die sich durch die Komplexität unseres Gehirns ergibt. Wir sind nämlich über unseren rationalen Verstand in der Lage, in die Zukunft und in die Vergangenheit zu schauen. Wenn wir uns Dinge in der Vergangenheit oder in der Zukunft vorstellen, entstehen in unserem

Gehirn Bilder. Jedes Bild, in dem wir denken, löst in unserem Körper ganz bestimmte Emotionen aus. Und jede Emotion bringt ein höchst individuelles und komplexes Zusammenspiel unterschiedlichster chemischer Botenstoffe in unseren Zellen mit sich.

Je nachdem, welche chemischen Stoffe in welcher Dosis unser Körper ausschüttet, werden deren Auswirkungen in unserem Körper erlebbar. Dieser Körperzustand wird von unserem Gehirn analysiert und interpretiert. So führt ein bestimmter chemischer Botenstoff in unserem Körper zu einem ganz bestimmten Gefühl, zum Beispiel Angst. Je nachdem, wie unser Gehirn diese Angst interpretiert, erfolgt daraufhin eine Information an den Körper, die zu einem ganz bestimmten Verhalten führt, zum Beispiel Flucht (wenn du in der Stadt von jemandem verfolgt wirst) oder Verharren und Aushalten (wenn du in der ständigen Angst lebst, deinen Arbeitsplatz zu verlieren).

Der erste Zustand ist übrigens der gesündere der beiden, weil er einerseits nicht lange anhält und dein Körper mit der natürlichen Stressreaktion antwortet: Aktivierung der Fluchtmuskulatur, die während ihrer Arbeit die Stresshormone abbaut. Der zweite Zustand wird zum Problem, weil sich der Angstzustand einerseits über lange Zeit nicht grundlegend verändert und der Körper die Stresshormone nicht über die Muskeln abbauen kann.

Wenn du erkennst, dass du dich in chronischen emotionalen Zuständen bewegst, ist es Zeit, diesen Zustand zu durchbrechen. Denn chronische Zustände sind auf Dauer schädlich für den Körper. Auch ein Zustand von theoretischer kontinuierlicher Glückseligkeit und Freude wird auf Dauer nicht gesund sein, weil unser Körper den Wechsel von bestimmten chemischen Zuständen benötigt. Abgesehen davon ist das Leben nie ein durchgehend gleichbleibender Zustand, sondern der Wechsel zwischen Be- und Entlastung, oder anders gesagt, zwischen Stress- und Ruhephasen.

Viele Menschen streben das Ziel an, immer und unentwegt »glücklich« zu sein. Aber dieser Zustand ist unmöglich zu erreichen, da uns das Leben mit all seinen Facetten (glücklicherweise) immer wieder vor neue Aufgaben und Herausforderungen stellt, die uns dazu bringen, uns von dem einen zum nächsten Moment neu anzupassen. Abgesehen davon wäre ein ständiger Zustand von »Glücklichsein« auf Dauer auch langweilig, und wir würden uns ganz sicher auch einmal wieder einen Moment wünschen, in dem wir einfach mal ein anderes Gefühl erleben. Wie sollte man Glück erkennen, wenn es nicht auch einmal traurige Momente gibt?

Dennoch ist klar, dass negative Gedanken und Emotionen jede Menge Stresshormone im Körper produzieren und damit nicht nur die Laune in den Keller treiben, sondern auch die Leistungsfähigkeit einschränken, einem klaren Denken im Weg stehen und eine Menge Energie rauben. Wissenschaftler gehen davon aus, dass bis zu 70 Prozent unserer Energie von Emotionen beeinflusst werden. Ich persönlich denke, dass es noch viel mehr ist. Wichtig für das Gesamtverständnis von Emotionen ist, dass wir den Wechsel von positiv und negativ benötigen. Den Wechsel von Schwarz zu Weiß und der gesamten Menge an Schattierungen zwischen diesen beiden Nichtfarben. Denn was dazwischen liegt, ist extrem bunt, und genau das ist es, was das Leben so besonders und einzigartig werden lässt. Nur Schwarz oder nur Weiß ist langweilig und führt ebenso wenig zu Glück wie zu Erfüllung.[10]

Das Besondere an positiven Emotionen ist, dass sie in unserem Körper eine Menge Energie und ebenso eine Menge Potenzial freisetzen. Sie schaffen Raum für Neues und erhöhen unsere Kreativität und unsere Intuition. Sind wir gestresst, sind wir überfokussiert. Wir befinden uns dann in einem Zustand, in dem wir die Dinge um uns herum nur sehr begrenzt erkennen. Wir sind dann nicht in der Lage, frei zu denken und uns frei zu entfalten. Ich selbst weiß sehr genau, wie beschränkt ich in dieser energiefressenden Zeit war, als ich wegen meines Unternehmens so viel Existenzdruck hatte.

## Die innere Stimme hören

Wenn du dich befreien und von deinen Glaubenssätzen lossagen willst, ist es erst einmal wichtig, überhaupt zu erkennen, welche Glaubenssätze dich immer wieder begleiten. Ich nenne es gerne »die innere Stimme«, die zu dir selbst spricht. Was sagt diese Stimme zu dir? Ist die Stimme nett zu dir, oder ist sie unfreundlich und hart? Was säuselt sie dir ins Ohr, und was versucht sie dir immer wieder einzutrichtern? Sagt sie dir Dinge wie: »Du bist ein Versager und wirst es nie schaffen!« oder »Die anderen sind erfolgreich. Ich werde es nie sein«? Hör genau hin, was diese innere Stimme zu dir sagt. Nimm dir die Zeit und schreibe das, was da so kommt, ruhig einmal auf. Wundere dich nicht, wie verrückt manche Dinge klingen mögen und wie krass, surreal, pervers oder subtil diese Sätze oder Wörter sein können. ALLES ist möglich! Dein Unterbewusstes kennt keine Grenzen. Du selbst bist es, der sich Grenzen setzt. Im Positiven wie im Negativen übrigens.

So sehr du dich mit den negativen Glaubenssätzen beschneidest und begrenzt, so sehr kannst du dein Potenzial und deinen inneren wie äußeren Raum mit positiven Sätzen erweitern. Es fängt alles damit an, was du denkst und welche Bilder du damit verbindest. Um in dir selbst neuen Raum zu schaffen, hilft dir sehr wahrscheinlich eine uralte Verbindung. Diese Verbindung findest du in der Natur, die dich niemals bewertet und dir immer mit offenen Armen begegnet. Sie ist bereit, dich komplett so anzunehmen, wie du bist. Diese bedingungslose Akzeptanz der Natur öffnet deine Türen in dir und vergrößert deinen inneren Raum. Stell dir diesen Raum vor wie eine Kiste oder Box, die Begrenzung, in der du bislang gedacht hast. Dieser Raum erweitert sich und befähigt dich zu allem, was auf unserem Planeten möglich ist. Ich sage dies ganz bewusst in dieser Größe, denn alles, was wir Menschen schon geschaffen haben, war vorher nicht da und ist dennoch heute möglich. Und es gibt noch ein Vielfaches mehr, das wir erschaffen können. Es liegt nur bislang außerhalb unserer Vorstellungskraft.

Vor einigen Hundert Jahren konnten wir uns nicht vorstellen, dass die Erde eine Kugel ist oder dass der Mensch einmal fliegt. Ebenso wenig konnten wir uns vor 50 Jahren vorstellen, dass Autos selbstgesteuert fahren. Beispiele dieser Art gibt es unendlich viele. Dazu noch einmal ein Sprichwort, das ich immer wieder gerne benutze, weil es das eigentliche Potenzial in uns perfekt beschreibt: »Alle sagten, das geht nicht. Dann kam einer, der wusste das nicht und hat's einfach gemacht.« Und tust du das Neue nur häufig genug, wird es zur Gewohnheit, denn alles, was du in deinem Leben tust, hinterlässt Spuren in deinem Körper und in deinem Gehirn. Alle Erfahrungen, die du machst, werden in deinem Gehirn und in deinem Körper, in diesem immens komplexen Netzwerk gespeichert, verbunden und verwoben. Das tut der Körper aus einem guten Grund: Er lernt. Er bildet Gewohnheiten aus, um möglichst viel Energie zu sparen. Denn alles, was wir mehrfach getan oder gedacht haben, führt dazu, dass wir die Prozesse, die damit in Verbindung stehen, sehr einfach erneut abrufen und umsetzen können. Alles, was für uns neu oder noch nie da gewesen ist, bedeutet einen deutlich höheren Energieaufwand.

Ich nehme dazu immer gern das Beispiel Zähneputzen. Wer kleine Kinder hat, weiß sehr genau, wie viel Arbeit und Energie von Elternseite her dahintersteckt, den Kindern das Zähneputzen beizubringen und zu einer Gewohnheit werden zu lassen. Gewohnheiten sparen Energie, denk nur einmal an unser aller tägliches Morgenritual. Vermutlich trinkst du jeden Morgen deine Tasse Kaffee oder Tee, dein Weg zur Arbeit ist immer derselbe, und du weißt genau, wann du das Haus verlassen musst, um pünktlich bei der Arbeit zu sein. Stell dir vor, du solltest dein Frühstück, deinen Arbeitsweg und deinen Arbeitsbeginn jeden Morgen neu organisieren. Das wäre der pure Energiefresser!

Genauso funktioniert das auch in unserem Körper. Auch er spart eine Menge Energie, indem er aus Erfahrungen lernt und Gewohnheiten anlegt, die hilfreich sind. Möglicherweise stellst du gerade zu Recht die Frage, wie es dann dazu kommt, dass wir uns auch so blöde Gewohnheiten wie Rauchen, Fernsehen, Süßigkeiten, Faulenzen oder negative Gedanken angewöhnen. Das liegt daran, dass unser Körper auf zwei weiteren Ebenen arbeitet, lenkt und denkt. Denn Dinge, die wir konsumieren, wie zum Beispiel Süßes, Fernsehen, Nikotin, füttern das Belohnungssystem in unserem Gehirn. Wenn dieser Bereich des Gehirns aktiviert ist, fühlt sich das gut an. Der Neurotransmitter, der dafür verantwortlich ist, heißt *Dopamin*. Dass Zucker und Nikotin zu Dopamin-Ausschüttung führt, ist mittlerweile allgemein bekannt. Wie aber kommt es dazu, dass wir uns sogar angewöhnen können, ständig negativ zu denken?

Je nachdem, wie einschneidend bestimmte Erfahrungen waren, werden diese in unserem Gehirn und unserem Körper gespeichert. Und je früher wir in unserem Leben einschneidende Erfahrungen gemacht haben, desto prägender sind diese. Dabei ist die Speicherung der jeweiligen Erfahrung davon abhängig, wie häufig und in welcher Intensität sie gemacht wurde. Das Zähneputzen muss sehr häufig wiederholt werden, um als Erfahrungsschatz so gespeichert zu werden, dass daraus eine Routine wird, denn ein direkter Gewinn ist für uns nicht spürbar. Schokolade muss man nicht so häufig essen, weil der Reiz auf unser Belohnungssystem dabei immer hoch ist und damit auch immer in unserem Körper und Gehirn als positiv gespeichert wird. Eine Misshandlung in der Kindheit ist eine zutiefst verletzende und schwerwiegende Erfahrung, deren einmaliges Vorkommen vollkommen ausreicht, um im Körper und Gehirn gespeichert zu werden, da sie ein Trauma auslöst. Ein Trauma entsteht nach einem lebensbedrohlichen Szenario, und der Körper lernt, diese Erfahrung und die damit verbundenen Bilder zu meiden. Mehr noch sind der Körper und das Gehirn extrem darauf sensibilisiert, alles zu umgehen, was gewisse Ähnlichkeiten mit dem erlebten Trauma mit sich bringt.

Es muss aber gar kein schwerwiegender Vorfall wie eine Misshandlung sein. Auch ein aus der Sicht eines Erwachsenen ganz banaler Vorfall kann von Kindern anders wahrgenommen werden. Ich hatte einmal eine Klientin, die im Alter von fünf Jahren das Gespräch ihrer Mutter mit einer anderen Frau mitgehört hatte. Ihre Mutter sagte, dass sie (die Eltern) das Kind (meine Klientin) gar nicht geplant hatten. Sie sei ein »Unfall« gewesen, und es wäre eine schwere Zeit mit ihr. Solche Worte zu hören kann für ein kleines Kind ein traumatisches Erlebnis bedeuten. Die Aussage der Mutter brennt sich fest, und es können Glaubenssätze entstehen wie »Ich bin nicht gewollt!« und »Mit mir wird es immer schwer sein!«. Diese Sätze spielt das Unterbewusstsein immer wieder ab, und der gesamte Organismus gewöhnt sich an diesen biochemischen Zustand, sodass daraus eine Identität wächst. Und wenn aus den Glaubenssätzen eine Identität gewachsen ist, wird diese ein wichtiger Teil der Persönlichkeit und damit auch des gelebten Ichs. Wenn diese negativen Gedanken gedacht werden, fühlen sie sich vertraut und damit sicher an. Das ist auf der bewussten und logischen Ebene ziemlich verrückt, aber das ist es, was in unserem Körper tatsächlich passiert. Wie also ausbrechen aus diesen Erfahrungen und gelernten Verhaltensmustern?

Erfahrungen auszublenden und die damit verbundenen Gefühle sicher wegzuschließen ist eine Strategie des Unterbewusstseins, das es immer gut mit uns meint. Es will uns vor ähnlich schlimmen Erfahrungen bewahren. Aber der Preis dafür ist hoch. Werden Erfahrungen verdrängt, oder besser die damit zusammenhängenden Emotionen, verbannen wir damit auch einen Teil unseres Selbst. Das ist in den allermeisten Fällen keine willentliche Entscheidung, aber du kannst willentlich entscheiden, dass du weiterhin ein Spielball deines Unterbewusstseins sein möchtest. Was auch immer passiert ist, war schlimm. Die Gefühle waren schlimm. Das stellt keiner infrage. Aber die Gefühle waren zu der Zeit da, als das Schlimme passierte, und diese Zeit liegt in der Vergangenheit. Um es hart auszudrücken: Niemand kann die Zeit zurückdrehen und den Ablauf der Geschichte ändern. Wir können aber unseren Fokus neu setzen. Und das ist der Moment, in dem unser Gehirn sein eigentliches Potenzial entfalten kann. Dieses Potenzial ist die *Neuroplastizität.*

## Wie funktioniert Neuroplastizität?

Der Begriff Neuroplastizität beschreibt die Fähigkeit des Gehirns, sich selbst zu ändern. Die Vorsilbe »neuro« bezieht sich hierbei auf die Neuronen, die Nervenzellen in unserem Gehirn und Nervensystem. »Plastizität« bedeutet, dass die Neuronen veränderbar sind, und zwar sogar dreidimensional. Durch Gehirnscans von Meditierenden konnte man nachweisen, dass sich durch die tägliche Meditationspraxis Teile des Gehirns neu bilden. Wir können unsere Gehirnstruktur also durch Gedanken und Training beeinflussen und formen.

Ich nutze beim Gehirn immer gerne das Bild von körperlicher Fitness. Jedem ist bewusst, dass wir ein entsprechendes Work-out machen müssen, um einen fitten Körper zu bekommen. Wenn wir also ein Leben lang einen durchtrainierten Körper wollen, bedeutet das, dass wir lebenslang trainieren müssen. Je vielseitiger und abwechslungsreicher wir unser Work-out gestalten, desto belastbarer und umfangreicher wird unsere körperliche Fitness. Unsere Muskeln wachsen abhängig von der Art, Dauer, Intensität, Kontinuität und vom Umfang des Trainings. Belasten wir unsere Muskeln nicht, werden sie logischerweise nicht wachsen, sondern schrumpfen.

Unsere körperliche Fitness und auch unsere Muskulatur können wir bis ins hohe Alter positiv beeinflussen und steigern bzw. stabil halten. Es ist ein alter und fataler Glaubenssatz, dass wir im Alter keine körperliche Fitness mehr besitzen können und dem körperlichen Verfall hilflos ausgeliefert sind. Durch regelmäßiges Work-out können wir dem entgegenwirken und aktiv ein vitales Leben erreichen. Trainieren wir gar nicht oder sehr einseitig, wird sich unser Körper auch nur sehr eindimensional entwickeln. Das Gleiche gilt für unser Gehirn. Wenn wir unser Gehirn vielfältig und abwechslungsreich fordern und belasten, wird es an diesen Herausforderungen wachsen und sich der Belastung entsprechend anpassen.

Genauso wie unsere Muskelzellen wachsen, je nachdem, auf welche

Art und Weise wir diese belasten, so wachsen auch unsere Gehirnzellen, je nachdem, wie wir sie benutzen oder belasten. Durch die Neuroplastizität ist unser Nervensystem in der Lage, seine Funktionen und Strukturen im Laufe seiner gesamten Lebensdauer zu regenerieren und an sich ändernde Umweltbedingungen anzupassen. Diese Fähigkeit versetzt das Gehirn in die Lage, sich nach einer Verletzung oder Störung – wie beispielsweise einem Schlaganfall – zu erholen und neue synaptische Verbindungen herzustellen, die die geschädigten Bereiche entlasten oder deren Funktion übernehmen. Dafür werden alternative Nervenpfade angelegt und aktiviert, teilweise auch in anderen Bereichen des Gehirns. Diese Fähigkeit unseres Gehirns ist fantastisch, besonders deshalb, weil sie sogar ohne Verletzung oder andere Auslöser jederzeit aktiviert werden kann. Jede neue Erfahrung und jeder neue Gedanke legen neue neuronale Spuren in unserem Gehirn an. Verfolgst du diese Spuren und nutzt sie mehrfach, werden aus Spuren Wege; und nutzt du sie regelmäßig, werden aus Wegen Autobahnen. Neuroplastizität ermöglicht lebenslanges Lernen. Es ist nie zu spät, mit dem »Training« zu beginnen.

Benutzen wir unser Gehirn hingegen sehr einseitig, indem wir zum Beispiel immer wieder die gleichen Gedanken verfolgen, wird auch unser Gehirn in seinen Denkstrukturen eindimensional. Man nennt das auch »einseitig denken«. Einseitig denken Menschen, die sehr rigide oder störrisch sind, die an ganz bestimmten Verhaltensweisen festhalten (»Das haben wir schon immer so gemacht«) oder glauben, dass es keine anderen Möglichkeiten gibt (»Ich werde nie abnehmen« oder »Klar, dass mir das wieder passiert«), und wenig flexibel sind, kreative Lösungen zu entwickeln (»Ich kann das nicht« oder »Das ist unmöglich«). Wer regelmäßig seinen Gedanken freien Lauf lässt und sich gedanklich nicht ständig mit den gleichen Dingen beschäftigt, gibt seinem Gehirn und den Neuronen die Chance, neue Räume zu erobern und neue Verbindungen einzugehen.

# Die Verbindung verloren?

Warum verbringen wir so viel Zeit im Netz? Wenn wir im Internet unterwegs sind, mailen, chatten, posten, Kommentare auf unsere Post lesen oder Kommentare kommentieren, stehen wir in Kontakt mit anderen Menschen. Das ist das Schöne an dieser Technik. Egal, wo du dich auf der Welt befindest, die Verbindung zum Rest der Welt reißt nur noch selten ab. Selbst wenn du im Urlaub in Indonesien unter einer Palme liegst, kannst du deinen Lieben spätestens abends im Hotel das Bild deiner Füße im Sand mit dem azurblauen Meer im Hintergrund und mit ein paar Grüßen schicken. Und anders als früher, als die Postkarte noch nach dir aus dem Urlaub ankam, siehst du an den Antworten, Kommentaren oder Likes, dass du nicht allein bist. Genau das macht das Internet so toll. Sich zu verbinden ist eine lebenslange Sehnsucht. Unser ganzes Leben lang wollen wir uns mit jemandem oder etwas verbinden.

## Natürliche Verbindung

Jedes Lebewesen hat das Bedürfnis, sich zu verbinden. Kein Leben existiert ohne Verbindung. Das beginnt bereits auf molekularer Ebene. Wenn du jetzt sagst: »Aber wir sind doch verbunden, *connected*. Mehr denn je. Wir sind in der Lage, uns mit Menschen auf der anderen Seite der Welt zu verbinden«, dann sage ich: »Je mehr man ein Handy/das Internet benutzt, desto mehr wächst das Bedürfnis, sich zu verbinden. Desto mehr nutzt man die Medien, weil nämlich die wahre Verbindung nicht stattfindet. Natürliche Verbindung kann nur im direkten Kontakt von Lebewesen entstehen.« Egal, ob Mensch, Tier oder Pflanze, wir brauchen echte Verbindung miteinander, um echte Verbindung zu spüren.

Es gibt einen Aspekt in der Natur, dem meiner Ansicht nach bisher kaum Bedeutung beigemessen wurde. Dieser Aspekt ist einerseits trivial, in unserer heutigen Zeit gleichzeitig aber so besonders und wichtig. Wir leben in einer Zeit, in der vor allem junge Menschen immer mehr ihren Fokus darauf legen, wie sie wirken und wie sie von anderen bewertet werden. Die Wirkung auf andere sollte möglichst toll sein, und wir wollen das Bestmögliche geben, um von möglichst vielen Menschen gemocht zu werden. Dabei ist es oft unerheblich, ob wir diese Menschen kennen oder sie jemals kennenlernen werden, denn sie kennen *uns*. Sie folgen uns auf Instagram, Facebook, Snapchat oder anderen Kanälen, und je mehr Menschen es werden, die uns »kennen« bzw. »folgen«, desto größer wird das Gefühl in uns, dass wir diesen vielen Menschen etwas geben müssen, damit sie weiterhin an uns interessiert sind und uns weiterhin folgen oder »mögen«. Ihre Meinung über uns ist uns wichtig, und damit erlauben wir ihnen, uns zu bewerten.

Wir sind tagtäglich allen möglichen Bewertungssystemen ausgesetzt. Vor allem die sozialen Medien spielen uns eine Welt vor, in der (fast) jeder das perfekte Leben lebt. Ob es der perfekte Style, das beste Workout, der abgefahrenste Urlaub, die coolste Party, das gesündeste Essen, der schönste Körper oder die angesagteste Party ist – das Leben wird heute quasi immer und jederzeit von allen möglichen Menschen bewertet. Durch Likes oder Herzen. Dabei verlieren wir uns möglicherweise darin, unbeschwert zu sein, und es entsteht über kurz oder lang das Bestreben nach einer neuen alten Freiheit. Einer Freiheit, die uns einfach so sein lässt, wie wir sind. In einem Lebensumfeld leben zu können, das uns kaum oder gar nicht in dem bewertet, wer oder was wir sind. Was wir für Klamotten tragen, wie und was wir essen, ob wir uns bewegen und welche Form von Sport wir machen. Einfach mal raus sein aus diesen gesamten Bewertungssystemen und Mustern, die tagtäglich auf uns einprasseln.

Die Natur ist der perfekte Ort, um aus all diesen Systemen und Bewertungsszenarien rauszukommen. Denn dem Wald, dem Berg, dem See, dem Fluss oder dem Meer ist es vollkommen wurst, ob du heute Morgen deinen Super-Smoothie getrunken oder dein Work-out erledigt hast und ob du die neuesten Bekleidungstrends kennst. Alle diese Systeme, die wir uns selbst kreiert haben, um andere und uns selbst zu bewerten, existieren in der Natur einfach nicht.

Der spannende Aspekt dabei ist, dass die Medaille immer zwei Seiten hat. So sehr uns die Natur die Freiheit der Bewertungslosigkeit schenkt, so sehr nimmt sie uns auch unser aufwendig selbst aufgebautes Netzwerk und Konstrukt der sozialen Medien. Wir sind in der Natur einfach nur WIR SELBST. Es gibt niemanden mehr, der uns Vorwürfe macht oder uns belächelt. Genauso wenig gibt es jemanden, der uns ständig bestätigt, wie toll wir aussehen oder was für coole Dinge wir tun. Wir sind in diesem Moment einfach bedingungslos frei. Und das ist die andere Seite der Medaille: So sehr wir uns nach Bestätigung und »Likes« sehnen, so groß ist auch die Angst, all das zu verlieren.

Letztens habe ich eine Unterhaltung mitbekommen, in der jemand sagte: »Was wärst du ohne deinen Instagram-Account?« Für Menschen, die Instagram nutzen, um sich selbst darzustellen, und eine Menge Menschen haben, die ihnen folgen und täglich ihre Kommentare und Likes abgeben, wäre der Verlust ihres Accounts sicherlich riesig, möglicherweise sogar ein Verlust ihrer Identität. Das ist in vielerlei Hinsicht auch nachvollziehbar. Ich vergleiche diese Medien gerne mit einem Fotoalbum oder einem Gästebuch, das viele Menschen gesehen und in das sie einen kleinen Beitrag geschrieben haben. Da stecken nicht nur Bilder, sondern auch eine Menge Emotionen mit drin. Und genau diese Emotionen will man nicht »verlieren«. Fatal bei dieser Sichtweise ist jedoch, dass die meisten Kommentare und Reaktionen auf diesen Profilen von Menschen kommen, die dem Profilinhaber oft unbekannt sind. Demjenigen, der viel, viel Zeit damit verbringt, sein Profil zu »polieren«, gehen die natürliche Verbindung und der echte, wahrhaftige Kontakt und auch das wahre Erleben verloren.

Ich selbst habe auch – zumindest aktuell – einen Facebook- und einen Instagram-Account, auf denen mir insgesamt knapp 100 000 Menschen folgen. Ich hatte selbst einmal eine Phase, in der es mich beunruhigte, als ich sah, dass meine Likes weniger wurden. Ich dachte mir damals: Hm, was mache ich »falsch«, dass mir die Leute nicht mehr folgen wollen? Habe ich etwas »Falsches« geschrieben oder geteilt, dass sie mich nicht mehr interessant finden oder nicht mehr mögen? Spannende Gedanken, die mich da begleitet haben! Denn schlussendlich weiß ich ja gar nicht, warum sich Menschen dafür oder dagegen entscheiden, mir auf sozialen Medien zu folgen. Und es ist auch nicht meine Aufgabe, Inhalte zu produzieren, die möglichst viele Menschen mögen oder toll finden, um möglichst viele Follower zu bekommen. Für mich ist es viel wichtiger, eine Botschaft, Wissen, Ansichten, Erfahrungen und Erlebtes zu teilen. Außerdem hinterfrage ich vieles und möchte kritische Fragen stellen. Dabei beginne ich bei mir selbst, indem ich mich selbst kritisch betrachte und mich frage, ob Dinge, die ich tue oder nicht tue, sinnvoll sind oder was ich anders machen könnte, um das Leben leichter, freier, gesünder und erfolgreicher zu gestalten. Oft genug sind Fragen, die ich teile, Fragen, die ich mir in diesem Moment selbst stelle, oder auch Fragen, die ich mir bereits gestellt und eine Antwort darauf gefunden habe. Diese Antwort gilt allerdings nur für mich und wird nicht die gleiche sein – und auch nicht sein müssen! – wie die Antwort anderer Menschen.

Die Verbindung und der Kontakt über soziale Medien zu anderen Menschen ist extrem wertvoll, jedoch fehlt dabei die natürliche Verbindung, die wir haben, wenn wir einem Menschen gegenüberstehen oder wenn wir in der Natur sind. Dort sind das wahre Erleben und der echte Kontakt immer vorhanden. Dort gibt es keine Bewertungen, keine Likes, keine Kommentare und keine Urteile. Die Natur schenkt uns ihre volle Aufmerksamkeit dadurch, dass sie uns genau so annimmt, wie wir sind. Und dieses bewertungsfreie Annehmen ist das wohl größte Geschenk, das wir bekommen können. Ebenso wie in dem Moment, in dem wir geboren werden und unsere Eltern uns in ihren Armen halten und uns nicht bewerten, sondern voll und ganz annehmen, wie wir sind. In diesem Moment ist ihre Liebe bedingungslos. Noch hat niemand Erwartungen, wie wir sein und wie wir uns verhalten sollen.

Der Wunsch nach bedingungsloser Liebe ist unser Geburtsrecht. Jedoch lernen und erfahren wir im Laufe des Lebens immer wieder, dass Liebe scheinbar doch an Bedingungen geknüpft ist. Indem wir uns auf eine bestimmte Art und Weise verhalten, bekommen wir mehr Anerkennung – also Liebe –, als wenn wir etwas anderes tun. So entwickeln wir im Laufe unseres Lebens eine »Wenn-dann-Liebe«, die uns von unserem eigentlichen Ziel wegführt: bedingungslos zu lieben und bedingungslos geliebt zu werden.

Die Natur schenkt uns dieses Gefühl der Bedingungslosigkeit – immer. Es gibt keine Wenn-dann-Formeln in der Natur. Es gibt einfach nur die vollkommene Form: die Präsenz unserer selbst im Moment. Egal, ob wir im neuesten Modestyle stecken, in Arbeitsklamotten, im Arztdress oder Anzug oder nackt sind – wir sind vollkommen, wie wir sind. Scheißegal, wie viele Follower du hast, welches Einkommen du monatlich erreichst, welchen Job du hast oder welches Auto du fährst. Du bist einfach DU. Und genau das ist für viele nur schwer auszuhalten, weil in dem Moment, in dem wir auf uns selbst zurückgeworfen sind, alle erdachten und errichteten Konstrukte von uns abfallen und wir damit auch unserer schützenden Maskerade, dem kreierten Bild nicht mehr so entsprechen, wie wir es für uns und andere kreiert haben.

## Sind wir eigentlich von Sinnen?

Um Verbindungen eingehen zu können, benötigen wir unsere Sinne. Wir wissen intuitiv, ob wir einer Person trauen oder ob die Wohnung, die wir gerade besichtigen, das ist, was wir wollen, oder nicht. Aber oft können wir uns und unsere Bedürfnisse nicht mehr richtig spüren. Wir können das aber lernen. Unsere Sinne sind da, sie sind nur inaktiv, weil wir sie nicht mehr natürlich nutzen.

In der Zeit, als wir Menschen noch in Wäldern lebten oder zumindest den größten Teil unserer Zeit in der Natur und nicht wie heute in geschlossenen Räumen verbrachten, waren wir in einem völlig anderen Kontakt zur Natur. Unsere Sinne waren sensibel geschult. Wir hörten auf die Geräusche, beachteten den Wechsel des Lichts und hatten die gesamte Umgebung im Blick. Unsere Intuition war perfekt ausgebildet, und wir konnten selbst kleinste Veränderungen um uns herum sehr schnell wahrnehmen. Das Wort »Intuition« bedeutet übrigens, frei vom lateinischen *intueri* übersetzt, »genau hinsehen«. Dieses genaue Hinsehen fand vor allem ohne den Gebrauch unseres denkenden Verstandes statt, was ein Riesenvorteil war. Denn dadurch konnten wir den Verstand für andere Dinge oder Gedanken nutzen und hatten zeitgleich eine klare Wahrnehmung von allem um uns herum. Diese ursprüngliche Intuition und die feinen Sinne aus dieser Zeit sind über die letzten Jahrtausende in vielerlei Hinsicht verkümmert, da wir sie einfach kaum noch benötigen.

Der Wald ist für uns alle ein besonderer Ort – auch für diejenigen, die das noch gar nicht bemerkt haben –, denn er bringt eine vielfältige Auswahl an Eigenschaften mit, auf die wir auf evolutionärer Ebene programmiert sind. Den Steinzeitmenschen signalisierten die Geräusche der Natur, ob Gefahr drohte. Ihre Sinne waren hellwach und registrierten die kleinsten Veränderungen von Licht, Geruch und Geräuschen. Diese Sinne sind noch immer in uns angelegt, und einige von ihnen nutzen wir auch nach wie vor ganz unbewusst.

Richard Louv beschreibt in seinem Buch »Das Prinzip Natur«, wie er mit seinem Sohn in Alaska eine Wanderung unternahm. Der sie begleitende Wildhüter erklärte ihnen genau, wie sie sich verhalten sollen, sollte sich ein Bär nähern. Weil keiner der beiden als Bärenfrühstück enden wollte, sangen die beiden fortan während des Laufens, weil Bären es nicht mögen, überrascht zu werden. Sie schnupperten nach dem Geruch von Moschus und verrottetem Lachs, denn so riechen Bären, und sie lauschten jedem Knacken im Unterholz. Eines Tages rochen sie wirklich den charakteristischen Bärengeruch, und ihnen sträubten sich die Nackenhaare. Sie blieben in sicherer Entfernung stehen. Der Bär sah und roch sie nicht, weil Gegenwind herrschte, und verschwand schnell wieder im Dickicht. Der Geruchssinn hatte die Wanderer rechtzeitig gewarnt.

Auch wenn unsere Sinne nicht mehr so trainiert sind wie einst die der Jäger und Sammler, weil wir sie nicht mehr benötigen, um die Nähe eines Bären zu riechen oder um Gefahren zu erkennen, weil die Vögel um uns herum schlagartig verstummen – unsere natürlichen Fähigkeiten sind trotzdem noch da. Unsere Sinne melden uns ungefragt Informationen, die auch in der Vorzeit relevant waren, und deshalb wirkt eine entspannte Waldatmosphäre auch heute noch beruhigend auf uns. All das tut gut: das flirrende grüne Licht, das durch ein dichtes Blätterdach fällt, kurzwellige Infrarot- und UV-Strahlung wird einem Sonnenschirm gleich gefiltert. Im Wald bekommen wir keinen Sonnenstich oder Hitzschlag, auch Wind und Regen werden gemildert. Der Wald schützt uns. Das war damals so; und auch heute, wo wir in unser Haus zurückkehren können, spüren wir es. Unsere Sinne spüren, dass uns die Natur guttut, und auch der Körper meldet es zurück. Auf dem weichen, unebenen Boden laufen wir anders als auf Asphalt. Für diesen Boden sind unsere Gelenke gemacht. Wir spüren es – vielleicht verknüpfen wir die Nähe zur Natur deshalb mit größerer Lebenszufriedenheit.

## Was also fehlt uns?

Unser leistungsorientiertes Leben mit all seinen an uns gestellten Erwartungen und dem daraus resultierenden hohen Druck, gepaart mit der ständigen Ablenkung durch Medienkonsum entkoppelt uns von unserer wahren Natur. Noch einmal: Das Internet bietet viele wunderbare

Chancen, aber seine allgegenwärtige Verlockung nimmt uns auch viel. Was also fehlt uns?

## Nähe

Wir leben immer mehr in einem Mangel an natürlicher, echter Nähe. Ich stelle immer wieder und mit immer mehr Erschrecken fest, wie viele Menschen sich in Restaurants oder Cafés gegenübersitzen und nicht miteinander reden, sondern auf ihre Smartphones schauen. In der Zeit, in der sie sich eigentlich natürlich mit ihrem Gegenüber verbinden könnten, verbinden sie sich im Netz mit jemand anderem. Mit jemandem, der vielleicht gerade ebenso mit einem anderen Menschen an einem Tisch sitzt und sich mit einem anderen Menschen verbinden könnte … Das ist nicht nur verrückt, sondern ganz schön pervers. Wir sehnen uns nach Aufmerksamkeit und nach Nähe. Das ist es, was eigentlich hinter diesem Verhalten steht, denn einerseits bin ich mir der Nähe meines Gegenübers bewusst, mit dem ich am Tisch sitze, und hole mir jetzt noch einen oder mehrere Menschen hinzu, wenn ich parallel chatte oder etwas auf Facebook teile. Der echte Kontakt mit meinem Gegenüber geht aber verloren, und es ist tatsächlich ein Verlust, den wir in diesem Moment in uns erleben, denn es gibt keine echte Aufmerksamkeit und damit keine echte Nähe.

Der Verlust an Nähe zeigt sich am deutlichsten in der Verwendung der Telekommunikationsmedien. Statt zu telefonieren, schreibt man SMS oder WhatsApp. Statt einen Abend mit den Freunden einfach zu genießen, werden Bilder und Selfies gemacht. Einladungen werden nicht mehr handschriftlich verschickt, sondern in WhatsApp-Gruppen verteilt. Vieles wird unverbindlicher, und viele wollen sich auch nicht mehr binden. Auch dadurch entstehen Bindungsstörungen. Alte Menschen werden immer häufiger in Seniorenheimen untergebracht. Kleinste Kinder werden in Tageskrippen gegeben, um bestimmte Lebensstandards aufrechtzuerhalten. Immer mehr Kinder werden per Kaiserschnitt geboren, immer mehr Frauen erleben die Schwangerschaft als stressig oder können sich nicht mit ihrem Körper und dem Baby verbinden, weil sie lange arbeiten, unter Druck stehen und viele Erwartungen an ihnen haften. Dies ist ein Phänomen unserer modernen Kultur, das uns vom Beginn des Lebens an mehr und mehr von einem innigen und natürlichen Kontakt entbindet.

Die Sehnsucht nach Nähe aber bleibt in uns, sie wächst sogar in unserer modernen Kultur viel intensiver als vor einigen Jahrzehnten. Dass wir echte Nähe nicht mehr bekommen, kompensieren wir immer mehr dadurch, dass wir uns Nähe auf allen möglichen Kanälen holen, was aber niemals das Gleiche ist wie die echte, natürliche Verbindung zu einem Menschen, den wir sehen, riechen und anfassen können. Wenn wir jemanden berühren oder berührt werden, schütten wir das Wunderhormon Oxytocin aus. Und genau dieses Hormon – genauer gesagt die Rezeptoren für dieses Hormon – werden vor allem in den ersten Lebensjahren ausgebildet, wenn der meiste und intensivste Körperkontakt zwischen Eltern und Baby stattfindet. Fehlt dieser Kontakt, fehlen Rezeptoren, und das Hormon ist weniger aktiv. Oxytocin ist wichtig für unser Gefühl von Vertrauen, Schutz, Geborgenheit und Nähe. Deshalb ist es so wichtig, dass wir dieses Hormon immer wieder aktivieren, indem wir echte Begegnungen und Berührungen erfahren. Davon profitieren nicht nur Babys und Kinder, sondern jeder Mensch, wie wir am Beispiel der Senioren im norwegischen Pflegeheim (s. Kapitel »*Soft fascination*«) gut erkennen können.

## Zeit

Zeit ist das Wertvollste, was wir haben. Wertvoll ist genau genommen die Art und Weise, wie und womit wir unsere Zeit füllen. Empfinden wir das, was wir täglich tun, als wertvoll und nützlich, fühlen wir uns selbst wertvoll und nützlich. Dieses Gefühl von Wert und der eigenen Zufriedenheit ist nicht nur in unserem Kopf vorhanden, sondern manifestiert sich gleichermaßen als ein (uns nicht bewusster) biochemischer Zustand. Das zeigt sich deutlich daran, dass wir meist eine innere Unruhe empfinden, wenn wir Dinge tun, die wir als wenig sinnvoll empfinden. Dinge als sinnlos zu erleben erzeugt Stress im Körper, und der äußert sich dann zum Beispiel in Unruhe oder Gereiztheit. Ebenso stressig ist es, in unserer modernen, schnelllebigen Zeit viel mehr in viel weniger Zeit leisten zu sollen. Multitasking-Fähigkeit ist fast schon zu einer Jobvoraussetzung geworden, und wir sollen auf mehreren Ebenen agieren, obwohl wir als Menschen evolutionär gar nicht daran ange-passt sind.

Es ist ein fataler Glaubenssatz, dass uns Zeit fehlt, denn Zeit kann in Wahrheit nie fehlen. Dinge und Prozesse benötigen immer Zeit. Haben wir nicht genug Zeit, sind wir entweder mit einer falschen Erwartung an etwas herangegangen oder mussten auf dem Weg zum Ziel erken-nen, dass sich ungeplante Veränderungen ergeben haben, die mehr Zeit erfordern. Zeit fehlt nicht; maßgeblich ist nur die Art und Weise, wie wir unsere Zeit nutzen. Hier auch noch einmal die für mich nach wie vor sagenhafte Zeit, die wir in Deutschland durchschnittlich TÄGLICH mit Fernsehen verbringen: rund 220 Minuten.[11] Und wem das nicht reicht: Generell mit Medien sind es täglich durchschnittlich 566 Minu-ten.

## Ruhe

Wir sehnen uns nach Ruhe. Ruhe ist vielseitig und vielschichtig. Oft steht Ruhe in einem Kontrast zu dem, was wir uns auf einer unterbe-wussten Ebene wünschen, was wir aber auf einer anderen Ebene nur schwer aushalten können. Denn Ruhe bedeutet, auch einmal nichts zu tun oder seine Aufmerksamkeit einfach loszulassen und sich leiten zu lassen. Du wirst später in den »Green Exercises« die ein oder andere Übung von mir bekommen, während der du möglicherweise mit genau dieser Ruhe konfrontiert wirst. Vielleicht stellst du dir dann die Frage, welchen Sinn diese Übung verfolgt. Oder du hältst diesen Moment der Ruhe nur schwer aus. Das ist normal. Wir sind immer mehr von wirklicher Ruhe entbunden. Viele Menschen sind von ständiger Berieselung umgeben: Im Auto läuft das Radio, während der Arbeit ebenso, und darüber hinaus ziehen die Geräusche anderer technischer Geräte unsere Aufmerksamkeit auf sich. Abends berieselt uns der Fernseher oder etwas anderes.

Alle durch uns Menschen gemachten Geräusche verhindern wirkliche Ruhe. Wenn sie dann tatsächlich eintritt, kann das ungewohnt sein, und alles Ungewohnte bedeutet für den Körper eine Form von Unsicherheit. Ruhe muss aber nicht zwingend etwas mit Lautstärke zu tun haben, sondern auch damit, dass wir in uns selbst zur Ruhe kommen. Das bedeutet, dass wir in Kontakt mit uns selbst gehen, uns vom Außen lösen und uns mit unserem Inneren verbinden. Das Besondere dabei ist, dass es Orte gibt, die uns darin unterstützen können, in besseren Kontakt mit uns selbst zu kommen. Du findest diese Orte in der Natur.

## Naturintelligenz

Naturintelligenz ist unsere Fähigkeit, feinfühlig auf die Reize unserer Umwelt – also der Natur und anderer Lebewesen – einzugehen. Die Naturintelligenz befähigt uns, uns mit der Natur zu verbinden und ihre Signale und Zeichen zu deuten. Es sind unsere uralten Instinkte, die von jeher unser Überleben gesichert haben und die uns in der modernen Welt verloren gehen, weil sie nicht mehr benötigt werden. Ich glaube allerdings, dass diese Urinstinkte ein wichtiger Teil für unser eigenes Überleben bleiben, denn wenn wir die Verbindung zu unserer Naturintelligenz verlieren, werden wir uns auch von der Natur selbst immer mehr distanzieren.

Diese Distanz zeigt sich bereits in vielen Lebensbereichen. Die Art und Weise, wie wir Tiere in der Massentierhaltung halten und diese töten, ist ein klares Symptom unserer verloren gegangenen Naturintelligenz. Das Gleiche gilt für die Verfahren der modernen Landwirtschaft, den Einsatz von gentechnisch veränderten Pflanzen, Pestiziden und Monokulturen – all das entbindet uns mehr und mehr von der eigentlichen Natur und dem, was wir für unseren Organismus benötigen, um gesund, stark, belastbar und (natur)intelligent zu bleiben. Wir sind kaum noch in der Lage, die Bedürfnisse anderer Wesen adäquat wahrzunehmen und zu berücksichtigen.

## Demut

Demut bedeutet für mich, Respekt für jedes Lebewesen, die Natur und die Welt zu haben, auf der wir leben. Demut bedeutet außerdem, dankbar dafür zu sein, dass ich lebe und dass mir das Leben alle möglichen Erfahrungen, Begegnungen und Möglichkeiten schenkt. Und zu guter Letzt, dass ich anerkenne, dass ich ein winziger Teil eines riesigen Netzwerkes bin, welches in einer Verbindung zu allen anderen Dingen auf unserer Welt steht, und dass ich mit allem, was ich tue, Spuren hinterlasse. Jede Spur nimmt Einfluss auf das große Ganze. So wie unser Gehirn aus Milliarden Neuronen besteht, die miteinander vernetzt sind, so lebe ich als Mensch in einem Netzwerk, das mit allem verbunden ist. Wenn mein Gehirn einen negativen Gedanken denkt, so beeinflusst dieser Gedanke meinen Körper – den ganzen Organismus. Genauso ist es mit mir als Mensch. Wenn ich mich auf eine bestimme Art verhalte, beeinflusst mein Verhalten den »Organismus«, auf dem ich lebe – unsere Welt.

Jeder Mensch trägt dieses Wissen in sich, das als »alte Weisheit« tief in uns verankert ist. Es ist nur so, dass nicht jeder Mensch dieses Wissen anzapft und anwendet. Diese Demut ist jedoch möglicherweise eines unserer größten Potenziale. Denn wenn wir Demut anwenden, folgen daraus meist enorme Handlungen, die sich durch Werte, Respekt und (Nächsten-)Liebe auszeichnen. Wenn wir das nicht tun oder auch wenn andere das nicht tun, schmerzt es uns. Das ist der Grund, warum die meisten Menschen nicht sehen wollen, unter welchen Umständen Tiere in der Massentierhaltung gefoltert werden. Ebenso schmerzt es, wenn wir sehen, dass der Regenwald abgeholzt wird. Menschen, die großkotzig und egoistisch ausschließlich finanzielle Interessen verfolgen oder anderen Leid zufügen, mögen wir nicht, weil sie nicht aus Demut heraus handeln. Wir sind und bleiben mit der Natur und dem Leben auf unserem Planeten verbunden, das (wie jeder Organismus) in Kooperation besser funktioniert als im Kampf.

## Die Sehnsucht, »richtig« zu sein

Jeder Mensch will »richtig« sein. Das Besondere am Richtigsein ist, dass jeder von uns einen höchst individuellen Teil von Richtigsein lernt, denn wir bekommen richtig und falsch durch unsere Eltern und unser Natural Network anerzogen. Wir lernen, was richtig und falsch ist. Dabei ist es oft genug so, dass wir nicht immer das tun, was wir als richtig empfinden, sondern was als richtig »anerkannt« wird. So ist es möglicherweise »falsch«, Förster zu werden, weil du damit keinen sicheren Job hast und auch nicht viel Geld verdienen kannst. Stattdessen ist es »richtig«, Arzt zu werden, weil dies ein angesehener Beruf ist, mit dem du auch viel Geld verdienen kannst. Ebenso »gehört es sich nicht«, sich die Finger oder die Kleidung dreckig zu machen, denn im »Dreck« spielt man nicht. Intuitiv ist dies aber eine tiefe und innige Verbindung mit der Natur, die wir als Kinder erleben und erfahren wollen.

In der Natur werden wir immer als richtig angenommen, und dort sind wir nie falsch in dem, was wir tun oder wie wir sind. Die Natur bewertet uns nicht. Wenn wir unserer inneren Natur folgen, unserer Naturintelligenz, der in uns liegenden Demut, die uns mit allem verbindet, und wir uns die Zeit nehmen, uns mit uns selbst zu verbinden und Ruhe in uns zu finden und damit die Nähe zu uns selbst und zur Natur nicht nur entdecken, sondern auch erleben, werden wir uns vollumfänglich richtig und angenommen fühlen.

All das macht uns zu Menschen, und all das fehlt uns schmerzlich. Die Trennung des Menschen von der Natur – auch von seiner eigenen Natur – stellt heute ein großes Problem dar. Wir achten nicht auf uns. Wir nutzen unsere Intuition nicht (mehr) und entfernen uns von uns selbst. Wie können wir lernen, unsere Intuition wieder zu nutzen?

Unsere Sinne stellen die Verbindung zu unserer wahren Natur wieder her. Wenn wir lernen, sie wieder zu nutzen, sind wir Teil der »Kommunikation« der Natur. Nimmst du an der Kommunikation der Natur um dich herum teil, bist du quasi ein »Neuron« mitten im »Gehirn« der Natur! Denn dass sich nicht nur Menschen und Tiere miteinander unterhalten, sondern auch Pflanzen kommunizieren, wissen wir spätestens seit der Lektüre des Bestsellers »Das geheime Leben der Bäume«. Wie sehr die Natur uns hilft, zu uns selbst zurückzufinden, erkläre ich dir im nächsten Kapitel.

# Die wahre Macht der Natur

Ich bin Wissenschaftler, und Studien faszinieren mich sehr, weil ich gerne verstehe, wie alles funktioniert. Ich verstehe, dass es wichtig ist, sich die Einzelteile anzuschauen, um das Ganze zu verstehen. Aber wie immer ist das Ganze doch mehr als die Summe seiner Teile. Es ist nicht nur der Duft einer blühenden Wiese oder das Vogelzwitschern oder die Farbe Grün, die in unserem Gehirn etwas freischaltet, das uns entspannt oder gesund macht. Wir sind sinnliche Wesen. Wir sind dafür »gemacht«, unsere Sinne auch zu benutzen. Was passiert wohl, wenn wir wieder lernen, unsere Sinne intensiver zu nutzen und ihnen zu trauen? Sehr wahrscheinlich passiert etwas Magisches. Dafür brauchen wir aber mehr als nur ein Wasserfallvideo oder ein paar Minuten in der Natur. Wir benötigen echte Momente, echte Erfahrungen, echte Möglichkeiten, unsere Sinne auf allen Ebenen zu nutzen. Unsere Sinne benötigen den echten Reiz, damit sie auf diesen reagieren können. Echt bedeutet in diesem Kontext »natürlich«. Ohne Natur mit all ihren Facetten, Reizen und Wirkungen fehlt unseren Sinnen und damit uns als Menschen etwas Grundlegendes. In jedem Menschen schlummert der Wunsch nach einer tiefen Verbindung zu sich selbst, zu anderen Menschen und zur Natur. Damit einher geht auch der Wunsch nach innerer Klarheit: Wer bin ich, wer will ich sein und wie will ich mein Leben gestalten?

Genauso ging es mir, als mein Studium der Sportwissenschaft dem Ende entgegenging. Ich hatte so viel gelernt und so viele Interessen und doch keinen Plan. Oder vielleicht hatte ich auch zu viele Pläne. Ursprünglich wollte ich Ökonomie-Management wählen und damit einen kaufmännischen Schwerpunkt setzen. Aber konnte es das gewesen sein? Ich konnte mir so viel mehr vorstellen als Management. Spannend wäre doch auch die Spezialisierung auf Erlebnissport, und auch Erlebnispädagogik wäre gut. Neben meinem Studium hatte ich außerdem viele Jobs als Moderator. Meine große Angst, vor Menschen zu sprechen, war ich während eines Urlaubssemesters als Reiseleiter losgeworden und hatte seitdem großen Spaß am Moderieren. Auch das wäre also ein absolut vorstellbarer und spannender Job. Ich könnte auch Sportreisen organisieren. Zudem hat der gesamte Gesundheitsbereich schon immer eine enorme Faszination auf mich ausgeübt. Also eher die therapeutische Schiene? Oder doch Management?

Meine Überlegungen drehten sich permanent im Kreis. All diese Möglichkeiten und die guten Chancen, in jedem der Bereiche Fuß zu fassen, machten es mir nicht einfacher, sondern um ein Vielfaches schwerer, eine Entscheidung zu treffen. Meine Gedanken fuhren sich fest und verhakten sich ineinander. Auch wohlgemeinte Tipps meiner Freunde oder Verwandten halfen nicht, gingen deren Meinungen doch mindestens in genauso unterschiedliche Richtungen wie meine Gedanken. Dem einen war der Erlebnissport zu unsicher, »kein richtiger Job und nur Spaß«. Der medizinische Bereich wäre bestimmt lukrativer, aber bräuchte man dafür nicht ein Medizinstudium?

Zu viele Optionen und zu viele gute Gründe, das eine zu tun oder das andere zu lassen, ließen mich unruhig und unsicher werden und machten mir oft genug Stress. Einige meiner Kommilitonen gaben mir das Gefühl, Zeit zu verlieren, und irgendwann glaubte auch ich, dass mir die Zeit davonlief und nun endlich eine Entscheidung hermüsse. Die anderen wussten schließlich, was sie wollten. Also musste ich das doch auch endlich mal klarkriegen! Ich drehte mich im Kreis, kam nie wirklich einen entscheidenden Schritt weiter, und irgendwann ging es so weit, dass ich meine Pläne in Gänze infrage stellte. Ich brauchte Abstand, ich musste raus.

Ich hatte während der Schulzeit immer davon geträumt, nach dem Abitur nach Kanada zu gehen. Jetzt lag das Abi schon einige Jahre zurück. Das Ende des Studiums bot die nächste Chance, einfach mal raus zu sein und abzuschalten. Es wurde dann allerdings nicht Kanada, sondern die andere Seite der Erdkugel, und so verließ ich gemeinsam mit meiner damaligen Freundin Deutschland in Richtung Neuseeland.

Fünf Monate reisen, nichts tun, weit weg von den Sorgen und den kreisenden Gedanken. Ich könnte hinterher immer noch gucken, wie es weitergeht. Dachte ich.

## Draußen in der Natur zurück zu mir selbst

Die ersten Tage in Neuseeland waren das Paradies. Um große Distanz zu Problemen aufzubauen, ist große räumliche Distanz scheinbar absolut hilfreich. Ich war wirklich raus. Raus aus dem Alltagstrott, den Sorgen und Gedanken – die hatte ich einfach in Deutschland gelassen. Stattdessen befand ich mich in einem fremden Land voller netter Menschen, neuer Eindrücke und genoss die Perspektive, mich fünf Monate einfach nur treiben zu lassen. Ich fühlte mich befreit und war voller Tatendrang. Kurzerhand kauften wir einen kleinen gebrauchten Campingbus und machten uns auf die Reise.

Neuseeland ist der Hammer. Innerhalb weniger Kilometer wechselt die Landschaft zwischen sanften Küstenregionen, hügeligem Hochland, das mich an Schottland erinnerte, Riesenfarn-Wäldern, schroffen Bergen mit Gletschern und Fjorden. Wir hielten, wo wir wollten, denn ein Hotel brauchten wir nicht. Unser Bus hatte eine brauchbare Matratze, und zudem hatten wir ein Zelt dabei. Das reichte uns. Meine ständigen Begleiter – die Nervosität sowie die kreisenden Fragen rund um das Thema »Wohin soll mein beruflicher Weg gehen?« – ließen sich nicht mehr blicken, und ich wähnte meine Sorgen weit, weit weg.

Damals begriff ich das erste Mal in meinem Leben in voller Konsequenz, dass Sorgen einfach langsamer reisen. In ihrer ganz eigenen Geschwindigkeit, in einem ganz natürlichen Tempo. Keine Ahnung, wie sie mich gefunden haben, vielleicht waren sie auch die ganze Zeit anwesend und haben sich totgestellt, aber nach ein paar Wochen waren sie schlagartig wieder da. Seitdem weiß ich, dass man Sorgen nicht einfach zu Hause lassen kann. Inmitten der fantastischen Natur Neuseelands lag ich von nun an in meinem Campingbus nachts wach und grübelte. Das Gedankenkarussell nahm jetzt erst richtig Fahrt auf, und ich war letztlich noch tiefer in meinem existenziellen Thema »Wohin geht mein Weg?« angekommen.

Zwei Fragen zwischendurch: Gehörst du zu denjenigen, die die Stille kaum aushalten? Bist du jemand, der dann am liebsten alles stehen und liegen lassen und nur noch abhauen möchte? Das war zwar nicht mein Muster, aber ich weiß, wie sehr mir das »Dableiben« und die Stille geholfen haben, zu mir zurückzufinden. Es waren meist jene Momente, in denen ich alleine war, ganz für mich, die mich am stärksten bewegt haben. Wobei »bewegt« nicht nur meint, emotional berührt zu sein, sondern auch, dass mir in diesen Momenten oft die besten Ideen kamen, was ich tun könnte, um etwas zu bewegen.

Und das ist noch heute so. Bis heute ist das fest in mir verankert. Ich suche immer wieder Momente, in denen ich ganz für mich alleine bin, um mit mir selbst in tiefen Kontakt zu kommen. Meist wähle ich als Ort für diesen Kontakt den Wald. Sei es, dass ich spazieren gehe, mit dem Mountainbike eine Runde drehe oder einfach nur draußen an einem schönen Ort sitze, um Ruhe und Kraft zu tanken und Raum für klare Gedanken zu haben. Es ist so, als würde die Natur zwei Dinge auf einmal für mich tun. Zum einen leert sie effektiv meine gut frequentierten Gedankenautobahnen, und zum anderen flutet sie mich mit einer neuen Kraft und Fülle, die sich aber nicht »voll« anfühlt. Dazu passt für mich gerade der Begriff »erfüllt sein« so gut, denn ich bin in diesem Moment nicht *ge*-füllt mit allen möglichen Dingen, sondern *er*-füllt von dem, was einfach ist.

## Natur ist gut für die Psyche

Was ich immer wieder in der Natur erfahre – das Leeren meiner Gedankenautobahnen und das Füllen meines Kopfes mit Klarheit –, ist der (wissenschaftlich nachweisbare) positive Effekt der Natur.

Heute leben bereits mehr als 50 Prozent der Menschheit in Städten. Im Jahr 2050, so die Prognose, werden es 70 Prozent sein. Die Urbanisierung wird in Zusammenhang mit einer steigenden Rate psychischer Erkrankungen gebracht, warum das so ist, ist noch nicht eindeutig geklärt. Die Stanford University wollte deshalb untersuchen, inwiefern der Kontakt mit der Natur das Auftreten von Grübelei beeinflusst. Grübelei (sich immer wiederholende Gedanken, die sich um ein bestimmtes Thema drehen) gilt als Risikofaktor für psychische Erkrankungen wie depressive Verstimmungen und Ängste.

Teilnehmer der Studie, die 90 Minuten durchs Grüne spazierten, berichteten von weniger Grübelei. Ihre Hirnscans zeigten im Anschluss an den Spaziergang in dem Teil des Gehirns, der mit dem Risiko, psychisch zu erkranken, in Zusammenhang gebracht wird, eine geringere Aktivität als bei der Kontrollgruppe, die durch die Stadt gelaufen war. Diese Ergebnisse zeigen auf, wie wichtig in unserer sich schnell verändernden Welt gut erreichbare Grüngebiete für die psychische Gesundheit sind.[12]

Allein der Aufenthalt in der Natur verringert das Risiko psychischer Erscheinungen wie Grübelei bis hin zu psychischen Erkrankungen.

## Morgendämmerung (SEHEN)

Als wir in Neuseeland ankamen, war ich hundemüde. Einerseits hatten wir einen extrem langen Flug hinter uns, andererseits war da die Zeitverschiebung, durch die wir uns zwölf Stunden vor unserer Zeit in Deutschland befanden. Darauf musste sich mein Körper erst einmal einstellen. Das erste Mal in meinem Leben erlebte ich einen Jetlag, den ich bis dato immer nur aus Erzählungen kannte. Erst abends gegen 23 Uhr richtig wach zu werden und dann bis um 3 Uhr morgens einfach nicht einschlafen zu können ist schon eine echt krasse Umstellung für den Körper. Die ersten Tage habe ich versucht, so gut ich konnte früher einzuschlafen und spätestens um Mitternacht ins Bett zu gehen. Das war ein Krampf, weil ich einen guten Schlafrhythmus erzwingen wollte. Erst als ich den Kampf mit der Müdigkeit losgelassen habe und mich einfach von meinen Bedürfnissen leiten ließ, regulierte sich der Körper. Und zwar sehr viel leichter und von selbst. Um mich noch mehr von selbst auferlegten »Schlafregeln« zu befreien, trennte ich mich von meiner Uhr. So brauchte ich mich nicht mehr durch Zeiten lenken zu lassen, sondern folgte dem, was mir der natürliche Rhythmus vorgab.

Da wir mit dem kleinen Van unterwegs waren, fand unser Leben vor allem draußen statt. Jeder, der schon mal gecampt hat, wird die Erfahrung gemacht haben, dass sich der Körper sehr schnell an den natürlichen Tag-Nacht-Rhythmus anpasst und man abends zur Dämmerung langsam müde und meist schon bei den ersten Sonnenstrahlen am Morgen wieder wach wird.

So ging es mir auch nach kurzer Zeit, und mein Biorhythmus gewöhnte sich mit Leichtigkeit an die Zeitverschiebung und den neuen Lebenswandel. Mein Energielevel stieg von Tag zu Tag. Die Anpassung an den neuen Tag-Nacht-Rhythmus, das Hinter-mir-Lassen der Probleme, die mich beschäftigten, und natürlich die einzigartige Natur Neuseelands, die mich nicht nur beeindruckte, sondern mir das klare Gefühl des *being*

## Zirkadianer Rhythmus und Licht

Der *zirkadiane Rhythmus* (zirkadian bedeutet »ungefähr den Tag«) ist die Fähigkeit deines Körpers, seine Körperaktivitäten auf etwa eine Periode von ca. 24 Stunden zu synchronisieren. Diese Fähigkeit ist wichtig für die Funktionsfähigkeit des Organismus und dient zudem dazu, periodisch durchgeführte Tätigkeiten wie Essen, Schlafen und auch Sex in einem relativ ausgewogenen Rhythmus durchführen zu können. Von diesem Rhythmus hängt auch der Rhythmus anderer Körpervorgänge wie Hormonausschüttung, Blutdruckregulation, Herzfrequenz und Körpertemperatur ab. Des Weiteren wird dabei auch die Leistungs- und Konzentrationsfähigkeit sowie die Anzahl der Immunzellen im Blut reguliert.

Die äußere Ursache des zirkadianen Rhythmus ist die Erdrotation. Das Tageslicht fungiert hierbei vermutlich als Feineinstellung und wichtigster Taktgeber. Spezielle Fotorezeptoren in der Netzhaut unserer Augen sorgen für die Synchronisation. Informationen über hell und dunkel werden über den *Nucleus suprachiasmaticus* (SCN) an die Zirbeldrüse im Zwischenhirn weitergegeben, die in der Nacht das Schlafhormon *Melatonin* ausschüttet. Bei Tageslicht geht die Melatonin-Konzentration zurück. Melatonin beeinflusst neben dem Schlaf-wach-Rhythmus noch viele weitere Körpervorgänge. Künstliches Licht und besonders solches mit hohem Blauanteil, das dem Tageslicht ähnelt, stört die Melatonin-Produktion und kann zu Schlafstörungen führen.

*away* (Raussein) gab, ließen meine Kräfte schnell wieder wachsen. Damals kannte ich den Begriff »stärkende Umgebung« *(restorative environment)* noch nicht, aber heute weiß ich, dass die Landschaft Neuseelands das Gefühl, *raus* zu sein, wie von allein aufruft.

*Restorative environment*
Orte, die Erholung auslösen und an denen Menschen positive Resonanzerfahrungen machen, nennen Stephen und Rachel Kaplan *restorative environments*. Manche Forscher sprechen auch von »therapeutischen Landschaften«. Wie man es auch nennt – diese Landschaften weisen Eigenschaften auf, die stressmindernd wirken und die Aufmerksamkeitsermüdung lindern. Die Kaplans beschreiben vier Merkmale, die eine Umgebung haben sollte, um möglichst erholsam zu sein:

Zauber – Die Landschaft sollte Staunen, Bewunderung oder Entzücken im Betrachter erzeugen können, denn während wir staunen, grübeln wir nicht. Die gerichtete Aufmerksamkeit macht einer ungerichteten Aufmerksamkeit Platz.

*Being away* – raus sein. Für mich der wichtigste Punkt. Ob du nun fern der Heimat oder geistig auf Wanderschaft bist – wichtig ist, dass du die Sorgen und den Trubel des Alltags hinter dir lassen kannst.

Ausdehnung – die Möglichkeit, die Verbindung und Informationen aller Elemente der Umgebung wahrzunehmen und die Gedanken schweifen zu lassen.

Übereinstimmung – Es ist wunderbar, wenn die Eigenschaften und Merkmale der Umgebung den Vorlieben der sie betrachtenden Person entsprechen. Das ist pure Freude.

Wie ich in meinem ersten Buch »Natürlich sein« beschrieben habe, gibt es seit den 1980er-Jahren etliche Studien, die belegen, dass bereits der Blick aus dem Fenster in die Natur ausreicht, damit Patienten schneller genesen als jene, die Ausblick auf eine Hauswand oder einen Parkplatz haben. Ihr Schmerzempfinden ist geringer und ihre Laune besser. Diesen ersten Untersuchungen haben wir vermutlich die Naturbilder über dem Zahnarztstuhl in modernen Praxen zu verdanken. Es folgten Studien, die belegen, dass der Ausblick auf die Natur Angestellte produktiver und effektiver arbeiten lässt, ihren Stress vermindert, höhere Bildungsabschlüsse nach sich zieht[13] und die Aggressionsrate in Wohnvierteln senkt[14]. Je grüner, desto friedlicher also. Es ist sogar erwiesen, dass Menschen, in deren Wohnraum oder Büro Topfpflanzen stehen, wesentlich großzügiger reagierten, wenn sie um fünf Dollar gebeten wurden, als solche ohne Zimmerpflanze.[15]

Es gibt also Belege, dass uns schon der Anblick der Natur gesünder, friedlicher und netter macht. Aber warum ist das so? Wieso hat bereits der Anblick von Gebüsch – und ich rede hier von ein paar Sträuchern, nicht von epischen Landschaften – einen so positiven Effekt auf unsere Gesundheit und Psyche? Der Nanophysiker Richard Taylor hat eine mögliche Antwort darauf gefunden. Als Kind fiel ihm ein Katalog mit Bildern des Künstlers Jackson Pollock in die Hände. Er war völlig fasziniert, Pollocks Kunst schien eine eigenartige Anziehungskraft auf ihn zu haben, und bis heute hat ihn diese Faszination nicht mehr losgelassen. Pollocks Bilder schienen in ihm einen besonderen Geisteszustand hervorzurufen. Was also war so besonders an diesen Bildern mit den wirren Farbklecksen?

Neben seiner Karriere als Physiker ist Taylor auch Künstler, und eines Tages baute er eine Art wackeliges Pendel, das, sobald Wind blies, völlig wahllos Farbe verkleckste. Er wollte so herausfinden, wie die Natur »malen« würde. Was dabei herauskam, war ein Bild, das auch von Pollock hätte sein können. Als er später am Physikinstitut in Oregon an der Effizienz der Bewegung von Elektrizität forschte, stellte er fest, dass sich der Fluss der Elektrizität (im Gegensatz zur linearen Ordnung in größeren Geräten wie zum Beispiel Fernsehern) nicht mehr linear, sondern wie ein geordnetes Chaos verhielt. Die Elektrizität verzweigte sich genau wie die kleinen Nebenarme eines großen Flusses oder die Verästelungen unserer Bronchien – oder die kortikalen Neuronen.

Diese Anordnungen, die er entdeckte, waren *fraktal*. Der Begriff bedeutet, dass ein geometrisches Muster eine gebrochene Dimensionalität und zudem einen hohen Grad von Selbstähnlichkeit aufweist, oder anders, dass eine Struktur aus verkleinerten Kopien ihrer selbst besteht. Man versteht sofort, was gemeint ist, wenn man einen Farn oder einen Kopf Romanescu betrachtet. Der große Farnwedel besteht aus kleinen Kopien seiner selbst. Seine Verästelungen sehen aus wie kleinere Farnwedel, die aus noch kleineren Farnwedeln bestehen. Und auch gleicht eine Düne der anderen. Ihre Form sehen wir auch in dem Muster, das Wellen in den Sand malen, den Wellen selbst und sogar in der Form der Küstenlinie. Ähnlich ist es im Wald. Die kleinen Verästelungen in einem Blatt gleichen dem Geäst des Baumes, an dem es wächst. Auch das ist Selbstähnlichkeit. Die Natur ist voller Fraktale. Wir finden sie in Schneeflocken, Kristallen, Bäumen, Wolken, Flusssystemen, den Verästelungen von Blutgefäßen und unserer Lunge.

Menschen lieben Fraktale. Taylor brachte das zu einer Frage, die sich wohl nur ein Physiker stellen mag: Gibt es eine wissenschaftliche Begründung dafür, dass Menschen Fraktale mögen? Also untersuchte Taylor die körperlichen Auswirkungen beim Betrachten von Bildern, die fraktale Geometrie enthielten. Zuerst maß er den Hautwiderstand der Probanden und stellte fest, dass sie sich von Stress 60 Prozent schneller erholten, wenn sie Fraktale betrachteten. Später verfeinerte er diese Untersuchungen noch durch EEG- und MRT-Untersuchungen und fand seine Vermutung bestätigt: Die Betrachtung bestimmter Fraktale löst im Hirn Alpha-Wellen aus, die Zeichen eines wachen, entspannten Zustands sind und verschiedene Hirnbereiche ansprechen, die Emotionen und gleichzeitig das Langzeitgedächtnis regulieren.

Taylor glaubt, dass beim Betrachten von Fraktalen unser Gehirn deren Verwandtschaft zur Natur bemerkt, und zwar blitzschnell. Eine Person muss die Muster dabei nicht einmal konzentriert betrachten. Sie in der Umgebung zufällig wahrzunehmen reicht völlig aus. Und noch etwas stellte Taylor fest. Im menschlichen Körper weist neben den Lungenkapillaren, Blutgefäßen und Neuronen noch ein Bereich fraktale Strukturen auf: die Bewegung der Netzhaut des Auges. Er benutzte eine Eye-Tracking-Apparatur, um den Blickverlauf beim Fokussieren von Gegenständen genau zu messen, und fand heraus, dass auch das Suchmuster der Pupille fraktal ist. Unser Auge scannt erst das ganze Objekt, um dann Abstecher in kleinere Versionen des großen Ganzen zu machen. Interessanterweise weist auch das Suchmuster von zum Beispiel Albatrossen auf Futtersuche genauso ein Muster auf. Zeichnet man ihre Bewegungen beim Kreisen über dem Wasser nach, ergibt sich ein fraktales Muster.[16] Das sei einfach eine sehr effiziente Suchstrategie, sagt Taylor. Andere Wissenschaftler fanden heraus, dass fraktale Muster den Sehenden befähigen, Namen und Objekte schnellstmöglich zu identifizieren — etwas, das unser Gehirn permanent tut, wenn es auf neue visuelle Informationen trifft.

In der Natur ist es überlebenswichtig, Objekte und Situationen sofort auf ihre Gefährlichkeit hin zu bewerten. Damit ist klar, dass sich der visuelle Cortex, unsere Sehrinde, in natürlicher Umgebung — in der sie sich über Jahrmillionen entwickelt hat — am ehesten zu Hause fühlt. Taylor ist der Überzeugung, dass unser Sehsystem dafür gemacht ist, Fraktale zu erkennen. Die Stressreduktion wird seiner Meinung nach ausgelöst, wenn ein Widerhall zwischen der fraktalen Struktur des Auges und der fraktalen Struktur dessen entsteht, was man betrachtet, also wenn es eine Übereinstimmung gibt in dem, was gesehen wird (ein Baum), und der internen Verarbeitung (verästelte Neuronen). Taylor benutzt hierfür den Begriff »Widerhall«, was interessant ist, weil es derselbe Begriff ist, den Beethoven verwendete, als er Wien einmal für einen Ausflug aufs Land verließ:

*»Wie froh bin ich, einmal in Gebüschen, Wäldern, unter Bäumen, Kräutern, Felsen wandeln zu können. Kein Mensch kann das Land so lieben wie ich. Geben doch Wälder, Bäume, Felsen den Widerhall, den der Mensch wünscht ...«* [17]

Unsere Sinne signalisieren uns, wenn wir uns in »gesunder« Umgebung befinden. Das ist wenig romantisch, aber das, was passiert. Wir brauchen den Anblick der Natur, und wir können nie genug davon bekommen.

Wäre es nicht hilfreich und entspannend, wenn jeder Mensch zumindest schon einmal ein Waldposter oder einen Bildschirm mit dem Video eines Wasserfalls in seiner Nähe hätte? Auf die Idee, das zu überprüfen, ist auch ein Gefängnis in Oregon gekommen. In diesem Gefängnis gab es keinerlei freien Blick in die Natur oder den Himmel. Alles war von Betonwänden umgeben und mit Gittern versperrt. Die Selbstmord- und Aggressionsrate in diesem Gefängnis war enorm, und es gab nach bestimmten Vorfällen immer wieder Einzelhaft. Wie hart es sein muss, komplett von der Natur abgeschnitten zu sein. Der schlimmste Ort, abgetrennt von allem, natürlicher Umgebung, freier Perspektive und liebenden Mitmenschen, ist und bleibt ein Gefängnis.

In Oregon jedenfalls installierte man im Sportraum eine Videoleinwand, die 40-minütige Filme von Sonnenuntergängen, Meerestieren oder Regenwaldimpressionen zeigte. Innerhalb der zwei Jahre, in denen es diese Einrichtung nun gibt, berichteten die Aufseher von wesentlich weniger Verhaltensauffälligkeiten, und auch die Rate der Einzelhaft nahm ab.[18] Aber wie nah kann virtuelle Natur der wahren Natur kommen? Es gibt zahlreiche Studien, die zeigen, dass der Anblick virtueller Natur zumindest ein wenig hilfreich ist, um Stress zu reduzieren. Es gibt aber auch jüngere Forscher, die mit Computern groß geworden sind und der Meinung sind, es reiche, die Natur naturgetreu wiederzugeben – und vielleicht noch besser: praktisch ins Wohnzimmer holen zu können. Virtuelle Entspannung aus dem Internet. Wer braucht da die anstrengende Wanderung auf den Berg, eisigen Wind oder fiese Krabbeltiere auf dem Waldboden?

Wenn uns unsere Umgebung, speziell in den Städten, also nicht das bietet, was unser Auge als wohltuend bewertet — wäre es da nicht toll, eine App zu haben, die einem den zumindest wohltuendsten Weg zur Arbeit ermittelt? Es gibt bereits Entwicklungen, die genau das bezwecken. Du hältst einfach das Handy hoch, scannst die Umgebung, und die App lässt ein paar Algorithmen darüberlaufen, um den Faktor der

## Rund und eckig – ein Gedankenausreißer

Es ist spannend, sich einmal bewusst zu machen, dass Städte überwiegend eckige (rechtwinklige und lineare) Strukturen aufweisen, wohingegen es in der Natur fast gar keine dieser harten Strukturen gibt. Auch Felsen oder Steine sind meist durch Wind oder Wasser abgerundet. Wäre es nicht angenehm für unsere Augen, wenn sich das ändern würde? Wer weiß, ob nicht der eine oder andere aufgeschlossene Architekt in den nächsten Jahrhunderten von eckigen Gebäuden absieht und mehr weichere, runde Formen konstruiert. In der Automobilindustrie ist dies ja schon zu beobachten. Vor etwa 20 Jahren waren viele Autos noch sehr eckig (Ausnahmen waren der VW Käfer oder die Ente, die vielleicht aufgrund ihrer runden Form ein so großer Verkaufsschlager waren). Heute sind die meisten Autos sehr viel weicher in ihrer Form, und es gibt deutlich mehr runde oder abgerundete Formen.

Noch ein weiterer Gedankenausreißer: Die Formen eines Autos haben oft männliche oder weibliche Züge, die wir anziehend finden. Vor allem auf der unbewussten sexuellen Ebene — unseren Trieben.

höchsten Erholungsrate zu ermitteln. Klar, auch die Natur enthält statistisch auswertbare Eckpunkte. Fraktale gehören dazu, Formen (der Mensch bevorzugt runde Dinge gegenüber eckigen), Helligkeit (wir mögen lieber Helles und Leuchtendes als Dunkles) und Farben. Am besten sparst du dir die App und machst dich selbst auf die Suche, die schönsten Wege in deiner Umgebung zu finden.

Bereits seit vielen Jahren wird an den Auswirkungen dieser Faktoren geforscht, und die gewonnenen Daten füttern die Algorithmen. Es ist bekannt, dass Rot und Orange anregend und aktivierend, Grün und Blau beruhigend wirken. Das menschliche Auge antwortet sofort auf Farben. Dafür verantwortlich sind die Sehzellen auf unserer Netzhaut. Wer im Biounterricht aufgepasst hat, kann sich vermutlich erinnern: Die Stäbchen sind für Hell- und Dunkelsehen (also nachts in Schwarz-Weiß) verantwortlich, die Zapfen arbeiten nur bei hellem Licht und ermöglichen uns, Farben zu sehen.

Das Auge von Primaten, und damit das menschliche Auge, enthält drei Arten von Zapfenzellen – welche für rotes, blaues und grünes Licht –, und diese Zellen haben eine direkte Verbindung zum visuellen Cortex, der im hinteren Großhirnbereich liegt. Die meisten anderen Säugetiere haben nur zwei Arten dieser Zellen, weshalb sie nicht zwischen Rot und Grün unterscheiden können. Vögel und Schmetterlinge verfügen über fünf Arten, sie können neben den Grundfarben auch farbenprächtige Infrarot- und Ultraviolettspektren sehen. Nur der Fangschreckenkrebs übertrumpft sie noch. Er hat zwischen zwölf und fünfzehn Zapfenzellarten – ich wüsste gerne mal, was diese Kameraden so alles sehen können.

Nichtsdestotrotz kann eine App die Natur und ihre positiven Auswirkungen auf unsere Gesundheit ansatzweise bewerten. Sie zielt letztendlich darauf ab, uns schnellstmöglich gute Gefühle zu verschaffen, die entstehen, wenn wir Naturszenen betrachten. Die vielen Studien belegen immerhin, dass Naturbilder – sogar auf dem Bildschirm – schnell positive Reaktionen in unserem Hirn hervorrufen können. In der Tat werden dort in solchen Momenten natürliche Opiate produziert.

Aber wenn wir doch wissen, dass der Anblick der echten Natur alles bereitstellt, was wir brauchen, dann bleiben wir doch einfach dabei. Wenn wir in der Lage sind, einen Raum zu verlassen, dann sollten wir es tun. Es ist gut für unsere Augen, die Natur zu betrachten. Das Starren auf Monitore bringt hingegen auch negative Auswirkungen mit sich. Augentrockenheit durch vermindertes Blinzeln ist nur eine davon. Halbstündige Pausen, in denen du (am besten in der frischen Luft, aber ein Fenster mit Blick ins Grüne tut es auch) den Blick schweifen lässt und bewusst häufiger blinzelst, helfen bereits.

Von der Trockenheit der Augen mal abgesehen, passieren mit unseren Augen aber wesentlich eigenartigere Dinge, wenn wir auf Tageslicht und Zeit im Freien verzichten. Einen ersten Hinweis, was da passiert, gab eine Studie aus China, die beschrieb, dass die Kurzsichtigkeit in wohlhabenderen, städtischen Bereichen des Landes doppelt so hoch war wie auf dem Land. In Shanghai brauchen unglaubliche 86 Prozent der Schüler weiterführender Schulen eine Brille. Woran mag das liegen? Die Antwort geben kürzlich abgeschlossene Studien, die belegen, dass der wahre Unterschied zwischen Menschen mit Kurzsichtigkeit und solchen ohne auch in der täglich draußen verbrachten Zeit zu finden ist. Neben erblicher Veranlagung ist es das Sonnenlicht, das den Unterschied macht. Sonnenlicht stimuliert in der Netzhaut den Ausstoß von Dopamin, welches wiederum dafür sorgt, dass der Augapfel im Wachstum nicht zu länglich wird.[19] Lampenlicht kann das nicht leisten. Selbst an einem bewölkten Tag ist Tageslicht zehnmal heller und enthält ein größeres Lichtspektrum. Moderne Schulen reagieren mit Tageslichtlampen und Glasdecken in Klassenräumen. Aber da gibt es ja noch die natürliche Lösung: rausgehen!

Die positiven Auswirkungen von Tageslicht:
Wenn du dich der Sonne aussetzt, profitiert deine Gesundheit in vielen Bereichen:[20]

- Du bildest Vitamin D.
- Die Augen werden vor Kurzsichtigkeit geschützt. Schon eine Stunde mehr Tageslicht reduziert das Risiko, kurzsichtig zu werden, um die Hälfte.[21]
- UV-Licht sorgt für die Bildung von Endorphinen in der Haut und wirkt zum Teil immunsuppressiv, was bedeutet, dass ein Lichtbad das Risiko senken kann, chronische Entzündungen zu entwickeln.
- Es werden Stoffe gebildet, die gefäßerweiternd wirken und das Herz-Kreislauf-System regulieren.
- Die allgemeine körperliche Leistungsfähigkeit wird gesteigert.

Kann man auch zu viel Licht abbekommen? Nicht, wenn man sich in einem natürlichen Rahmen bewegt. »Natürlich« heißt hier so viel oder wenig Licht, wie es die Natur ohne die menschliche Technik bereitstellen würde. Völker, die noch in einem weitestgehend natürlichen Umfeld leben (so wie auch wir Europäer bis vor etwa 200 Jahren lebten), sonnen sich nicht, sie bewegen sich aber im Licht des Tages und suchen den Schatten auf, wenn die Sonne zu stark scheint. Wird es dunkel, begeben sie sich zur Ruhe oder führen Tätigkeiten aus, die in der Dämmerung funktionieren.

Seit Erfindung der Elektrizität sieht das alles etwas anders aus. Mit künstlichem Licht wird für manch einen die Nacht zum Tag. Dass Kunstlicht den Schlafrhythmus beeinflusst, ist allgemein bekannt. Neueste Studien weisen darauf hin, dass die nächtliche »Lichtverschmutzung«, wie die Ausleuchtung von Städten und Landschaften genannt wird, möglicherweise auch zu Depressionen beiträgt. Da es auch in unseren Schlafzimmern – durch Displays, Straßenlaternen und Nachtlichter – meist nicht mehr richtig dunkel wird, testeten Wissenschaftler der Ohio State University in Columbus die Auswirkungen von Schummerlicht auf die Physiologie und Stimmung von Hamstern. Ein Teil der Tiere wurde unter natürlichen Lichtbedingungen gehalten, ein anderer Teil nachts mit schwachem Licht bestrahlt. Die Schummerlicht-Hamster entwickelten deutliche Symptome einer Depression. Auch in ihrem Hirn waren Veränderungen feststellbar. Im Hippocampus waren Nervenzellenausläufer geschrumpft, und der Signalstoffwechsel in diesem Hirnareal wies Veränderungen ähnlich denen bei depressiven Menschen auf. Ein Leben in natürlichen Lichtverhältnissen normalisierte diese Veränderungen wieder.[22] Eine Abschirmung von störendem Licht hebt die Störungen der inneren Uhr also wieder auf.

Wer aber nachts zockt, bekommt Probleme. Das helle LED-Licht der Bildschirme von Handy, Tablet und Computer enthält blaue Wellenlängen, und die machen munter. Zwei Stunden am Bildschirm reduzieren die Melatoninproduktion um 23 Prozent.[23] Wer weniger oder schlechter schläft, ist am nächsten Tag müde. So einfach ist das. Studien unter Jugendlichen zeigten deutlich, dass diejenigen, die ihr Handy nachts, nachdem sie das Licht ausgeschaltet hatten, mehr als einmal wöchentlich noch ein bisschen zum Chatten benutzten, mit fünfmal höherer Wahrscheinlichkeit am nächsten Tag hundemüde waren.[24] Müdigkeit erzeugt Stress, erhöhte Cortisolspiegel reduzieren den Fettstoffwechsel, und auch ohne diese Auswirkungen geht der Müde nicht so aufmerksam durchs Leben.

LEDs haben einen weiteren, nicht auf einzelne Menschen reduzierbaren Effekt. Obwohl sie Strom sparen, geben sie gleichzeitig mehr Licht ab als bisherige Lichtquellen. Von 2012 bis 2016 hat die Intensität der künstlichen Beleuchtung sowie auch die bestrahlte Fläche weltweit um 9,1 Prozent zugenommen.[25] Man vermutet, dass der Siegeszug der LEDs daran nicht unbeteiligt ist. Aufgrund der Energieersparnis werden gerne mal mehr Lampen verbaut, was den Energiespareffekt gleich wieder zunichtemacht. Der Mensch mag es eben hell, aber wie ist es mit der Natur? Wie erwähnt leidet auch unser zirkadianer Rhythmus unter zu viel Licht zur falschen Zeit. Lichtverschmutzung stellt auch bei nachtaktiven Tieren eine ernst zu nehmende Störgröße dar. Licht hindert Korallen an der Paarung, irritiert Sing- wie Zugvögel, lockt Milliarden nützlicher Insekten in den Tod oder stört sie beim Bestäuben, was wiederum zu weniger Früchten und Samen führt.[26]

## Sommerregen (RIECHEN)

Gerüche speichern wir ein Leben lang, und wir verknüpfen mit ihnen immer Bilder, die wiederum eine emotionale Verbindung zum limbischen System und zu unserem Körper haben. Je nachdem, welchen Geruch wir wahrgenommen haben, als wir (egal, wann) in unserem Leben eine bestimmte Erfahrung machten – dieser Geruch ist für immer an diese Erfahrung und die mit ihr erlebten Emotionen gekoppelt. Das kann sowohl positiv als auch negativ sein.

Meine Mutter beispielsweise liebt den Geruch von Lindenblüten, weil sie als kleines Kind auf dem Weg zum Gänsehüten immer eine Lindenallee entlanggelaufen ist. Sie liebte es, Stunden bei den Gänsen zu verbringen, sie zu beobachten und auf sie aufzupassen. Einer Klientin von mir wurde hingegen jedes Mal übel, wenn sie den Duft von frischen Orangen roch, weil sie sich als Kind einmal heftig übergeben musste, nachdem sie kurz zuvor Orangen gegessen hatte. Ihr Unterbewusstsein verknüpfte daraufhin den Orangengeruch mit dem Übergeben. Die Folge war, dass sie (unterbewusst) Angst davor hatte, sich übergeben zu müssen, wenn sie Orangenduft roch.

Als Kind hatte ich immer wieder Probleme mit meinen Nasennebenhöhlen und war deshalb ständig in Behandlung bei meinem Kinderarzt. Irgendwann verschrieb er mir eine Kur an der Nordsee, wodurch ich vier Wochen auf einer ostfriesischen Insel verbringen durfte. Das Besondere an dieser Insel war, dass es dort (was sich übrigens bis heute nicht geändert hat) keine Erlaubnis für motorisierte Fahrzeuge mit Brennstoffmotoren gab. Die Luft dort ist sauber und auch durch die frische, salzige Meeresbrise sehr heilsam. Ich erinnere mich nur zu gut, wie oft mir als kleiner Junge die Nase lief. Nach diesen vier Wochen auf der Insel waren die Probleme im wahrsten Sinne des Wortes wie weggeblasen, und das nachhaltig! Den Duft einer Meeresbrise oder den des Ozeans kennt jeder, der schon einmal am Meer gewesen ist. Diese besondere Frische und leicht salzige, kühle Luft sind unverwechselbar und haben heilende Wirkung auf uns. Nicht nur der Wald, sondern auch das Meer – überhaupt die gesamte Natur wirkt auf unsere Sinne und auf unser Immunsystem.

Außer unseren eigenen Erinnerungen an bestimmte Gerüche gibt es noch viel »ältere« Erinnerungen, die in unserem Erbgut angelegt sind und eine Reaktion des Körpers auslösen, sobald sie von uns wahrgenommen werden. Denk nur einmal an den Geruch, der dir nach einem Sommerregen in die Nase steigt. Diesen kellerartigen, muffigen und dennoch delikaten Duft nennt man *Geosmin*. Er wird von einem bestimmten Gen des Bakteriums *Streptomyces coelicolor,* das in fast jedem Boden vorkommt, gebildet und bei Regen freigesetzt. Streptomyces coelicolor sind für den Menschen nicht unbedeutend, denn diese Bakterien produzieren mehr als die Hälfte aller natürlichen Antibiotika. Wir riechen Geosmin, und irgendwie finden wir diesen Geruch trotz seiner Muffigkeit lecker.

Die menschliche Nase nimmt Geosmin bereits in der geringsten Verdünnung wahr, vielleicht weil er uns instinktiv den Weg zu Wasser weist und damit unser Überleben sichert. Wir riechen ein Molekül unter 100 Millionen Teilchen heraus, im Vergleich wären das etwa sieben Tropfen auf einen ganzen Swimmingpool. Kamele können Geosmin aus noch viel größerer Entfernung riechen. Eine Kamelgattung in der Wüste Gobi hat den Ruf, Wasserquellen noch in 50 Kilometern Entfernung zu orten. Finden die Tiere die Wasserstelle, gehen auch die das Geosmin produzierenden Bakterien nicht leer aus. Im Gedärm oder Fell der Tiere reisen die Bakterien mit zum nächsten Wasserloch.[27] Geosmin ist also ein potenter Wegweiser, den auch wir Menschen nach wie vor sofort wahrnehmen.

Aktuell brauchen wir die Fähigkeit, Wasser mithilfe unseres Geruchssinns zu finden, nicht mehr. Jedenfalls nicht, wenn wir in den sicheren Ländern Europas leben. Da gehen wir einfach zum Wasserhahn. Wir staunen über Naturvölker, die neben der Funktionsfähigkeit ihres Geruchssinns scheinbar auch andere Sinne viel besser nutzen können. Wir alle haben diese Sinne, nur sind unsere im Tiefschlaf.

Wie gut unsere Nase dennoch funktioniert, zeigt ein Versuch der University of California in Berkley. Die Forscher setzten eine Gruppe von Studenten mit verbundenen Augen und Ohren sowie Handschuhen in einem Feld aus. Sie sollten einer zehn Meter langen mit Schokoladenduft präparierten Duftspur folgen, ohne durch ihre anderen Sinne beeinträchtigt zu werden. Fast alle Studenten schafften das, sie bogen sogar an der Stelle richtig ab, an der die Spur plötzlich in eine andere Richtung führte. Die Teilnehmer konnten der Spur besser folgen, wenn beide Nasenlöcher frei waren, was die Forscher zu dem Schluss brachte, dass wir zwei Nasenlöcher haben, um quasi stereo riechen zu können. Witzig: Die Studenten verhielten sich bei der Spurensuche wie Spürhunde. Sie liefen zickzack und »sammelten« die Duftmoleküle aus der Luft. Zudem konnte festgestellt werden, dass die Studenten besser wurden, je mehr sie übten.[28] Das bestätigt meine Vermutung, dass unsere Sinne wieder geweckt werden können, wenn wir sie wieder nutzen.

Der *olfaktorische* Sinn ist einer der elementarsten Sinne des Menschen. Babys finden mit seiner Hilfe den Weg zur Brust der Mutter. Auch werdende Mütter sind oft geruchsempfindlicher als nichtschwangere Frauen. Biologen erklären sich diese Sensibilität als Schutz vor möglicherweise schädigenden Stoffen aus Nahrung und Umwelt. Unangenehme Gerüche wie die von Schimmelpilz oder Fäulnisprozessen in Lebensmitteln warnen uns davor, Verdorbenes zu essen sowie schädliche Stoffe einzuatmen. Brennt es, schützt sich unser Körper, sobald er Rauch riecht, durch einen Fluchtreflex sowie durch Schutzreflexe wie Husten, Niesen und Würgen. Auch die Partnerwahl ist stark nasengesteuert. Dass Menschen einander manchmal »nicht riechen können«, liegt daran, dass zwischen ihnen »die Chemie nicht stimmt«. Wieder einmal ist die erfolgreiche Fortpflanzung Ziel der Maßnahme der Natur: Je unterschiedlicher die Gene zweier Partner, desto vielfältiger die Erbsubstanz und desto »gesünder« der Nachwuchs. Je unterschiedlicher die Gene, desto attraktiver wird also der Geruch des potenziellen Sexualpartners wahrgenommen. Was uns guttut, riecht eben gut.

Auch Waldluft riecht gut, und vor allem tut sie gut. *Phytoncide* und *Terpene* – in der Luft gelöste Duftstoffe, mit deren Hilfe Bäume miteinander kommunizieren, um sich vor Feinden zu schützen – scheinen auch uns Menschen Schutz zu bringen. Phytoncide wirken antibakteriell, und Terpene erhöhen die Immunabwehr. Der Geruch von Holz ist himmlisch, und es muss nicht einmal Waldluft sein. Auch der Duft, den unbehandeltes Naturholz in Möbeln abgibt, scheint gesundheitsförderlich zu sein. Menschen, die in einem mit Zirbenholz möblierten Zimmer schliefen, wiesen eine bessere Schlafqualität, eine niedrigere Herzfrequenz und eine bessere Erholungsfähigkeit auf.[29]

Die menschliche Nase ist in der Lage, eine Billion Gerüche zu unterscheiden, die meisten davon nehmen wir nicht einmal bewusst wahr.[30] Wir haben alle schon einmal davon gehört, dass Hunde und Pferde Angst riechen können. Aber wir Menschen können das auch. Um das zu beweisen, sammelten Forscher die T-Shirts von Männern, die das erste Mal in ihrem Leben einen Fallschirmsprung absolviert hatten. Sie gaben Probanden diese Shirts sowie die von Männern, die nichts Ängstigendes erlebt hatten, und maßen anschließend die Stresshormone aller Teilnehmer. Nur diejenigen, die an den Kleidungsstücken der Fallschirmspringer gerochen hatten, wiesen ebenfalls erhöhte Stresswerte auf.

Angst wahrzunehmen ist eine Fähigkeit aller sozialen »Tiere«.[31] Aber was bedeutet das für uns, wenn wir Dinge wahrnehmen, derer wir uns gar nicht bewusst sind? Ist Stress dann nicht automatisch ansteckend? Es gibt auf jeden Fall Hinweise, dass das so ist. Wenn wir es nicht riechen, können wir Stress sehen. Forscher des Leipziger Max-Planck-Instituts für Kognitions- und Neurowissenschaften und der Technischen Universität Dresden fanden heraus, dass es ausreicht, eine andere Person in einer stressigen Situation zu beobachten, damit der eigene Körper das Stresshormon Cortisol ausschüttet. Sie nennen diesen Effekt »empathische Stressreaktion«.[32]

Aber zurück zum Duft. Waldluft ist definitiv besser für unsere Gesundheit als Stadtluft. Selbst wenn es nicht die Duft- und Abwehrstoffe der Bäume wären, die uns guttun, so ist es doch bestimmt das Fehlen von Abgasen, Feinstaub und der trockenen Luft der Häuserschluchten.

## Mucksmäuschenstill (HÖREN)

Wenn wir von Lärm reden, meinen wir unerwünschte, störende Geräusche. Das Plätschern eines Baches oder den Wind in den Baumkronen würden wir nicht als Lärm beschreiben. Dabei muss Lärm nicht zwingend laut sein. Es reicht, wenn wir dauerhaft »Informationen« unserer Umwelt erhalten, die uns davon abhalten, restlos zu entspannen. Das Rauschen der Autos auf einer stark befahrenen Straße; Fluglärm, selbst wenn er nur verhalten zu vernehmen ist; das stetige Klopfen und Dröhnen einer Baustelle – all das versorgt unser Hirn permanent mit Input.

Florence Williams, Autorin des Buches »The Nature Fix«, hat sich in einem Selbstversuch auf die Suche nach Alphawellen gemacht – das sind diejenigen Gehirnwellen, die im Zustand einer gelösten, entspannten Grundhaltung auftreten. Verkabelt mit einem tragbaren EEG-Gerät, ging sie in den Parks ihrer Heimatstadt spazieren, lief eine ruhige Allee entlang und nahm recht entspannt den Baustellenlärm um die Ecke wahr. Als sie ihre Daten später von einer Software auswerten ließ, erhielt sie folgendes Ergebnis: »Die Daten lassen darauf schließen, dass Sie sich in einem Zustand aktiver Informationsverarbeitung befinden. Vielleicht sollten Sie sich häufiger entspannen.« Auch wenn sie sich während ihres Spaziergangs nicht gestresst fühlte, war Williams weit weg von den gesuchten Alphawellen im Dauerverarbeitungsmodus und damit alles andere als wirklich und messbar entspannt. Ihre Welt war zu laut. Sie recherchierte und fand heraus, dass sich die von Menschen produzierten Geräusche – *anthrophone* Geräusche genannt – alle 30 Jahre verdoppelten und der Lärm damit schneller wuchs als die Bevölkerung.

In ganz Nordamerika gibt es von jedem Punkt aus gesehen in spätestens 1066 Metern eine Straße, was nah genug ist, um Fahrzeuge zu hören. Was die Dichte von Flugrouten angeht, ist es in Amerika noch dramatischer. Seit 2002 hat die Anzahl an Passagierflügen um 25 Prozent zugenommen, dazu kommen etwa 30 000 Frachtflüge pro Tag. Und ein Ende ist nicht in Sicht. Ganz im Gegenteil, denn die Federal Aviation Administration sagt eine Steigerung des Flugaufkommens um weitere 90 Prozent in den nächsten 20 Jahren voraus.[33]

Bestürzt von Statistiken wie diesen, machte sich ein Tontechniker aus Washington auf den Weg, die letztendlich wirklich ruhigen Plätze in den USA zu finden. Ruhige Plätze waren für ihn diejenigen Orte, an denen während der Morgendämmerung mindestens 15 Minuten lang keine anthrophonen Geräusche zu hören waren. Er konnte in den gesamten kontinentalen USA nicht mehr als ein Dutzend dieser Plätze finden. Der stillste Ort, den er entdeckte, war der Nationalpark auf der Olympic-Halbinsel im Staat Washington. Wenn du diesen Ort besuchen möchtest, um die Erde einmal ohne uns Menschen zu hören, solltest du wirklich früh am Morgen dort sein. Auch hier wird die Ruhe mittags durch stündlich ein Dutzend den Park überfliegende Flugzeuge unterbrochen.

Bei uns in Deutschland ist das nicht viel anders. Kennst du einen Ort, an dem ausschließlich natürliche Geräusche zu hören sind und keine von Menschen erzeugten? Wenn ja, dann schreibe mir bitte unbedingt eine E-Mail oder eine Nachricht auf Facebook. Denn diese Orte sind in unserer heutigen modernen Zeit wahre Schätze. Ich selbst lebe an einem Ort außerhalb von Bonn, der sehr ruhig ist. Und doch gibt es auch bei uns, wenn man darauf achtet, dauernd Geräusche. Beispielsweise Landwirtschaftsgeräte, Flugzeuge und auch mal einen Zug oder sogar ein Schiff vom Rhein. Das kommt immer ganz darauf an, wie der Wind steht, denn der Wind kann den Schall ganz schön weit transportieren. Selbst hier im Naturschutzgebiet Siebengebirge gibt es nur sehr wenige wirklich stille Plätze. Einer dieser Plätze ist *mein magischer Ort,* den ich absolut faszinierend und anziehend finde. Ich werde dir gleich noch mehr von ihm erzählen. Aber auch wenn dieser Ort ein absoluter Platz der Stille ist, gibt es auch dort immer wieder mal Störungen und Lärm durch uns Menschen. Wie besonders es ist, mal keine Geräusche zu hören, die uns in der Zivilisation täglich begleiten, wird uns erst dann bewusst, wenn wir diese Ruhe wirklich einmal ganz bewusst wahrnehmen.

Ich erinnere mich an einen fabelhaften Campingplatz in Schweden, mitten im Wald, wo ich mit meiner Familie den Urlaub verbrachte. Wir waren fast die einzigen Gäste, und uns umgab eine zauberhafte Atmosphäre, fast würde ich behaupten, es war ein sagenumwobener Ort. Unser Standplatz lag auf einem kleinen Hügel direkt oberhalb eines Sees. Um uns herum wuchsen Birken und Nadelbäume, der Boden war mit weichem Moos bedeckt, und überall im Wald gab es Heidelbeersträucher. Eines Abends stand ich vor unserem Wohnwagen und schaute in den klaren Sternenhimmel. Der Mond leuchtete hell, die Kinder und meine Frau schliefen schon. Es fühlte sich an, als wäre ich dort ganz allein. Ich lauschte. Ich versuchte, Geräusche auszumachen. Ich hörte:

nichts. Nach einer Weile meldeten sich ein paar Tiere zu Wort. Dann war es wieder leise. Diese Stille war unfassbar schön, und sie berührte mich zutiefst. Es war fast so, als würde dieser stille Raum um mich herum einen anderen Zustand in mir auslösen. So, als würde in mir alles langsamer, ruhiger und stiller. Ich konnte mich selbst intensiver wahrnehmen, meinen Atem und meinen ganzen Körper bewusster spüren. Meine Augen genossen die Weite des Sternenhimmels.

Solche Momente machen mir immer wieder klar, wie winzig wir Menschen doch in Wirklichkeit sind. Ein Stern, ein kleiner leuchtender Punkt, der am Himmel schwebt, und ich selbst im Gegensatz dazu, der hier mitten im Wald steht. Wie oft wir Menschen doch von uns selbst glauben, dass wir so stark und besonders sind, und uns als die Krone der Schöpfung betrachten. Dabei sind wir nur ein winziger Teil des großen, natürlichen Netzwerks hier auf der Erde. Wenn wir unser unglaubliches Potenzial dazu nutzen würden, dieses natürliche Netzwerk noch mehr wertzuschätzen, es zu (be)achten und zu bewahren, dann würden wir nicht nur uns selbst damit einen enormen Gewinn an Gesundheit schenken, sondern diesem besonderen Planeten die Wertschätzung geben, die er verdient.

Geräusche sind deshalb so besonders für unseren Körper und unser Empfinden, weil wir sie *immer* wahrnehmen. Wir können sie *nicht* nicht hören. Auch wenn du der Meinung bist, den Lärm des Bahndamms in der Nähe deiner Wohnung gar nicht mehr mitzukommen — dein Gehirn reagiert auf ihn. Das belegen Studien: Das sympathische Nervensystem von Schlafenden reagierte dramatisch auf Geräusche wie Straßen-, Flug- oder Bahngeräusche, egal, ob die Probanden aufwachten oder weiterschliefen. Ihr Blutdruck erhöhte sich, ihr Puls stieg, ihre Atmung beschleunigte sich. Selbst nach drei Wochen hatten sie sich nicht an den Lärm gewöhnt.[34] Aus Sicht der Evolution ist das durchaus sinnvoll. Schlafende oder überwinternde Tiere müssen immer noch in der Lage sein, auf Gefahr zu reagieren. Der Hörsinn ist unser wichtigster

Alarm- und Orientierungssinn. Das Hören sagt uns nicht nur, dass da draußen etwas unterwegs ist, sondern auch, aus welcher Richtung es kommt. Geräusche triggern zudem die heftigsten Schreckreaktionen. Denk mal an einen Gruselschocker. Ohne Ton ist er nicht halb so spannend. Mal abgesehen davon, hat die Natur keine Dauerbeschallung für uns vorgesehen.

Was also passiert, wenn unser Nervensystem alle 60 Sekunden von landenden Flugzeugen oder anderem menschengemachten Lärm traktiert wird? Die Antwort ist nicht schön, weder für uns noch für die Tierwelt. Im Yosemite Nationalpark in den USA erhöht der Fluglärm (der an 70 Prozent des Tages zu hören ist) die Geräuschkulisse um nur 5 Dezibel. Das reicht aber aus, um die Distanz, innerhalb derer ein Tier einen Fressfeind nahen hört, um 45 Prozent zu verringern. Laborexperimente zeigen, dass Froschweibchen, die Verkehrslärm ausgesetzt sind, Schwierigkeiten haben, den Rufen paarungswilliger Männchen zu folgen. Sie finden ihre Partner nur schwer, wenn überhaupt.[35] Das könnte erklären, warum die Froschpopulation in lauteren Gebieten zurückgeht. Wale werden in ihrer Orientierung gestört, und ganz gleich, welches Tier, letztendlich ist es wie beim Menschen: Mehr Lärm bedeutet mehr Stress.

2000 in einer Studie beobachtete Männer über 40 Jahre zeigten bei einem Lärmpegel von 50 Dezibel (so laut sind Regen- oder Kühlschrankgeräusche) einen 20-prozentigen Anstieg des Blutdrucks.[36] Gesundheitsexperten, die fast eine Million Menschen im Umfeld des Bonner Flughafens untersuchten, stellten fest, dass Frauen, die einem Lärmpegel von über 46 Dezibel ausgesetzt waren, doppelt so häufig Blutdrucksenker nahmen.[37] Andere Wissenschaftler beobachteten Hunderte von Kindern zwei Jahre vor und nachdem der internationale Flughafen in München in Betrieb genommen wurde. Eine Kontrollgruppe umfasste die gleiche Anzahl Kinder, die nicht in der Nähe des Flughafens lebten. Die Stresshormone Adrenalin und Noradrenalin der durch Fluglärm belasteten Kinder waren (sechs und 18 Monate nach Beginn des Fluglärms gemessen) fast doppelt so hoch wie bei den Kindern der Kontrollgruppe.[38] Die erschreckendsten Ergebnisse erhielten die Forscher einer von der EU finanzierten und 2005 im Fachjournal *The Lancet* veröffentlichten internationalen Studie. Sie untersuchten Grundschüler, die in der Nähe großer Flughäfen in Spanien, England und den Niederlanden lebten, und fanden heraus, dass die Lärmbelastung enorme Auswirkungen auf deren Lesefähigkeit, das Gedächtnis und das Hyperaktivitätslevel hatte. Die Ergebnisse zeigten, dass die Beeinträchtigungen mit zunehmendem Lärm linear stiegen: Pro (nur!) 5 Dezibel mehr Lärm fielen die Schüler entsprechend einer zweimonatigen Verzögerung in ihrem Lernen zurück. Ein Plus von 20 Dezibel kostete sie fast ein Jahr Schulzeit.

Die Forscher notierten, dass die unterschiedlichen Arten von Stressreaktionen das Gleichgewicht der gesunden Körperfunktionen wie Blutdruck, Herzfunktion, diverse Stoffwechselparameter und sogar den Blutzuckerwert massiv beeinträchtigen können.[39] Je gestresster ein Mensch ist, desto reizbarer ist er. Wer schneller gereizt ist, empfindet mehr Stress. Aber selbst wenn man Flugzeugfan ist und den Lärm entspannt als Nebenerscheinung der majestätisch schwebenden Metallvögel betrachtet, hat das Gehirn zu tun, wenn Lärm ertönt.

Aber was ist die Alternative? In einer Welt, die von menschengemachten Geräuschen durchdrungen ist, sind Orte absoluter Stille nur schwer zu finden. Sollen wir deshalb permanent Lärmschutzkopfhörer tragen? Das ist ganz sicher keine Lösung. Ich suche mir lieber einen Ort, der, wenn auch nicht frei von Geräuschen, doch leise genug ist, die Geräusche der Natur zu hören, denn sie beruhigen den gestressten Geist und Körper.

Die Top drei der heilsamen Naturgeräusche sind Wind, Wasser und Vogelgezwitscher. Vögel singen meist morgens, wenn der Tag noch frisch und alles in Ordnung ist. Wir hören dieses Vogelzwitschern unsere komplette Evolution hindurch. Hören wir (dort, wo Vögel sein sollten) kein Vogelzwitschern, ist etwas faul. Der Gesang der Vögel folgt keinen Regeln, seine Tonfolgen sind für unser Ohr unregelmäßig und zufällig, weshalb wir ihn nicht als Information, sondern eher als Hintergrundmusik wahrnehmen. Überhaupt hat er viel mit Musik gemein, er stimuliert unsere Glücklich-durch-Musik-Neuronen. Ein sehr alter Teil unseres Sprachzentrums im Gehirn ist sogar identisch mit dem von Vögeln, diese Region ist gleichzeitig für die Gefühlsregulation zuständig.[40] Das mag erklären, warum Musik Emotionen hervorruft, und vielleicht auch, warum uns das Zwitschern, Trillern und Zirpen von Vögeln so entzückt. Psychologische Studien belegen, dass das regelmäßige Hören von Vogelgesang die Laune hebt und mental wacher macht.

Es ist aber nicht nur das Vogelgezwitscher, das erholsam für unseren Geist ist. Auch Wasserrauschen – und Bilder, dazu aber mehr im Kapitel »Morgendämmerung (SEHEN)« – trägt dazu bei. Im Jahr 2005 hat der Bürgermeister der Stadt Seoul im Zuge einer Begrünungsinitiative einen künstlichen Flusslauf mitten in der City geschaffen. Ein in den 1970er-Jahren zugunsten einer Stadtautobahn zubetonierter Fluss wurde wieder freigelegt. Es wurden ein kleiner Wasserfall und Stromschnellen angelegt, und die Ufer wurden begrünt. Heute zieht der wie ein Canyon anmutende Flusslauf nicht nur Vögel und Insekten, sondern auch Tausende gestresster Büroangestellter an. In ihrer Mittagspause erholen sie sich an den im Vergleich zu den Straßenschluchten sechs Grad kühleren Ufern des Cheonggyecheon und genießen den »Wasserlärm«.

Tatsächlich soll das Wasserrauschen einen Ausgleich zum starken Straßenlärm schaffen. Und das klappt. Der Straßenlärm ist zwar immer noch hörbar, wird aber kaum noch beachtet, da das Wasser etwa gleich laut ist. Aber die Menschen denken nicht an Lärm, weil es ein schönes Geräusch ist. Sie hören diesem »Lärm« gerne zu. Und das ist für mich das Erstrebenswerte. Wir müssen wieder lernen, die Geräusche der Natur zu hören, statt unsere Ohren vor den Geräuschen um uns herum zu verschließen.

## Der Mensch und das Wasser

Es ist nicht nur das Plätschern und Rauschen des Wassers, das uns entspannt und beruhigt. Die Faszination, die von Wasser ausgeht, und die Verbindung, die wir Menschen zum Wasser haben, ist viel tiefer. Wasser war und ist für uns das wichtigste Element. Wir können mehrere Wochen oder – je nach Körperfettanteil – sogar Monate ohne Nahrungszufuhr auskommen. Ohne Trinkwasser schaffen wir aber nur wenige Tage. Kein Wunder also, dass wir Menschen seit jeher immer in der Nähe von Seen, Flüssen oder am Meer gelebt haben und dass wir bis heute diese Nähe als beruhigend empfinden. Vor allem fließende Gewässer haben einen hohen Sauerstoffanteil und dienten (als sie noch nicht verschmutzt oder überfischt waren) als zuverlässige Nahrungsquelle, denn in ihnen lebten Fische, Muscheln, Wasservögel oder am Meer Meerestiere in Hülle und Fülle.

Auch das sind gespeicherte Erfahrungen, die Jahrtausende alt sind und die in uns ein Gefühl von Sicherheit und damit auch Ruhe auslösen. Zudem schüttet der Körper beim Trinken das Hormon Oxytocin aus, das ebenso dafür sorgt, dass wir uns sicher fühlen. Eine aus Sicht der Natur notwendige biochemische Aktion, denn mit einem Gefühl der Sicherheit verhalten sich Menschen und Tiere an Wasserquellen ruhiger und weniger aggressiv. Deshalb sieht man an Wasserstellen kaum Kämpfe um das kostbare Gut. Diese Oxytocin-Ausschüttung findet bereits statt, wenn wir uns in der Nähe von Wasser befinden, und genau das hemmt Stress.

Denn die natürliche Geräuschkulisse ist einer der wichtigsten Einflussfaktoren auf unsere mentalen Effekte. Vogelgezwitscher, Wind, Wasserplätschern und -rauschen wirken beruhigend, und dieser Effekt ist im Gehirn messbar. Testpersonen, denen man, während sie im MRT lagen, verschiedene Geräusche vorspielte, zeigten unterschiedliche Veränderungen im Grundeinstellungsnetzwerk, einer Hirnregion im mittleren bis hinteren Gehirnbereich, das immer dann aktiv ist, wenn wir entspannt sind und tagträumen bzw. unsere Gedanken wandern lassen. Beim Hören von Naturgeräuschen war diese Hirnregion aktiv. Die Probanden schnitten in Aufmerksamkeitstests besser ab als Vergleichspersonen, denen künstliche Geräusche vorgespielt wurden, und ihr Puls beruhigte sich schneller als der der Kontrollgruppe, da ihr sympathisches Nervensystem (Kampf-oder-Flucht-Modus) runterreguliert wurde.

Damit konnte erklärt werden, warum Naturgeräusche so guttun: Sie verändern die Reaktion des Grundeinstellungsnetzwerks, was zu Entspannung und Stressabbau sowie der Fähigkeit führt, unseren Gedanken freien Lauf zu lassen.[41] Das ist toll! Denn das bedeutet, dass wir bereits gesundheitlich davon profitieren, wenn wir der Natur, ihrem Wispern, Rascheln, Plätschern, Säuseln, Pfeifen und Zwitschern einfach nur aufmerksam lauschen. Wir sollten das Hören nicht verlernen. Weg mit den Kopfhörern beim Spazierengehen. Die beste Entspannungsmusik liefert die Natur.

Das hat auch Florence Williams, die Frau auf der Suche nach den Alphawellen, erfahren. In ihrem Buch beschreibt sie, wie sie eines Morgens aus dem Haus ihrer Mutter schleicht, ihr EEG-Gerät anschaltet und mit einem Kanu über einen kleinen, nebelverhangenen See paddelt. Sie kann nicht sehen, wie das Paddel ins Wasser gleitet, aber sie hört dessen regelmäßiges Plätschern und die Vögel des nahe gelegenen Ufers. Vom anderen Seeufer ertönen Autogeräusche und Hupen, und Flugzeuge fliegen über ihren Kopf hinweg, aber all diese Geräusche scheinen weit weg. Sie genießt dafür die Stille und die Naturgeräusche umso mehr. Als sie später die EEG-Daten auswertet, erwartet sie eine Überraschung. Ihre Gehirnwellen lagen durchweg im Alphawellen-Bereich, in einem absolut entspannten Zustand also. Williams fühlte sich wie ein Meditationsmeister, und für die Momente auf dem See war sie das bestimmt auch.

Ich selbst bin nicht unbedingt Meditationsmeister, und oft rasen auch mir die Gedanken so schnell durch den Kopf, dass einer den nächsten überholt. Kennst du das, wenn du darüber nachdenkst, was du noch alles tun willst? Was du tun musst. Was gestern war. Was gut war. Was nicht gut war. Was du besser machen kannst. Was du besser machen willst. Auch wenn du in die Zukunft blickst, scheint alles zu rasen. Die Zeit vergeht wie im Flug. Wie sollst du da bloß hinterherkommen? Bist du schnell genug? Wie schnell kannst du überhaupt sein? Wie schnell *musst* du sein? Anhalten wäre mal schön.

Vor Kurzem ging es mir beim Radfahren mal wieder genau so. Ich saß auf meinem Mountainbike und fuhr durch den Wald. Das Grün zog an mir vorbei. Die Luft war da, aber habe ich sie wahrgenommen? War sie kühl oder feucht? Habe ich überhaupt etwas um mich herum wahrgenommen? Kurz rupft mich der Wald raus aus meinen Gedankenautobahnen und zeigt mir für Augenblicke seine Schönheit, seine Ruhe und Beständigkeit. Aber ich habe nur einen kurzen Blick für all das und fahre weiter. Nicht der Wald zieht an mir vorbei. Ich ziehe an ihm vorbei. Nicht gedankenlos, sondern gedankenvoll. Gedankenüberladen. Gedankenlosigkeit wäre *das* Ziel. Frei sein von all diesen Gedanken und einfach nur DA SEIN. Da, wo ich gerade bin.

Zwischen all den Ideen und Grübeleien in meinem Kopf erwische ich mich beim Gedanken, dass ich diese Gedankenautobahn endlich und einfach abschalten will. JETZT! SOFORT! Aber die Sache mit dem »Abschalten« geht einfach nicht. Ich kriege das irgendwie nicht hin. Ich holpere bergab und nehme eine scharfe Linkskurve in ein Tal. Und dann passiert es doch. Plötzlich hält alles an. Die Gedanken verstummen. Wo eben noch Raserei war, wird alles langsam. Was ist passiert? Und da erkenne ich es. Ich bin, ohne es bemerkt zu haben, an dem Ort im Wald gelandet, der mich immer wieder aufs Neue fasziniert und der eine unglaubliche Energie ausstrahlt. Auf dieser Lichtung herrscht eine ohrenbetäubende Ruhe. Ich kenne keinen anderen Ort in meinem gesamten Lebensumfeld, der so still ist. Jedes Mal, wenn ich hier vorbeifahre, werde ich langsamer. Körperlich wie geistig. Es ist, wie durch Watte zu fahren. Ich habe das schon oft bemerkt und mich gewundert, was hier los ist, aber heute bleibe ich stehen und genieße den Moment. Ziehe die Energie dieses Ortes in mich hinein und nehme sie tief in mir auf. Wieder – und dieses Mal ganz bewusst – erlaube ich diesem Ort, mich zu stoppen und mein Gedankenkarussell zum Stehen zu bringen.

Was macht diesen Ort so entschleunigend, so still? Vielleicht sind es die großen Bäume, die dort auf der Lichtung stehen. Eine riesengroße Esskastanie und eine uralte Eiche. Fangen ihre Blätter den Schall ein? Selbst die recht lauten Stimmen einer Gruppe plaudernder Wanderer scheinen hier einfach absorbiert zu werden. Oder ist es der »Trichter«, die abfallenden Hügel zu den Bäumen hin, die scheinbar alle Energie aus dem Wald und dem Himmel auffangen und gebündelt dort zusammenhalten? Vielleicht ist es auch die sanfte, saftig grüne Wiese, die den Trichter wie ein weicher Teppich auskleidet und den Wald mit der Lichtung, dem Himmel und der Sonne – und mit mir – verbindet.

Was es auch ist, es zeigt ausnahmslos Wirkung auf mich und meine Gedanken. Es schafft Ruhe und neuen Raum in meinem Kopf. Freiheit durch Gedankenlosigkeit. Jetzt und hier ist in mir plötzlich alles still. Ich höre das Rauschen der Blätter, meine eben noch wirbelnden Gedanken sind verstummt. In meinem Kopf ist es ganz ruhig. Ich atme ein. Ich atme aus. Nach und nach schleichen sich klitzekleine Ideen ein. Ich würde gerne mal für eine Nacht mein Lager hier aufschlagen, im Zelt schlafen und all die Energie, die dieser Ort ausstrahlt, intensiv in mich aufnehmen. Wie fühlt es sich wohl für die Tiere an, die hier leben und genau an diesem Ort stehen? Was nehmen sie wohl wahr? Womöglich noch viel mehr, als ich das hier gerade kann.

Dieser Ort ist wirklich magisch, und ich bin sicher, dass es um uns herum von diesen magischen Orten ganz viele gibt. Was für ein spannender Gedanke, viele dieser Orte zu kennen und sie mal hier, mal da zu besuchen. Ich wüsste gerne, wie unterschiedlich diese Orte wohl wirken und welche ganz eigenen Kräfte sie ausstrahlen.

Nachdem ich eine ganze Weile dort geblieben und in eine andere Welt abgetaucht bin, setze ich mich wieder auf mein Rad. Ich fahre fast wie in Trance weiter und bin jetzt komplett raus aus meinem vorherigen Gedankenkarussell. Weg sind all diese Pläne, Überlegungen und Fragen und was sonst noch durch meinen Kopf raste. Ein vollkommen neuer Raum ist IN MIR entstanden. Keine Leere, sondern Raum mit neuen Möglichkeiten. Eine magische Stille und Ruhe in mir selbst, die zuvor gar nicht möglich schien. Mit einer absoluten Selbstverständlichkeit, fast so, als wäre sie omnipräsent.

Während ich also in die Pedale trete, komme ich langsam und mit jedem Tritt wieder ein Stück mehr im Hier und Jetzt an und realisiere, dass ich gerade eine kleine Reise gemacht habe. Eine Reise weg von dem, was mich beschäftigt, und hin zu einem Ort in mir, der ein nahezu unendliches Potenzial an Ruhe, Ausgeglichenheit und Klarheit bereithält. In diesem Moment werden mir drei Dinge bewusst:

1. Es ist wichtig, sich Momente zu schenken, in denen man einfach mal *raus* ist aus den alltäglichen Gedankenkonstrukten, die einen belagern und beschäftigen.
2. Ein Ort der Ruhe und Stille existiert immer in uns. Wir sind zwar nicht immer in Kontakt mit ihm, können aber jederzeit Kontakt dorthin aufnehmen.
3. Es gibt Orte, die uns darin unterstützen, mehr Kontakt zu uns selbst aufzubauen und in tieferer Verbindung mit uns selbst zu sein.

Der Zustand, in den ich dort an dieser Wiese immer wieder gerate, erinnert mich an Meditation. Es ist, als würden die Wiese, die Bäume, die Luft und der Himmel »mich meditieren«. Dafür muss ich gar nichts tun, es passiert einfach. Ich genieße diesen Zustand der geistigen Entspannung sehr, und ich habe es mir zur Gewohnheit gemacht, diesen Ort regelmäßig aufzusuchen. Mittlerweile gelingt es mir, das Bild dieses Ortes vor mein inneres Auge zu holen. Wenn ich den Kopf einfach mal wieder viel zu voll habe und meine Gedanken toben, öffne ich das Bürofenster und stelle mir vor, ich würde auf der Bank an der Wiese sitzen. Es ist unglaublich, wie die Kraft der Natur in meiner Erinnerung gespeichert ist und auch in der Bonner Altstadt ihre Wirkung entfaltet. Auch wenn ich nicht regelmäßig im klassischen Sinn meditiere – auch das ist eine Form der Meditation. Ich lasse die Gedanken einfach vorbeiziehen und entspanne meinen Geist. Meist reichen ein paar Minuten, um wieder frisch und energiegeladen zu sein.

Dass Meditation diesen Zustand zu erzeugen vermag, ist altbekannt. Sie ist erwiesenermaßen gut gegen Stress und reduziert seine Symptome, sie hilft, sich zu fokussieren und »seine Mitte zu finden«. Ich weiß das schon lange und halte das für sehr erstrebenswert, gebe aber zu, dass mich die Sache mit dem Meditieren bis jetzt aber irgendwie nicht wirklich abgeholt hat. Ich habe, wenn du so willst, meine eigene Form von Meditation gefunden, und ich finde es wichtig, dass jeder für sich auch seinen ganz persönlichen Weg findet, zu sich selbst zu kommen.

Wege zu sich selbst gibt es unendlich viele. Es gibt nicht »den einzig wahren Weg«. Die einzige Bedingung, die es dabei gibt, ist deine Bereitschaft und dein Interesse, mit dir selbst in einen tiefen Kontakt zu treten. In der Natur fühle ich mich frei und kann dort sehr gut loslassen, was mich sonst packt oder was mich sonst auch gefangen hält. Die Natur gibt mir Bilder, mit deren Hilfe ich immer wieder ins Hier und Jetzt finden kann. Seit ich das begriffen habe, kann ich mir auch andere Situationen zurückholen: den Wasserfall in Neuseeland, den Winter in Norwegen, das letzte Training unter blühenden Bäumen. Ich suche mir einen ruhigen Ort, schließe die Augen, atme tief ein und aus, stelle mir den jeweiligen Ort vor und tauche in seine Atmosphäre ein. Das klappt meist schnell und gut, und manchmal rieche ich förmlich die Natur, auch wenn sie gar nicht da ist.

Das funktioniert übrigens überall. Auf meiner Deutschlandtour, habe ich mir, bevor ich auf die Bühne gegangen bin, um meine Vorträge zu halten, auch ein paar Minuten genommen, um in mir meinen ruhigen Ort aufzusuchen und diese Stille und Kraft mit auf die Bühne zu nehmen. Das ist ein enormer Schatz, den wir da mit uns herumtragen und den wir in allen möglichen Lebenssituationen ziemlich schlau und nützlich einsetzen können. Sei es im Job, in wichtigen Gesprächen oder besonderen Begegnungen. Diese in uns ruhende Kraft ist ein nahezu endloses Potenzial, welches wir immer und immer wieder benutzen können.

Wissenschaftlich gibt es etwas ziemlich Cooles, was Meditieren – oder sagen wir stattdessen einfach »in einer natürlichen Verbindung mit uns zu sein« – auslöst: Es beeinflusst aktiv unsere Gene. Und zwar ausschließlich im positiven Sinn. Eine im April 2018 von der Harvard University durchgeführte Studie untersuchte, wie uns Entspannung auf molekularer Ebene beeinflusst. Die Wissenschaftler untersuchten die Gene einer Gruppe von Teilnehmern, die zwei Monate lang regelmäßig meditierten, und identifizierten 1171 Gene, die durch die Entspannung des Körpers reguliert wurden.[42] Es sind über 1000 Gene, die wir durch Meditation oder allgemein Entspannung beeinflussen können! Und diese Gene sind nicht einfach zur Dekoration da, sondern regeln zum Beispiel die Entzündungsreaktion deines Körpers, das Immunsystem, den Glukose-Stoffwechsel, das Herz-Kreislauf-System und sogar deinen zirkadianen Rhythmus.

Schon Bruce Lipton belegt in seinen Arbeiten, dass wir unseren Genen nicht – wie lange behauptet wurde – ausgeliefert sind, sondern entscheidend ist, welcher Umgebung eine Zelle ausgeliefert ist. Ihr Leben wird, wie er sagt, durch ihre physische und energetische Umgebung bestimmt, nicht durch ihre Gene. Gene können ein- und ausgeschaltet werden, wie die relativ junge Wissenschaft der *Epigenetik* immer häufiger beweist.[43] Entspannung ist ein unglaublich machtvolles Instrument, mit dem wir selbst aktiv und bewusst unsere Gesundheit beeinflussen können.

## Meditation macht dich genetisch gesünder

Meditation – oder allgemein der Zustand wacher Entspannung – hat viele (medizinisch erforschte) positive Auswirkungen auf die Funktion des Gehirns und des Organismus, kurz auf deine Gesundheit. Meditation wird heute bereits erfolgreich in vielen Kliniken zur Behandlung von Angststörungen, chronischen Schmerzen und Depressionen eingesetzt.

Regelmäßiges Meditieren hilft dabei,

- Gefühle besser zu regulieren und gelassener zu werden,
- dadurch weniger Stress zu haben und weniger Stresshormone auszuschütten,
- dadurch wiederum die Abwehr zu stärken, den Fettstoffwechsel zu regulieren und entzündliche Erkrankungen positiv zu beeinflussen,
- degenerative Prozesse im Gehirn zu verlangsamen und neue Hirnstrukturen zu bilden.

Außerdem nimmt regelmäßige Meditation direkten Einfluss auf die Regulation deiner Gene. Du kannst diverse Parameter kontrollieren und ändern, indem du deinem Körper eine Entspannungsreaktion entlockst.

Versuch doch mal, jeden Tag 3 Minuten für eine Entspannungstechnik deiner Wahl einzuplanen. Vielleicht fällt es dir leichter, wenn du dich erst einmal nur unter einen Baum setzt und der Bewegung der Blätter im Wind folgst.

Wenn dir der Begriff »Meditation« als zu groß oder zu schwer erscheint und du keine positive Assoziation dazu hast, kann ich das nachempfinden, denn so ging es mir lange Zeit auch. Oft ist es aber so, dass wir

Dinge größer machen, als sie eigentlich sind, und uns damit an etwas hindern, was für uns eigentlich ganz cool sein könnte. Ich denke da gerade an meine Kinder, die zu etwas Neuem oft erst einmal sagen: »Bäh, das mag ich aber nicht«, obwohl sie es noch nie in ihrem Leben probiert haben. Und dann, wenn sie den Mut aufbringen, es doch zu kosten, merken sie plötzlich, dass es total lecker ist, und wollen mehr davon.

Worte haben eine große Macht. Bei dem Wort »Meditation« zum Beispiel hat man oft Bilder von irgendwelchen Yogis, Mönchen oder bärtigen Gurus im Kopf. Mit diesen Bildern wird die Idee transportiert, dass diese Menschen weltfremd und asketisch leben und mindestens zehn Jahre lang lernen mussten, um überhaupt meditieren zu können. Deshalb tue ich mich auch bis heute schwer, das Wort »meditieren« für mich selbst zu benutzen, weil damit auch für mich viele Bilder oder Erwartungen verbunden sind, die ich mir gar nicht auferlegen möchte. Stattdessen spreche ich lieber davon, »natürlich verbunden zu sein«. Mit mir selbst, mit der Natur oder mit einem Menschen. Die Verbundenheit kann genauso gut auch einem Ort gelten, wie ich es gerade beschrieben habe, oder einem Lebewesen, mit dem ich eine besondere oder innige Beziehung habe. Für viele ist es der eigene Hund, für andere ein Delfin, mit dem sie einmal geschwommen sind. Egal, was es ist, es gibt dabei weder Regeln noch Grenzen. Entscheidend ist einfach nur, dass es sich für dich gut und leicht anfühlt. Du spürst, dass du in einer natürlichen Verbindung mit dir selbst bist, wenn du dich und deinen Körper intensiver wahrnimmst als sonst.

Eine schöne Möglichkeit, dorthin zu gelangen, ist, dich einfach einmal auf dein Herz zu fokussieren. Nimm wahr, wie es schlägt, und mach dir bewusst, dass dieses kleine Organ das tagtäglich rund 100 000-mal für dich tut. Einfach so. Ohne jegliche Erwartung an dich oder jemand anderen. Das ist nur eine Art, dich mit dir selbst zu verbinden. Verschiedene andere Möglichkeiten erkläre ich dir später im Green-Exercise-Programm.

## Gänsehaut (FÜHLEN)

Gemeinhin werden Gefühle an der Beziehung zu anderen Menschen festgemacht. Es ist ja auch so, dass uns unser Umfeld prägt. Wie unsere Eltern mit uns umgegangen sind, was wir erlebt haben und wie unsere Gefühle reflektiert wurden, hat einen maßgeblichen Einfluss auf unseren Erfahrungsschatz. Ein Professor für Umweltmedizin am Universitätsklinikum Bonn bringt einen nicht unwesentlichen weiteren Aspekt ins Gefühlsspiel. Er sagt: »Orte, die uns prägen und zu denen wir Beziehungen entwickeln, sind gleichwertig zu nahestehenden Menschen.« Bedeutet das, dass ein Baum mein bester Freund wird? Warum nicht? Wie ich eben schon beschrieben habe, gibt es Objekte und Orte, die eine spezielle Wirkung ausüben oder eine besondere Bedeutung haben. Stell dir ein Hochmoor im Nebel vor. Welches Gefühl stellt sich dabei bei dir ein? Und dann stell dir eine weite Wiese mit Birken und einem kleinen Bach vor. Anders? Jetzt steile Klippen, an deren Fuß sich hohe Wellen brechen. Und nun eine Almwiese im Frühling, voller blühender Wiesenkräuter und mit Blick auf schneebedeckte Gipfel. Jede dieser Landschaften strahlt eine andere Stimmung aus. Mir zumindest geht es so, dass das Moor etwas Erhabenes und Ruhiges, vielleicht sogar Melancholisches hat, die Wiese mit den Birken luftige Heiterkeit und Freiheit ausstrahlt.

Wir stehen in einer Art Wechselwirkung mit der Natur und lassen uns von ihrer Freiheit, Weite und ihrem ganz eigenen Charakter oder sogar ihrer »Persönlichkeit« berühren. Ein mächtiger Baumriese strahlt auf mich eine erhabene Weisheit aus und könnte mir unendlich viele Geschichten erzählen, die ihm begegnet sind. Überhaupt finde ich die Vorstellung besonders, dass Bäume auch »Begegnungen« erleben. Nur weil sie an ein und demselben Fleck stehen, bedeutet das nicht, dass sie keine Erlebnisse haben und Erfahrungen machen. Diese Vorstellung mag esoterisch klingen, aber vielleicht ist da auch etwas, das mit unserem Unterbewusstsein kommuniziert, das wir nur nicht (mehr) wahrnehmen und bislang wissenschaftlich noch nicht belegen können.

## Die Gefühle der Pflanzen

Bereits in den Sechzigerjahren machte Cleve Backster, Mitarbeiter des amerikanischen Geheimdienstes, die Entdeckung, dass Pflanzen ein Empfinden haben. Er schloss einen Drachenbaum an einen Lügendetektor an. Selbst wenn Backster nur daran dachte, der Pflanze Gewalt anzutun (er dachte daran, ihre Blätter anzubrennen), schlug der Detektor derart aus, wie er es bei menschlicher Angst tun würde. Backster erntete für seine Untersuchungen viel Spott, aber auch heute werden seine Versuche noch nachgestellt. Wird eine an einen Lügendetektor angeschlossene Pflanze »Zeuge«, wie eine andere Pflanze beispielsweise zerschnitten wird, zeigt sie anschließend »Angst«, wenn sich ihr der »Täter« auch nur nähert. Bei anderen Personen zeigen sich keine Ausschläge.

Backster übertrug seine Pflanzenergebnisse, die er »primäre Wahrnehmung« nennt, auf menschliche Zellen. Er meinte herausgefunden zu haben, dass Zellen, die einer Person entnommen wurden, auf deren Gefühle sogar reagierten, wenn das Reagenzglas mit der Probe 100 Meilen entfernt aufbewahrt würde. Änderte sich die emotionale Situation des Spenders, reagierten die Zellen durch entsprechende elektrische Impulse.

Bis heute ist nicht zu erklären, wie es zu diesen Reaktionen kommt, aber auch die Quantenphysik kennt ähnliche Erscheinungen. Der Nichtlokalität beispielsweise – die von Einstein als »spukhafte Fernwirkung« bezeichnet wurde – liegt die Idee zugrunde, dass Partikel trotz räumlicher Distanz miteinander in Verbindung stehen. Wissenschaftlich anerkannt sind diese Untersuchungen bis heute nicht, und dennoch sind die Beobachtungen, die Backster machte, meines Erachtens nicht nur spannend, sondern geben mindestens Anlass zum Nachdenken.

Wissenschaft ist für mich übrigens immer ein wichtiges Element, um etwas erklären und Zusammenhänge verstehen zu können. Das bedeutet für mich aber nicht, dass ich nur das für wahr annehme und an das glaube, was in einer wissenschaftlichen Studie eindeutig belegt ist. Wenn ich immer erst darauf warten würde, bis etwas wissenschaftlich belegbar und bewiesen ist, würde ich mich den wohl wichtigsten und essenziellen Dingen des Lebens verschließen. Bis heute ist weder wissenschaftlich geklärt, was Glück ist und wie Glück »funktioniert«, noch, was genau verliebt sein oder Liebe ist. Und trotzdem sagen auch die Hardliner in der Wissenschaft, dass sie sich glücklich fühlen, verliebt sind bzw. Liebe empfinden können. Diese Emotionen auf ihre biochemische Struktur runterbrechen zu wollen, wäre zu einfach und gleichzeitig zu kompliziert – sind sie doch wahrscheinlich höchst individuell.

## Body Sense (KÖRPERSINN)

Hast du schon mal das Gefühl gehabt, du hättest den Kontakt zu deinem Körper verloren? Vielleicht hattest du Rücken- oder Nackenschmerzen, ohne dich daran zu erinnern, was sie verursacht haben könnte. Oder du hast dich in Situationen, die bisher unbelastet waren, plötzlich unwohl, vielleicht sogar krank gefühlt. Vielleicht hast du auch zugenommen, ohne es zu bemerken, bis plötzlich deine Klamotten zu eng waren. Diese und ähnliche physischen und psychischen Leiden wie Kopfschmerzen, Verdauungsstörungen, schmerzende Gelenke, gelegentliche Erkältungen, aber auch Lethargie und depressive Verstimmungen tauchen häufig ohne Vorwarnung auf. Erst geht es uns blendend, und wie aus dem Nichts fühlen wir uns plötzlich schlapp und mies.

Die Wahrheit ist – so plötzlich kommen all diese Dinge meistens nicht, denn das Ganze ist ein Entwicklungsprozess. Sie brauchen eine Weile, manchmal Monate oder Jahre, um sich in deinem Körper zu manifestieren. Die Zellen deines Verdauungs-, Immun-, Muskel- und Nervensystems müssen sich mit vielen Zuständen in deinem Körper arrangieren. Sie passen sich deiner Lebensweise an und tun ihr Bestes, um dich aufrecht zu halten. Dein Körper hat die Fähigkeit, ungesunde Tendenzen sehr früh zu erkennen, lange bevor sich diese Tendenzen schädigend auswirken. Er schickt dir Warnsignale, und die Forschung zeigt, dass Menschen, die in der Lage sind, auf diese frühen Signale zu reagieren, meist gesünder leben. Manche dieser Signale sind Empfindungen wie Müdigkeit oder Antriebslosigkeit, Verspannungen oder Schmerzen. Andere Tendenzen kommuniziert dein Körper, indem er Gefühle produziert. Unser Körper versucht, uns mit Gefühlen zu etwas hin oder von etwas weg zu bewegen. Leider überhören viele Menschen die Signale ihres Körpers so lange, bis er ihnen die rote Fahne in Form von Schmerzen oder Krankheit zeigt und dann meist eine Behandlung mit Medikamenten angeraten wird. Bist du in der Lage, auf deinen Körper zu hören, kannst du dir manch ein Leiden ersparen.

Körperwahrnehmung ist die Fähigkeit, auf uns selbst achtzugeben, unsere Empfindungen und Gefühle zu beobachten, ohne sie sofort zu bewerten oder zu verurteilen. Urteile sind schnell da. Sobald Gedanken wie »Bin ich müde oder nur faul?«, »Wie konnte ich mich nur so gehen lassen?« oder »Was ich fühle, interessiert doch eh niemanden!« auftauchen, entfernen wir uns von unserer Körperwahrnehmung, denn in unserem Kopf wird es dann zu laut.

Beides, die Körperwahrnehmung wie auch die Gedanken über uns selbst, sind Formen der Selbstwahrnehmung, aber sie sind grundverschieden. Die Körper(selbst)wahrnehmung setzt sich aus Empfindungen wie warm, rau, hart, stachelig, flauschig, stabil oder schwindelig zusammen. Die Körperempfindungen äußern sich zum Beispiel beim Tanzen in der Koordination von Armen und Beinen oder dem Gespür für die Entfernung zu Objekten oder anderen Menschen. Sie finden immer im entsprechenden Moment, im Hier und Jetzt statt. Gedanken über uns selbst, in der Eigenwahrnehmung, richten sich auch in die Vergangenheit sowie in die Zukunft.

Eine Klientin von mir, nennen wir sie Britta, litt an starken Hautproblemen. Ihre Symptome waren Rötungen und starker bis unerträglicher Juckreiz, der sie so sehr beeinträchtigte, dass sie sich immer wieder blutig kratzte. Schulmedizinisch wurde sie anfangs mit verschiedenen Salben behandelt, die Entzündungshemmer enthielten, später wurden stärkere Entzündungshemmer in Form von Cortisonsalben verabreicht. Als die nicht halfen, kamen sogar Cortisonspritzen hinzu. Die Cortisondosen waren so hoch, dass Britta stark zunahm und sich vermehrt Wasseransammlungen in ihrem Körper bildeten. Sie fühlte sich nachvollziehbarerweise nicht wohl in ihrer Haut. Die Empfindungen, die sie ihrer eigenen Haut gegenüber wahrnehmen konnte, waren Rausein, Schuppigkeit, Trockenheit und Juckreiz. Die Emotionen, die diese Empfindungen begleiteten, waren Gereiztheit, Wut, Zorn, Angst (vor neuen möglichen Ausbrüchen) und Selbsthass (auf ihre Haut und ihren Körper). Britta war an einem Punkt angekommen, an dem sie ihren Körper dafür hasste, dass er sich so »verhielt«, und sie hatte das Gefühl, dass er sich scheinbar gegen sie wendete.

Jedes Symptom und jedes Ungleichgewicht in unserem Körper hat immer einen Anfangs-, einen Entstehungsmoment. Das bedeutet fast nie, dass es sich dabei um nur ein einziges Problem, ein Ungleichgewicht oder eine Störung im Außen oder Innen handelt. Aus meiner Erfahrung kann ich sagen, dass die meisten Symptome Verbindungen zu unseren emotionalen Empfindungen aufweisen. Im Coaching mit Britta ergab sich, dass sie einen Konflikt mit ihrem Vater hatte. Dieser Konflikt beschäftigte sie nicht nur seit vielen Jahren, er war ihr emotionaler Begleiter. Sie trug eine ständige Wut gegen ihren Vater in sich. Im Coaching formulierte sie einen Satz, der ihre körperliche Wahrnehmung in ihrem damaligen Konflikt beschrieb. Sie sagte, ihr sei das, was ihr widerfahren sei, »unter die Haut gegangen«, und die Wut gegen ihren Vater habe seit diesem Erlebnis nie aufgehört.

Während des Coachings wurde ihr bewusst, dass ihre ersten Symptome damals darin bestanden hatten, dass ihre Haut trockener wurde. Ihre Haut war nicht mehr so geschmeidig und weich. Eben genau so, wie sich das Verhältnis zu ihrem Vater darstellte. Dieser Konflikt zwischen Vater und Tochter wurde über die Jahre hinweg größer, weil aus ihrer Enttäuschung und ihrer Wut heraus immer größere Probleme entstanden. Das spiegelte ihr Körper durch die stetige Verschlechterung ihres Hautbildes. Die Verbindung zwischen ihr und ihrem Vater war gereizt, ähnlich wie ihre Verbindung zu ihrer Haut, in der sie »steckte«. Und je größer der Konflikt wurde, desto stärker wurde die Wut auf den Vater. Genauso verhielt es sich mit ihrer Haut, auf die sie ebenfalls wütender wurde, je mehr sie diese reizte.

Das eigentlich Besondere an dieser Geschichte ist für mich der Körpersinn. Unser Körper macht nie etwas Sinnloses. Die Botschaft von Brittas Körper an Brittas Wahrnehmung war, dass es wichtig ist, den Konflikt im Außen zu lösen, damit im Inneren Ruhe einkehren kann. Wut ist purer Stress für den Körper. Und Stress (und der Ausstoß von Stresshormonen) verursacht auf lange Sicht die unterschiedlichsten Symptome, wie zum Beispiel trockene, schuppige oder gereizte Haut. Die Symptome von Stress sind extrem vielfältig und höchst individuell. Die Lösung für Britta lag also in der Klärung des Konflikts mit ihrem Vater. Da langwierige Konflikte nicht von jetzt auf gleich zu lösen sind, sondern meist Zeit benötigen, galt es, alternative »Mittel« zu finden, die sie in ihrem Prozess begleiten konnten.

Die Natur war für Britta schon immer ein Ort, an dem sie zur Ruhe kommen konnte, und so verbrachte sie dort immer häufiger und bewusster ihre Zeit, um Emotionen wie Wut oder Hass loszulassen. Sie machte wöchentlich mehrere lange Spaziergänge und wanderte an den

Wochenenden oft mehrere Stunden durch die Natur. Diese Wanderungen reinigten sie – wie Britta es beschrieb – von innen, was dazu führte, dass sie weniger Wut und Groll auf ihren Vater empfand. Was dann passierte, ist etwas, was mir seit Jahren immer wieder begegnet und was ich zu Beginn nie so recht verstehen konnte. Heute weiß ich, wieso es funktioniert. Britta hatte »plötzlich« gar keinen Groll, keine Wut und keinen Hass mehr auf ihren Vater. Doch weder hatte sie ein Gespräch mit ihm geführt, noch hatte sie das Bedürfnis, mit ihm etwas klären zu müssen, denn sie hatte es für SICH SELBST geklärt. Sie hatte für und in sich den Konflikt gelöst und die Wut und den Hass gegen ihren Vater losgelassen. Die Spaziergänge in der Natur halfen ihr bei diesem Prozess. Britta beschrieb es so:

»Jedes Mal kamen mir wieder die Gedanken und die Wut gegen meinen Vater hoch und das, was er mir angetan hatte. Diese Gedanken begleiteten mich auch immer wieder während meiner Spaziergänge. Doch im Laufe der Zeit und vor allem auf den langen Spaziergängen wich diese Wut. Ich hatte das Gefühl, dass die Natur um mich herum alles absorbiert und aufnimmt, was ich an negativen Gefühlen und Emotionen mit mir herumtrug. Das Besondere dabei war aber, dass da niemand war, der etwas von mir verlangte, erwartete oder mir eine Antwort gab. Da gab es keinen Menschen, der mich bewertete, niemanden, der auf meine Wut reagierte oder mich in dieser bestätigte – ich erlebe es total oft, dass Bekannte oder Freunde, wenn ich von meiner Wut rede, ihre eigenen Geschichten und Erfahrungen erzählen, die zeigen, dass es ihnen ähnlich geht –, durch diese Stille um mich herum wurde die Wut förmlich aufgesaugt und verdünnt. So, dass nur noch ein Raum blieb, der mir wohlgesinnt war.«

Der Wald und die Natur mit allen Aspekten sind bedingungslos frei von jeglichen Bewertungssystemen, die wir in unserem Alltag (be)nutzen. Britta konnte ihre Wut erst zu- und dann loslassen. Schließlich folgte ihr

Körpersinn mit dem, was dieser wohl für sinnvoll erachtete: Die Hautirritationen wurden weniger und gingen schlussendlich nach knapp einem Jahr vollständig weg. Wer hat hier nun wen oder was geheilt, könnte man sich jetzt fragen. Oder war das einfach Zufall? Wissenschaftlich oder schulmedizinisch sind solche Dinge bislang noch ein Rätsel, ich finde jedoch entscheidend, dass Britta sich von etwas gelöst hat, ohne das es ihr heute um ein großes Stück besser geht.

## Body Sense und Kontakt

Was es so einzigartig macht, draußen zu sein – selbst wenn man nur draußen ist, nichts tut, keinen Sport treibt –, was uns sofort zurück zu uns selbst bringt, ist unser Körpersinn. Draußen ist es irgendwie viel leichter, das Grübeln einzustellen, die gedanklichen Trampelpfade zu verlassen und einfach nur den Körper zu spüren. Du kannst tun, was du willst, du wirst den kühlen Wind auf deiner Haut spüren, den Regen oder die Wärme der Sonne. Der Kontakt mit der Natur bringt dich wieder in Kontakt mit dir selbst, mit den Pflanzen und Tieren um dich herum, mit anderen Menschen, letztendlich mit der ganzen Welt. Es gibt wissenschaftliche Untersuchungen, die belegen, dass das Einatmen der Botenstoffe der Pflanzen unser Immunsystem anregt und sogar die Anzahl der Killerzellen im Blut für über eine ganze Woche um bis zu 50 Prozent erhöht.[44] Andere Studien zeigen ganz klar, dass Blutdruck und Cortisollevel sinken, wenn wir uns im Grünen aufhalten,[45] und wieder andere machen deutlich, dass Menschen in einem grüneren Umfeld zufriedener, großzügiger und weniger gewaltbereit sind.[46] So weit, so gut.

Die Verbindung, die zwischen uns und anderen entsteht, egal, ob Mensch oder Pflanze, ist wissenschaftlich bisher nur bedingt messbar. Aber spürbar. Unsere Zellen »spüren«, dass die Natur das ist, was wir brauchen. Ein Blick auf unsere Entwicklungsgeschichte zeigt, dass das Sinn macht. Der Mensch (und seine Vorfahren bis hin zum Einzeller) lebten immer in unmittelbarer Nähe der Natur. Erst seit wenigen Hundert Jahren ist das nicht mehr so. Unser Kopf mag uns sagen, es reiche aus, sicher und finanziell versorgt zu sein. Unser Körper aber weiß, dass er die Natur braucht, um gesund und ausgeglichen zu leben. Und genau das melden uns unsere »Antennen«, die Sinnesorgane, wenn wir draußen sind. Unsere Sinnesorgane sind dazu da, die Welt um uns herum wahrzunehmen. Unser Gehör bildete sich entlang der Geräusche der Natur, unser Geruchssinn passte sich dem Duft der Pflanzenchemie an. Unser Tastsinn entstand entlang der Unregelmäßigkeit spitzer Steine, rauer Rinden, eisigen Wassers und weicher Erde, und unsere Sehkraft passte sich hell und dunkel, Mustern und Formen der Natur an. Unsere Sinne entwickelten sich durch das Eintauchen in die Natur – sie sind selbst Natur. Je mehr wir in der Lage sind, unsere Sinne zu nutzen, auf unsere Körpersignale zu hören und diese richtig zu interpretieren, desto klarer werden wir in unserem Denken und Handeln.

## Zurück zu meiner Natur

Es sind die Gefühle, die unser Leben lebenswert machen. Ihre Spannbreite ist unermesslich: Zwischen tiefer Trauer und absoluter Ekstase liegen Millionen anderer Gefühle. Nervosität, Furcht, Aufgeregtheit, Spannung, Entzücken, Nähe, Liebe, Verbundenheit – das sind Zustände, die von jedem Menschen anders und unterschiedlich intensiv erlebt werden. Schon bevor wir auf die Welt kommen, begreifen wir die Welt über Gefühle. Wir merken, wenn unsere Mutter gestresst oder entspannt ist, denn ihre Körperchemie »spricht« zu unserem Körper. Auch wenn wir größer sind, lassen wir uns von Gefühlen beeinflussen. Und auch wenn der Kopf sich dazwischenschaltet – die Gefühle entscheiden, wie wir handeln, was wir mögen und was wir absolut ablehnen.

Im Grunde geht es IMMER um Gefühle. Wenn du einen Porsche

kaufst, geht es genauso um das Gefühl, wie es ist, ihn zu besitzen oder zu fahren, wie bei der Entscheidung, auszuwandern. Unser Ziel sind positive Gefühle. Und wenn es uns schlecht geht und wir nichts daran ändern? Dann ist das Gefühl der Angst stärker, dass wir es nicht schaffen könnten, das ersehnte positive Gefühl zu erreichen. Und dann gibt es da noch die Gefühle, die wir uns nicht erlauben zu fühlen, weil sie wehtun und wir sie scheinbar nicht aushalten können. Gefühle zu unterdrücken kostet uns extrem viel Energie und hält uns davon ab, selbstbestimmt zu leben. Warum also tun wir das?

Wir alle sehnen uns nach positiven Gefühlen wie Nähe, Verbundenheit und Liebe. Negative Gefühle wie Angst, Einsamkeit oder Trauer wollen wir nicht fühlen. Aber sie gehören zum Leben wie der Schatten zum Licht, die Kälte zur Wärme oder eben das Weinen zum Lachen. Würden wir das Weinen nicht kennen, wie viel Freude würde uns dann das Lachen machen können? Oder wie ich kürzlich gelesen habe: Gefühle sind wie die Pole einer Batterie. Sie funktioniert erst, wenn die Energie zwischen den Polen fließt. Ohne den negativen Pol fließt da nichts. Das Gleiche gilt für unsere Gefühle. Wir sind nicht ausschließlich glücklich. Was wir als negativ empfinden, holt uns immer wieder ein, denn es ist die andere Seite der Medaille. Erst wenn wir das akzeptieren, können wir zu einem innerlichen Gleichgewicht finden. Aber sehr häufig ist der Weg dorthin nicht klar, und deshalb unterdrücken wir negative Gefühle.

Am effektivsten geht das mit Ablenkung und Betäubung. Bereits wenn wir Gefühle beurteilen, lenken wir uns von ihnen ab. Unser Verstand versucht, das Gefühl einzuordnen und »unschädlich« zu machen: »Deswegen rumzuheulen ist doch albern«, »Davor muss man sich nicht fürchten«, »Ist es wirklich nötig, sich darüber zu ärgern?« Wenn das nicht klappt, können wir unseren Verstand zum Schweigen bringen, indem wir ihn auf etwas anderes lenken: eine ausgedehnte YouTube-Session, einen Film, ein Computerspiel oder zumindest die Gesellschaft anderer, um bloß nicht weiter rumgrübeln zu müssen. Wenn auch das nicht wirkt, können wir die Gefühle mit Nikotin, Alkohol, Essen, exzessivem Sport oder Sex betäuben. Bei mir war es oft der Sport. Sobald ich merkte (oder auch bereits davor), dass sich ein unangenehmes Gefühl anbahnte, lief ich los. Ich lief meinen Gefühlen quasi davon. Oder ich »gönnte« mir eine Hardcore-Work-out-Session. Danach ging es mir erst einmal prima. Ich fühlte mich erleichtert und gut. Muskelkater? Gerne, dann tut es in der Seele nicht so weh. Dieses Verhalten habe ich bereits als Kind gelernt. Wenn meine Eltern stritten, verließ ich das Haus und raste mit dem Rad durch die Gegend. Ich hatte früh gelernt, dass Bewegung als mein Ventil für negative Emotionen gut funktionierte oder mir half, diese zu unterdrücken.

Die meisten von uns lernen in ihrer Kindheit, dass negative Gefühle unerwünscht sind. Wut, Jammern, stundenlanges Weinen, weil der Hamster gestorben ist oder der Freund richtig fies war – all diese Gefühle werden oft negativ bewertet, und wer Negatives tut, wird nicht geliebt. Gerade bei Eltern, die wie meine als Nachkriegskinder geboren wurden, galt »Stell dich nicht so an, es gibt viel Schlimmeres!«. Diese Generation hat häufig selbst nicht gelernt, mit negativen Gefühlen umzugehen. Wie sollen sie es dann uns beibringen? Und wenn wir lernen, dass »negative« Gefühle nicht sein dürfen, ziehen wir den Schluss, dass mit uns etwas nicht stimmt, wenn wir sie trotzdem empfinden. Wir sind dann nicht »richtig«. Das wollen wir aber sein, wir wollen ja geliebt werden, also verkneifen wir sie uns. Wir drücken diese Gefühle weg und entwickeln immer ausgefeiltere Strategien, sie unter Dach und Fach zu halten. Der Kampf kostet uns jede Menge Energie und Lebensfreude. Aber was wir mit aller Macht bekämpfen, machen wir nicht schwächer, sondern stärker.

## Gefühle wieder wahrnehmen und akzeptieren

Alle, wirklich alle Gefühle haben die gleiche Daseinsberechtigung. Kämpfen wir hart darum, die negativen Gefühle zu unterdrücken, haben wir manchmal keine Energie mehr, die positiven Emotionen zu fühlen. Wir stumpfen ab und können sogar depressiv oder krank werden. Aktuell erscheinen immer mehr wissenschaftliche Studien (aus den unterschiedlichsten Bereichen, von der Biologie über die Chemie bis zur Quantenphysik oder der Epigenetik), die davon ausgehen und auch belegen, dass die meisten Krankheiten durch Stress entstehen. Und was ist Stress? Der Wunsch nach Veränderung. Nach der Veränderung eines unguten Zustands. Veränderst du nichts, sondern lenkst dich ab oder betäubst dich, bleibt der Stress bestehen und äußert sich nach einer Weile durch unterschiedliche Symptome, die in Schmerzen oder Krankheit münden können.

Körperliche, geistige und seelische Gesundheit ist erst mit der Aufarbeitung und dem Akzeptieren negativer Gefühle möglich. Das ist nicht immer leicht. Auch ich musste lernen, mich schmerzhaften Gefühlen zu stellen. Ich war gut geschützt, denn meine inneren Glaubenssätze bildeten eine gut funktionierende Abwehr. Sie sorgten dafür, dass ich gar nicht erst in Situationen kam, in denen schmerzliche Gefühle entstehen können. Durch das Arbeiten an mir selbst, auch mit der Unterstützung von Coaches und Mentoren, konnte ich meine gelernten Glaubenssätze entdecken und lernen, die dahinterliegenden Gefühle zu akzeptieren. Sich mit seinen Emotionen auseinanderzusetzen kann ein jahre-, wenn nicht sogar lebenslanger Prozess sein, und jeder noch so kleine Schritt zählt. Es braucht eine Menge Mut und Durchhaltevermögen, sich seinen schmerzlichen Gefühlen zu stellen, aber Verdrängung ist für mich keine Alternative mehr. Wenn ich heute merke, dass ich wieder in alte Ausweichstrategien verfalle, mache ich mir diese nicht nur bewusst, sondern nutze verschiedene Wege, mich mit meinen Gefühlen auseinanderzusetzen.

Im dritten Kapitel zeige ich dir ein paar Übungen, mit denen du lernen kannst, dich deinen Gefühlen wieder zu nähern. Es reicht, wenn du klein anfängst. Aus meiner eigenen Erfahrung kann ich dir empfehlen, Hilfe in Anspruch zu nehmen. Es ist gut, jemanden zu haben, der dich unterstützend auf diesem Weg begleitet, in noch mehr Klarheit zu kommen, denn ganz allein alle Glaubenssätze, Denkmuster und fatalen Verhaltensweisen zu erkennen ist nahezu unmöglich. Wir sind extrem gut darin, uns selbst zu manipulieren, und daher ist es absolut hilfreich, die richtigen und kritischen Fragen gestellt zu bekommen, die dazu führen, uns weiterzuentwickeln, neue Perspektiven zu erkennen und danach zu handeln. Den ersten Schritt hast du damit getan, indem du dich mit diesem Thema beschäftigst. Dein Bewusstsein ist jetzt wacher als zuvor, und nun hast du unzählige weitere Möglichkeiten, deine Wahrnehmung zu fördern, indem du deine Sinne dafür nutzt. Sie werden dir den Weg bahnen, natürlich, glücklich und erfüllter zu leben. Die Natur ist dein Begleiter und Unterstützer. Sie hilft dir dabei, dich deinen Gefühlen zu öffnen und deine Intuition für diesen Prozess zu nutzen.

## Wissen, wie (INTUITION)

Kurz vor Ende meines Studiums hatte ich die wohl beste Exkursion meiner gesamten Studienzeit, eine zehntägige Reise ins winterliche Norwegen, bei der wir das Ziel hatten, fünf Tage am Stück mit Langlaufskiern von Hütte zu Hütte zu wandern. Der größte Teil unserer Gruppe stand noch nie in ihrem Leben auf diesen klapprigen Brettern, und auch ich gehörte zu diesem Großteil der Gruppe. Bis dato hatte ich auch nie die Lust verspürt, mich auf diese Art und Weise fortzubewegen. Die Vorstellung, damit rumzu»eiern«, wie ich es damals empfand, war für mich total langweilig, und ich wollte lieber mit dem Snowboard die Hänge hinunterwedeln und die ein oder andere Tiefschneeabfahrt genießen. Dennoch fand ich die Vorstellung, mehrere

Tage am Stück durch die norwegische Winterlandschaft zu laufen, absolut anziehend, und ich meldete mich an. Wie gut, denn ich machte auf diesem Trip eine meiner wegweisenden Erfahrungen, auch für meinen beruflichen Werdegang.

Nachdem wir ein paar Tage Zeit hatten, um zu lernen, wie wir auf den Skiern vorwärtskommen konnten, hatten wir tatsächlich den Punkt erreicht, an dem wir recht sicher unterwegs waren. Also machten wir uns gemeinsam mit unseren Dozenten, die auch gleichzeitig unsere Guides waren, auf den Weg. So ging es los auf unsere fünftägige Tour, die mich emotional und körperlich im wahrsten Sinne des Wortes bewegt hat. Das tägliche Wandern auf den Skiern war zu Beginn immer ein intensives Gruppenerlebnis, bei dem die gesamte Gruppe im regen Austausch stand und sich über alles Mögliche unterhielt oder philosophierte. Je länger wir aber unterwegs waren, desto ruhiger wurden die Teilnehmer. Nicht nur deshalb, weil die körperliche Anstrengung stieg, sondern auch, weil wir uns in einem Zustand bewegten, der fast tranceartig war. Anders oder passender kann ich es nicht beschreiben. Rachel und Stephen Kaplan würden diesen Zustand ganz sicher mit *being away* beschreiben. Und das stimmte zu 100 Prozent, denn ich war ab einem bestimmten Zeitpunkt wirklich weit weg von allem.

Ich erinnere mich an diesen besonderen Moment, in dem ich plötzlich erschrak, weil ich feststellte, dass ich gerade nicht dachte. Ging das? War es möglich, wirklich an nichts zu denken? Diese Momente wiederholten sich, und sie waren seltsam, aber genau das passierte und schaffte in mir einen Raum, der sich in die Unendlichkeit erstreckte. So fühlte es sich an. Ich nahm gar nicht wahr, wo ich mich befand, wie ich mich bewegte und dass ich an nichts dachte. Es ging sogar so weit, dass ich nicht einmal mehr mich selbst wirklich wahrnahm. In diesen Momenten war ich – so kann ich das heute sagen – vollkommen eins mit der Natur. In diesen Momenten war ich vollkommen frei. Frei von jeglichen Gedanken- und Bewertungskonstrukten, fernab von gelernten Mustern, Glaubenssätzen und selbst oder fremd auferlegten Pflichten. Es waren Momente purer und reiner Freiheit. In mir war nichts. Das bedeutet allerdings nicht, dass ich »hohl« war. Denn weder war ich hohl im Sinne von dumm, noch fehlte etwas in mir, sodass eine Leere entstand. Ich war im Gegenteil erfüllt und geflutet von dem, was *ist*. Vollkommen im Hier und Jetzt. In der Weite der norwegischen Winterlandschaft erlebte ich Momente, wie sie in unserer heutigen Zeit mit all ihren Pflichten, Regeln und Normen eine absolute Seltenheit sind. Solche Momente sind womöglich das wahrlich höchste Gut, welches Menschen in sich tragen.

An einem Tag hatten wir nachmittags ein paar Stunden Zeit, in denen wir tun konnten, worauf wir Lust hatten. Zwei Freundinnen und ich entschieden uns, eine kleine Langlauftour zu machen und die Umgebung zu erforschen. Wir waren einige Stunden unterwegs, und irgendwann beschlossen wir, zurück zur Hütte zu laufen. Wir hatten eine Karte und einen Kompass dabei, um uns zu orientieren. Allerdings hatten wir nicht ständig auf die Karte geschaut, um zu überprüfen, wo wir uns gerade exakt befanden, und schon war es passiert, wir hatten uns verlaufen.

Wenn du schon einmal im Winter in Norwegen warst (wir waren im südlichen Teil Norwegens), weißt du, dass die Landschaft dort quasi überall ähnlich aussieht und dass es nicht einfach ist, Punkte zu finden, die besonders hervorspringen. Die kleinen Berge, über die wir gelaufen waren, hatten alle etwa die gleiche Höhe, und kleine Seen gab es mehr als genug. Wir hatten also keine Orientierungspunkte und waren nicht in der Lage, den Ort, an dem wir uns befanden, auf der Karte zu lokalisieren. Handy oder GPS hatten wir auch nicht dabei. Es war ziemlich bescheuert und naiv, wie wir unterwegs waren. Das Licht im norwegischen Winter ist tagsüber nicht lange »eingeschaltet«, die Tage sind dort sehr kurz, und es wurde früh und meist ziemlich zügig dunkel. Uns beschlich ein unruhiges und unbehagliches Gefühl. Wir mussten zurück zu den anderen und hatten nur eine Möglichkeit, das zu schaffen. Wir mussten uns durch unsere Intuition leiten lassen. Ich gebe zu, dass es mit meiner Intuition nicht weit her war. Auch die eine meiner Freundinnen hatte keine Idee, was zu tun war, wir waren viel zu gestresst. Steigt der Stresspegel im Körper, sinkt unsere Intuition.

Wir überließen die Führung der Dritten im Bunde, die mit der gesamten Situation sehr entspannt umgehen konnte. Sie bewies eine gesunde Intuition, vielleicht weil sie eine ganz besondere, natürliche Verbindung zu sich selbst hatte und oft erstaunlich gut »bei sich« war. Auf viele Menschen wirkte sie sehr ruhig oder gar zurückhaltend. Ich habe sie eher so wahrgenommen, dass sie sich nicht viele Gedanken darüber machte, wie andere sie wahrnehmen, sondern sich einfach mit den für sie wesentlichen Dingen beschäftigte. Ihre Intuition zeigte sich an diesem Tag – Gott sei Dank – von ihrer besten Seite, denn sie führte uns zielsicher zurück zu unserer Hütte. Für mich war das ziemlich beeindruckend, da ich eigentlich einen sehr guten Orientierungssinn habe. An diesem Tag war er mir abhandengekommen. Der Stress und die Sorge, nicht mehr zurückzufinden, bevor es dunkel wurde, hatten mir einen Strich durch die Rechnung gemacht.

## Was ist Intuition?

Den Begriff »Intuition« kennt und nutzt jeder. »Ich folge meinem Bauchgefühl«, sagen wir, oder: »Ich habe intuitiv das Richtige getan.« Wem oder was genau folgen wir, wenn wir eine Entscheidung treffen und es nicht der reine Verstand ist, der den Ausschlag gibt? Wie in Kapitel 1 bereits kurz erwähnt, kommt das Wort »Intuition« vom lateinischen *intueri,* was so viel wie »das Erscheinen des Bildes im Spiegel«, »geistiges Schauen« oder »genau hinsehen« bedeutet. Es geht also ums instinktive Erfassen einer Situation gegenüber der durch harte Fakten belegbaren Ratio. Intuition hat etwas mit Sinnen und Gefühlen zu tun. Manche nennen es auch Eingebung. Wer gibt uns da also etwas ein? Ist Intuition etwas Außersinnliches? Welches »Wissen« wird angezapft, wenn ich aus einem Gefühl heraus eine richtige Entscheidung fälle, ohne dass ich vorher über Gründe und Konsequenzen nachgedacht habe?

Richard Louv gibt in seinem Buch »Das Prinzip Natur« ein spannendes Beispiel, woher »Wissen« rekrutiert wird. Die amerikanische Armee untersucht schon seit einiger Zeit Wahrnehmungsmechanismen, um unter anderem herauszufinden, warum manche Soldaten in der Lage sind, die Position von Landminen mehr zu ahnen als zu erkennen. Sie fanden dabei heraus, dass es zwei Personengruppen gibt, die dabei besonders treffsicher sind: Soldaten, die in ihrer Jugend im Wald jagen waren, und jene, die in einer kriminellen Gegend aufgewachsen sind. Untersucht wurden in 18 Monaten 800 Personen, und man stellte fest, dass denjenigen, die ihre Jugend vor der Spielkonsole verbracht hatten, wichtige Fähigkeiten fehlten. Ihr Blick war auf eine Sache fokussiert, während diejenigen, die draußen unterwegs waren, auch kleine Veränderungen am Rande ihres Blickfelds wahrnehmen konnten. Ihr Fokus war wesentlich weiter, und sie erfassten schneller, wenn in der Umgebung etwas nicht stimmte, denn ihre Sinne waren viel besser trainiert. Dabei geht es nicht nur um die Sehkraft. Ein schärferes Gehör, ein empfindlicherer Geruchssinn und die Fähigkeit, die eigene Position im Raum einschätzen zu können, liefern in Kombination ganz andere Ergebnisse. Richard Louv vermutet, dass diese simultane Leistung in einer natürlichen Umgebung eine erhöhte Lernfähigkeit sowie größere Aufmerksamkeit und damit mehr Sicherheit mit sich bringt. Vor allem aber würde sie die Fähigkeit erhöhen, sich ganz und gar auf das Leben einzulassen.[47]

Für mich ist das klar. Es macht einen riesigen Unterschied, ob ich einen Berg selbst bestiegen oder in einem spannenden Reisebericht gelesen habe, wie anstrengend es sein muss, einen steilen, steinigen Pfad hinaufzuwandern. Aus welcher Position heraus wäre ich wohl der bessere Bergführer? Alle Erfahrungen, die ich selbst sammeln kann, tragen zu einem besseren Verständnis der Gesamtsituation bei. Wenn ich schon einmal im Gebirge Schutz suchen musste, weil mich ein Gewitter überrascht hat, werde ich aufziehende Wolken anders beurteilen als jemand, der zwar weiß, dass das Wetter umschlagen kann, aber nie erlebt hat, wie die Luft plötzlich abkühlt, förmlich knistert und anders riecht.

In der natürlichen Umgebung werden alle Sinne gleichzeitig angesprochen. Und noch etwas passiert: Wir werden uns unserer Existenz bewusst. Wenn ich auf einem Berg stehe, hinter mir schneebedeckte Gipfel, vor mir tiefe Schluchten und ein unverbauter Blick in die diesige Ferne, über mir der gleißend blaue Himmel und in meiner Lunge kühle, klare Bergluft, dann merke ich, dass ich lebe. Ich lebe und bin ein Teil dieser ganzen schönen Welt. Meine Sinne lehren mich, was es um mich herum zu entdecken gibt. Dieses Wissen wird Teil meiner Intelligenz, und ich kann intuitiv darauf zurückgreifen, meine Wahrnehmung wird klarer und schärfer. So finde ich die Intuition wieder und bekomme meine innere Kraft zurück.

Jeder Mensch besitzt Intuition. Viele von uns haben aber den Zugang zu ihr verloren oder gar nicht erst gelernt, mit ihr in Verbindung zu kommen. Das ist aber nicht schlimm, denn du kannst dir den Kontakt zu deiner inneren Weisheit zurückerobern. Wie das geht, erkläre ich dir im Kapitel »Green Exercises«.

## Ganz tief verbunden (GEFÜHLE)

Erst rückblickend ist mir klargeworden, welche Erkenntnisse ich in den vielen Situationen in der Natur gewonnen habe. Natürlich wird uns immer erst im Nachhinein bewusst, welche Zusammenhänge es zwischen aktuellen Entscheidungen und Vergangenem gibt. Als ich damals auf der Exkursion in Norwegen war, konnte ich natürlich nicht ahnen, wie sehr mich die Zeit dort bis in die Zukunft beeinflusst. Nicht nur persönlich, nicht nur emotional, sondern auch auf beruflicher Ebene. Diese Reise auf den Langlaufskiern hat zwar nicht direkt etwas mit den Übungen zu tun, die wir heute in den Trainings meines Unternehmens anbieten, aber der Kontakt und die Verbindung zur Natur sowie das Akzeptieren dessen, was um uns herum ist, ob es nun der natürliche Untergrund oder das Wetter ist, für all das ist damals der Grundstein gelegt worden.

Auch aus Neuseeland habe ich eine wichtige Erkenntnis mitgenommen: Ich wurde mir zu dieser Zeit klar darüber, dass ich mit Menschen arbeiten und sie auf ihrem Weg in ein gesundes, natürliches und glückliches Leben begleiten möchte. Darüber, wie genau dieser Weg aussehen würde, machte ich mir noch keine Gedanken, aber auch hier wurde ein weiterer Grundstein für meine heutige Arbeit gelegt. Wahrscheinlich war es meine Intuition, die mir damals noch leise und vorsichtig zu verstehen gab, dass mein Weg, mit Menschen zu arbeiten, gleichzeitig mit der Natur verbunden sein wird. Damals habe ich diese Stimme noch nicht gehört.

Kaum zurück in Deutschland, hat sich meine Ratio wieder eingeschaltet und die leisen Töne der Intuition mit der Vehemenz eines Feldwebels übertönt. Alte Glaubenssätze wie »Ich bin nicht gut genug dafür« oder »Ich habe doch nicht Psychologie studiert, wer soll denn glauben, was ich sage?« waren sofort wieder zur Stelle. Aber ein Anfang war gemacht, und genau so ist der Weg des Sich-Öffnens. Auch ich musste genau das erst lernen. Heute weiß ich, was mir all diese Erfahrungen für mein Leben gebracht haben und welch wichtige Rolle die Natur dabei gespielt hat und immer noch spielt.

Ich bin heute in vielen Dingen sehr viel klarer. Ich erkenne Gefühle an, die in mir aufkommen, anstatt sie zu verdrängen oder mich mit irgendetwas abzulenken. Das bedeutet auch, mir Zeit zu nehmen und bestimmte Gefühle auszuhalten. Wenn mir Glaubenssätze bewusst werden, freue ich mich darüber, dass ich sie erkenne und dass ich dann Wege entwickeln kann, mit diesen besser umzugehen und auf neue Art und Weise Klarheit zu erlangen. Klarheit bedeutet für mich, in der Lage zu sein, nicht in Wut, Ärger, Selbstzweifeln oder gar Selbsthass zu versinken. Ebenso wenig mich selbst zu manipulieren oder in eine Opferrolle zu verfallen. Ich erkenne meine Ängste und Sorgen an. Wenn ich das tue, passiert meist etwas Wundervolles: Die Ängste weichen und machen Platz für Neues. Vor allem spüre ich tiefe Dankbarkeit.

Ich bin dankbar für jede Erfahrung, die ich in meinem Leben machen durfte, und für jede, die noch kommen wird. Denn unabhängig davon, ob es positive oder negative Erfahrungen waren, haben sie mich näher zu mir selbst geführt. Oft sind es die einschneidenden und negativ empfundenen Erlebnisse, die uns die wichtigsten Lehren bringen. Das hat einen logischen evolutionären Grund, denn Schmerzhaftes wollen wir vermeiden, da es unser Überleben gefährden könnte. Umso wichtiger ist es, dass wir üben, unser Bewusstsein auch auf die positiven Dinge zu lenken und uns für das Schöne und Gute im Leben zu sensibilisieren.

Als ich vor einigen Jahren nach einer siebenstündigen Wanderung in den Bergen oben auf dem Gipfel angekommen war und mich zur Belohnung in eine heiße Quelle setzen konnte, hatte ich dieses tiefe Gefühl von Demut und Verbundenheit. Ich war einige Stunden durch den Wald gelaufen, vorbei an Bächen und Flüssen, war über Hängebrücken balanciert und hatte einige Höhenmeter hinter mich gebracht. Der Weg war anstrengend, aber die Anstrengung fühlte sich großartig an, und sie war auch irgendwie richtig und notwendig, denn sie machte mir körperlich noch einmal mehr deutlich, dass der Weg das Ziel ist. Auf einem Weg lerne ich nicht nur Neues im Außen kennen, sondern ich entdecke auch mich selbst immer wieder neu: Ich entdecke an mir Facetten, die erst offenbar werden, wenn bestimmte Bedingungen im Außen Räume in meinem Inneren entstehen lassen. Diese Bedingungen entstehen in Momenten, wenn es körperlich anstrengend wird und ich an meine Grenzen komme.

Auf dem Weg zum Gipfel gab es ein paar Momente, in denen ich mir dachte, dass es ein kürzerer Wanderweg auch getan hätte. Dennoch war die Belastung, der ich mich ausgesetzt hatte, richtig. Der Weg und die

Natur beeindruckten mich immer wieder aufs Neue, und kein Zentimeter dieser Wanderung war langweilig. Die Natur zeigte sich mir von ihrer außergewöhnlichen Seite, und heute kann ich klarer denn je sagen: Auf jedem Schritt dieser Wanderung war ich *raus* und in einer tiefen natürlichen Verbindung mit mir selbst.

Am Gipfel erwartete mich eine Besonderheit. Dort gab es einige kleine natürliche Wasserbecken, die mit schwefelhaltigem Wasser aus einer heißen Quelle gespeist wurden. Als ich mich nach der langen Wanderung mit meinen müden Beinen und meinem erschöpften Körper langsam in das warme Wasser setzte, war es nicht nur einfach ein warmes Bad, das ich da nahm, sondern *der* Moment, in dem ich mich tief und innig mit der Natur und all ihren beeindruckenden und wundersamen Facetten verband. Ich saß auf dem weichen Erdboden in diesem warmen, natürlichen Pool mitten in den Bergen. Um mich herum herrschte absolute Stille. Es waren keine Geräusche zu hören. Es war mucksmäuschenstill. So wurde auch ich in mir still. Ich blickte in die Ferne und schaute mir nacheinander die Berge an, die mich dort oben umringten. Das warme Wasser entspannte meine Muskeln. Mein ganzer Körper ließ los, und eine wohlige Wärme breitete sich in mir aus. Die kühle und frische Luft dort oben war einmalig. Klare Luft, die so rein war, dass auch sie mich von innen reinigte und befreite. Mein gesamter Körper wurde von Atemzug zu Atemzug leichter, weicher und wärmer. Und ich fühlte mich mit jedem Atemzug immer kleiner und kleiner. Dieses Gefühl des Kleinerwerdens war nicht mit Angst verbunden. Im Gegenteil, es war das innige Gefühl einer unendlichen Dankbarkeit, ein Teil dieses Ganzen, ein Teil dieser unglaublichen Natur und dieser Welt zu sein.

In diesem Moment spürte ich tiefste und ehrliche Demut all dem gegenüber, was uns auf dieser Welt umgibt. Wie leicht und winzig mir nun dieser Weg hierher erschien. Wie leicht und einfach die Welt und das Leben in Wahrheit doch waren, und wie viele Konstrukte wir uns tagtäglich selbst errichten, die uns das Leben so stressig und schwer erscheinen lassen.

Ich bin bis heute immer wieder beeindruckt, wie intensiv der Einfluss der Natur auf uns Menschen ist und wie oft mir die Natur bei meinen Coachings schon geholfen hat, dass meine Klienten Lösungen und Wege für sich entdeckten. Ich nutze in meiner Arbeit gerne die Natur und das Draußensein, weil draußen sehr viel leichter ein neuer Raum für Möglichkeiten und neue Gedanken entstehen kann. So auch bei einer Klientin von mir, mit der ich eine kleine Wanderung durch einen Naturpark machte. Ich arbeitete mit ihr, weil sie seit vielen Jahren versuchte, die letzten paar Kilos zu ihrem Wunschgewicht zu verlieren. Sie hatte wirklich schon alles Mögliche versucht: intensiven Sport, Ausdauer- und Krafttraining, nur eines von beidem sehr intensiv oder die Kombination von beidem auf allen möglichen Ebenen — nichts davon führte sie zum Ziel. Auch die Ernährung änderte nichts. Sie ernährte sich tatsächlich sehr gesund und ausgeglichen. Dennoch wollten die letzten Kilos einfach nicht verschwinden.

Auf unserer Wanderung sprach sie immer wieder von allen möglichen Stressoren bei ihrer Arbeit, von Kollegen, die sie stressten, und immer mal wieder auftretenden Konflikten mit ihren Eltern. Nichts davon schien aber die wirkliche Ursache für das zu sein, was ihr auf der Seele lag. Ich spürte, dass es irgendetwas gab, über das sie bisher noch nie klar gesprochen hatte und das sie sich womöglich nicht eingestehen wollte. Wir wanderten und wanderten. Ein Thema folgte dem nächsten. Und plötzlich gab es Ruhe. Wir machten eine Pause und standen an einem kleinen Aussichtspunkt und blickten in die Ferne. Unsere Blicke verloren sich am Horizont. Schweigen. Stille. Wir wechselten beide kein Wort und waren scheinbar zeitgleich frei von allen Gedanken, Konstrukten und Erwartungen, die uns sonst verfolgten. Dann plötzlich durchbrach sie die Stille und sagte: »Ich glaube, ich weiß, warum ich nicht abnehme.« Ich schwieg weiter und ließ ihr Zeit, sich von dem, was da war, leiten zu lassen. »Mein Freund und ich lieben uns gar nicht mehr. Aber wir trennen uns einfach nicht, obwohl das das einzig Richtige und Ehrliche wäre.«

Ich sagte noch immer nichts, war dennoch voll präsent und hörte ihr zu. Sie spürte, dass ich in meiner vollen Aufmerksamkeit bei ihr war und dass ich dazu nichts sagen musste. Erneutes Schweigen. Dieses Schweigen war so unglaublich stark, weil es (wie sie mir später bestätigte) weder bei ihr noch bei mir das Gefühl hinterließ, dass es ein unangenehmes Schweigen war. Ich spürte, wie sich in ihr ein riesiger Knoten löste und etwas von ihr abfiel. So, als würde sie dieses »Ding« dort liegen lassen. Wie es Wanderer tun, die an bestimmten Stellen Steine aufeinanderstapeln und wundervolle Steinskulpturen oder Türme hinterlassen, wenn sie weiterlaufen.

Wir schauten beide noch eine Weile in die Ferne, und dann fragte ich sie: »Was bedeutet das für dich?« – »Es ist Zeit, dass wir ehrlich zueinander sind. *Das* ist wahre Liebe. Es ist Zeit, dass wir auch danach handeln.« BAAM! Wenn das nicht auf den Punkt war!? Ich hatte Gänsehaut und war berührt von dieser ehrlichen und so liebevollen Antwort.

Wir gingen weiter und ließen etwas zurück. Etwas, was sie losgelassen hatte und für das sie etwas zurückbekam, was ihr geschenkt wurde. Sie bekam auf eine natürliche Art und Weise Klarheit, ohne dass sie dafür etwas Anstrengendes oder total Verrücktes hatte tun müssen. Die Antwort kam einfach. Was hat sich anschließend durch diese Erkenntnis verändert? Sie ist ihrem Gefühl gefolgt und hat mit ihrem Partner gesprochen. Durch diese Offenbarung, die sie für sich erkannt hatte und die sie mit ihm teilte, konnten sie sich beide aus einem Konstrukt befreien, in dem sich keiner wohl- und geliebt fühlte. Sie begegneten sich auf einer neuen und wahrhaftigen Ebene, wodurch sie einander tiefer verbunden waren als zuvor. Ihr Gewicht hat sie reduziert und ist dort angekommen, wo sie mit sich zufrieden ist.

Emotionen sind der wichtigste Schlüssel für unsere Gesundheit und werden meist durch unsere Erfahrungen, aber auch durch unser aktuelles Natural Network beeinflusst. Sie wahrzunehmen und zu akzeptieren bringt uns Klarheit und Stärke. Meine Klientin hat bis heute nicht nur Kilos verloren, sondern auch eine Menge neue Kraft gewonnen. Genauer gesagt ist es Energie. Energie, die in ihr anders in Bewegung ist als zuvor.

# Neue Energie

Früher habe ich immer gedacht, dass ich ausschließlich im Urlaub Energie auftanken könne oder dass es notwendig sei, weit weg zu sein, um die Akkus wieder zu füllen. Je weiter weg, desto besser. Heute weiß ich, dass es weder einen Urlaub dazu braucht, noch dass es wichtig ist, möglichst weit weg zu sein. Entscheidend ist vielmehr, mir kleine Inseln in meinem Lebensalltag zu schaffen, die mich einfach mal *raus* sein lassen. Das ist nicht nur viel einfacher umzusetzen, sondern sehr viel nachhaltiger in seiner Wirkung für mich und damit auch für mein Umfeld. Wenn ich müde oder abgeschlagen bin, gibt es unzählige Möglichkeiten, wie ich damit umgehen kann. Ich kann Koffein zu mir nehmen oder Alkohol trinken, um mich aufzuputschen, oder mich mit Dingen wie Fernsehen oder Internet »entspannen« und ablenken. Wenn ich jedoch annehme, was *ist,* nehme ich das an, was wahr ist, und damit entsteht in meinem Körper ein Raum von Ruhe.

Stress entsteht vor allem dann, wenn wir etwas verkennen, verdecken oder versuchen, etwas zu vertuschen. Tief in uns gibt es etwas, das genauso effektiv wirkt wie die Natur. So wie die Natur Ruhe und Klarheit in sich selbst trägt, so tragen auch wir genau diese Ruhe und Klarheit in uns. Unsere Intuition erkennt, wenn wir nicht ehrlich mit uns selbst sind, und unser Bewusstsein weiß, wann wir beginnen, uns selbst zu sabotieren. Gefühle auszuhalten ist nicht immer leicht, aber wenn wir das tun und all das, was ist, anerkennen, löst sich der Stress. Da Stress auf biochemischer Ebene sämtliche Energieressourcen unseres Körpers nutzt, wird diese Energie, sowie wir den Stress loslassen und uns von ihm befreien, wieder frei und wir können sie anderweitig nutzen.

Übrigens verschaffen uns Zucker, Koffein, Nikotin und Alkohol auf biochemischer Ebene wirklich einen Energieschub. Der ist aber nur kurzzeitig und wird von einem anschließenden starken Energieabfall begleitet. Damit entsteht ein erneuter und meist größerer Energiemangel als ohne deren Zutun. Welche Energieressourcen können wir also nutzen, wenn wir uns gemäß unserer eigentlichen Natur verhalten würden? Wie viel Energie könnten wir produzieren, wenn wir die Gefühle, die *sind,* annehmen und damit als Teil von uns akzeptieren würden, wie wir es mit unserer Nase, unseren Beinen, Ohren, unserem Bauch und unserer Körpergröße tun?

Menschen, die beispielsweise Teile ihres Körpers hassen oder nicht mögen, nehmen sich ebenso wenig so an, wie sie sind. Genau wie beim Verdrängen von Gefühlen führt auch das dazu, dass sie mehr Stresshormone produzieren, mehr Energie verbrauchen und ganz nebenbei mit diesen negativen Gefühlen auch das Immunsystem aktivieren, was im schlimmsten Falle dazu führen kann, dass sich ihr Körper nun selbst angreift und eine Autoimmunerkrankung entwickelt. Wer einen seiner Körperteile hasst, kämpft ja gedanklich gegen diesen Teil seiner selbst an. Der Körper folgt diesen Informationen des Gehirns damit, dass er Immunzellen produziert, die ebenfalls etwas angreifen. Das kann irgendwann auch körpereigenes Gewebe sein, was dem »Sinn« bzw. der Information entsprechen würde, die das Gehirn an den Körper sendet. Dabei wird dann Energie auf einer negativen Ebene genutzt und bewegt.

Sich selbst hingegen voll und ganz anzunehmen oder sich liebevoll und geduldig zu verändern führt dazu, dass wir weniger Stress produzieren und unserem Körper damit mehr Energie zur Verfügung stellen. Mehr Energie bedeutet immer mehr Kraft, mehr Ausdauer, mehr Klarheit für unser Handeln. Je mehr Energie wir in uns selbst produzieren, desto mehr unseres Potenzials können wir nutzen. Noch einmal: Die Natur bewertet uns nicht in dem, wie wir sind oder denken. Sie nimmt uns zu 100 Prouent an, wie wir sind, und genau das können wir wahrnehmen, wenn wir in der Natur oder an besonders faszinierenden, energiegeladenen Orten sind.

*Die Natur ermöglicht uns, Stress zu reduzieren, unser Immunsystem positiv zu aktivieren, das Gefühl zu erleben, raus aus dem Gedankenkarussell und all den Erwartungen des Alltags zu sein und in uns selbst mehr Energie zu produzieren.*

Wir suchen die Erfüllung an den falschen Orten. Wir setzen Bequemlichkeit und Konsum mit Wohlgefühl gleich, Angst und Unwohlsein hingegen mit Schwäche und merken dabei nicht, dass uns gerade unsere »unangenehmen« Gefühle darauf hinweisen, dass uns etwas Wichtiges fehlt. Wenn wir wieder lernen, die Gründe für unsere Antriebslosigkeit, Müdigkeit, Traurigkeit oder Aggressivität zu erspüren, werden wir in der Lage sein, diese Dynamik zu stoppen und uns davon zu befreien. Natürliche Verbindung schafft neue Impulse und neue Energie. *Raus sein* ist so einfach. Unsere Freiheit liegt direkt vor unserer Haustür oder zumindest ganz in der Nähe.

# Green Exercises –
# Die innere und äußere Befreiung
# ganz praktisch umsetzen und
# im Alltag leben

Gerade jetzt, wo ich dieses Buch schreibe, ist der Frühling in Deutschland eingekehrt. Das ist die Zeit des Jahres, die ich am meisten liebe, denn in allen Ecken erwacht das Leben. Draußen sprießen die Knospen, die ersten Insekten summen wieder, und die Kraft der Pflanzen ist förmlich zu sehen. Aber auch bei uns Menschen werden viele neue Facetten und Lebensgeister geweckt. Alles wird frischer, wacher, klarer und im wahrsten Sinne des Wortes lebendiger. Menschen, die unter Allergien leiden, werden diese Jahreszeit sehr wahrscheinlich nicht besonders gernhaben, sondern vielleicht den Herbst oder den Winter bevorzugen. Ganz egal, welche Jahreszeit deine Lieblingszeit ist – in unseren Breitengraden schenkt uns jede der vier Jahreszeiten ihr besonders vielfältiges, individuelles Bild. Vielleicht ist es die besondere Farbenpracht des Waldes im Herbst oder sein besonderer Duft, wenn nach einer längeren Regenphase die Sonne den Boden zum Dampfen bringt? Der Wald ist für uns alle ein besonderer Ort, denn er bietet eine Vielzahl von Besonderheiten, auf die wir auf evolutionärer Ebene programmiert sind.

In der Zeit, als wir Menschen noch in Wäldern lebten oder zumindest den größten Teil unserer Zeit in der Natur und nicht wie heute in geschlossenen Räumen verbrachten, standen wir in einem völlig anderen Kontakt zur Natur. Die Sinne unserer Vorfahren waren sensibel geschult. Ihre Intuition war perfekt ausgebildet, und sie konnten selbst kleinste Veränderungen sehr schnell wahrnehmen.

Diese ursprüngliche Intuition und die feinen Sinne aus dieser Zeit sind über die letzten Jahrtausende in vielerlei Hinsicht verkümmert. Unsere Welt hat sich schließlich auch verändert und damit die Anforderungen an unsere Wahrnehmung. Aber auch wenn unsere Sinne nicht mehr so trainiert sind wie einst, sind sie trotzdem in uns angelegt, und einige von ihnen nutzen wir auch nach wie vor, zum Teil ganz unbewusst. Die Natur bringt unsere sinnliche Wahrnehmung wieder in Gang und uns damit zurück zu unserer eigenen Natur, zurück zu uns selbst.

# Verbindung mit deinen Wurzeln

Vor Kurzem bekam ich eine WhatsApp-Nachricht einer Bekannten mit Fotos aus Neuseeland. Sie war genau dort, wo ich vor fast 20 Jahren war. Irre! Ich schrieb ihr direkt zurück, und sie antwortete prompt mit noch mehr Bildern. Neuseeland und sie fühlten sich für mich ganz nah an. Ich dachte an meine Zeit dort zurück, und musste grinsen. Ich hatte damals noch kein Smartphone. Das gab es noch nicht. Wenn ich eine Nachricht nach Hause schicken wollte, musste ich in ein Internetcafé gehen und eine E-Mail schreiben. Ich hatte damals sogar etwas wie den Vorläufer eines Reise-Blogs, aber auch dafür musste erst einmal ein Computer her. Telefonieren ging nur gegen viel Geld und begrenzte Zeit aus einem *guesthouse*.

Ich fragte mich, wie es wohl gewesen wäre, wenn ich damals ein Handy gehabt hätte. Hätte ich mich die ganze Zeit mit meiner Familie kurzgeschlossen und jeden zweiten Tag eine Nachricht oder ein Bild geschickt? Hätten sich meine Eltern mehr Sorgen gemacht, wenn am dritten Tag keine Meldung von mir gekommen wäre? So haben sie wochenlang nichts von mir gehört. Hätte ich damals schon dieselben technischen Möglichkeiten gehabt wie heute, hätte ich vermutlich nicht so viele Menschen kennengelernt, denn ich hätte niemanden ansprechen müssen, um herauszufinden, wo der nächste Supermarkt ist oder wie man zum *Milfordtrack* kommt, dessen Eingangsschild man übersehen hat. Sosehr einen ein Handy mit den Menschen weltweit verbindet, in solchen Momenten distanziert es einen auch von den Menschen um dich herum. Du guckst einfach im Internet, wie du zum nächsten Schwimmbad kommst, reden musst du dafür mit niemandem.

Wenn es dein Wunsch sein sollte, mit dir selbst und deiner Umwelt wieder stärker in Kontakt zu kommen, nutze deine freie Zeit dafür und geh raus. Schon der freie Blick in den Himmel oder auch ein unverbauter Blick in die Ferne wirkt sich positiv auf dein Unterbewusstsein aus. Achte einmal genau darauf, was du wahrnimmst, wenn du einen Tag lang durch eine Stadt mit dichter Bebauung gehst. Je dichter die Bebauung einer Stadt und je höher die Gebäude, desto weniger bist du – ob bewusst oder unbewusst – mit dem Himmel in Verbindung. Und damit auch mit der Weite. Menschen, die in dicht bebauten Städten leben, gewöhnen sich irgendwann an diesen Zustand und würden dies auch nicht zwingend als störend beschreiben oder gar so, dass ihnen etwas fehlt. Der Effekt auf das Unterbewusstsein ist aber bei allen gleich, und wenn man die Leute fragt, welche Landschaftsform sie als attraktiv erachten, entscheiden sie sich bestimmt nicht für steile Straßencanyons.

Die Kaplans wiesen bereits Ende des vergangenen Jahrhunderts in ihrer Theorie der *restorative environments* darauf hin, dass eine Landschaft bestimmte Elemente braucht, um erholsam zu sein. Auch andere Wissenschaftler untersuchten bestimmte Landschaftstypen hinsichtlich ihrer Effektivität der Stressreduktion. Sie schickten Probanden in verschiedene Landschaftsformen, maßen ihre Stressparameter und zeichneten ihre Gehirnaktivität auf. Dabei gibt es einen Landschaftstyp, der die Entspannung und den Stressabbau am positivsten beeinflusst: die savannenartige Landschaft.

Savannenartig meint weitläufige Graslandschaften mit vereinzeltem Baumbewuchs, wie sie weltweit (und nachgebildet als große Parks) zu finden sind. Auch Obstwiesen und Waldlichtungen gehören zu diesem Typus.[48] Ob diese Landschaftsform als Erbe aus unserer Zeit als Jäger und Sammler in unseren Genen verankert ist, darüber streitet die Wissenschaft. Für mich klingt das absolut logisch, denn die Savanne ist, mit den Augen unserer Vorfahren betrachtet, eine Umgebung, die uns Sicherheit vermittelt. Sie ist gut zu überblicken und bietet dennoch Schutz. Zudem waren die Savannen nahrungs- und wasserreich und damit ideale Lebensorte. Auch heute noch haben wir ein natürliches Gefühl dafür, welcher Lebensraum gut für uns und welcher ungünstig ist.

John Falk, Professor an der University of Oregon, belegte genau das. Er ließ Hunderte von Menschen Fotos von Landschaften beurteilen und fragte, in welcher Landschaft sie sich am liebsten aufhalten würden. Die Savanne lag immer vorn. Als er im Jahre 2009 diese Untersuchung bei Einwohnern des nigerianischen Regenwaldes wiederholte, entschieden auch diese Menschen, die zu 80 Prozent ihren Lebensraum noch nicht verlassen hatten, dass die Savanne zu bevorzugen sei.

Natürlich ist es nicht nur die Übersichtlichkeit, die die Savanne als attraktive Landschaft ausmacht. Der Wunsch, einen guten Überblick zu haben, gilt für uns auch heute noch. Wir fühlen eine wahre Befreiung, wenn wir oben auf einem Berg stehen, weit in die Ferne blicken können und das Gefühl genießen, alles – im wahrsten Sinne des Wortes – zu überblicken. Gefahren können wir von exponierten Lagen aus deutlich besser erkennen und wahrnehmen als in der Ebene oder in einem Tal. Nicht umsonst wurden Burgen und Schlösser auf Erhöhungen gebaut. Hier waren sie geschützt.

Wer heute in dicht besiedeltem Raum lebt, wird sich daran gewöhnt haben, nicht weit gucken zu können, profitiert aber dennoch davon, seinen Blick ab und zu in die Weite schweifen zu lassen. Überprüfe den Effekt der Fernsicht doch einmal an dir selbst. Bereits der Blick von der Aussichtsterrasse eines Hochhauses bietet einen ganz neuen Blickwinkel. Hast du Höhenangst, begib dich an den Stadtrand, wo du einen freieren Blick genießen kannst als zwischen Häuserreihen. Ein Ausflug in eine weitläufigere Umgebung ist immer auch eine Befreiung für uns selbst und zudem eine einfache wie effektive Möglichkeit, mit dem richtigen »Green Exercise«-Programm zu starten.

## Was sind Green Exercises und wie wirken sie in meinem Leben?

Bislang bringst du mit dem Begriff *Exercise* vielleicht anstrengende Work-outs oder Übungen aus dem schulischen Englischunterricht in Verbindung. *Green Exercises* haben nicht zwingend etwas mit Anstrengung zu tun, sie können aber – je nach gewählter Aktivität – natürlich auch mal anstrengend sein. Ihr Ziel aber ist zuallererst die Steigerung des persönlichen Wohlbefindens. Dabei steht genau eine Person im Fokus, und das bist du. Das bedeutet, dass es in diesem Programm ausschließlich Übungen und Dinge gibt, die dir persönlich Freude machen oder dich in irgendeiner Art und Weise positiv ansprechen. Es gibt dabei weder richtig noch falsch, keine starren Regeln, sondern einfach nur dich und die Natur um dich herum.

Green Exercises haben das Ziel, dich freier, leichter, stärker und energiegeladener zu machen. Sie verbessern dein Immunsystem, verringern deinen Stress und dessen begleitende Symptome, reduzieren innere Spannungen und sind nicht nur in der Lage, deine Gesundheit zu verbessern, sondern auch, dein Potenzial zu erhöhen. Potenzial meint deine Fähigkeit zur Entwicklung und deine Kraft, die noch nicht ausgeschöpften Möglichkeiten in deinem Leben aktiv in die Hand zu nehmen und zu verändern, um mehr Glück, Zufriedenheit, Freiheit und Leichtigkeit zu leben. Unsere Potenziale sind häufig blockiert. Werden sie frei, geben sie uns die Möglichkeit, neue Wege zu gehen und Mut zu entwickeln, anders zu sein und anders zu handeln als bisher. Alte Muster können wir überwinden, wenn wir uns bewusst sind, dass sie auf dem basieren, was wir gelernt und vorgelebt bekommen haben.

Green Exercise ist viel mehr als nur ein Work-out, mehr als ein Trainingsprogramm und anders als Meditation. Green Exercise bietet eine Rückverbindung zu unseren essenziellen Wurzeln, unserer natürlichen Essenz. Dabei gibt es keine Regeln oder Vorgaben, die es einzuhalten gilt. Du zählst keine Schritte, hast keine Geschwindigkeitsvorgabe und kein Limit, an das du gehen oder das du überschreiten musst. Green Exercise ist kein Sport, sondern eine Ergänzung zu allem, was du tust.

**Green Exercise = NO Exercise**
Es mag schwer auszuhalten sein, aber bei Green Exercise gibt es keine quantitativen Vorgaben.

Green Exercises geben dir
- keine Vorgabe, wie viele Wiederholungen du absolvieren musst,
- keine Vorgabe, wie schnell du eine Übung durchführst,
- keine Angabe, wie weit die Strecke ist, die du zurücklegst,
- keinen Rhythmus vor.

Egal, welche Übungen du absolvierst, es geht in erster Linie darum, dass du dich dabei gut fühlst.

Green Exercise ist anders. Die Übungen mögen denen aus dem Outdoorsport oder der Erlebnispädagogik ähneln, aber sie wollen weder messen noch werten, noch möchte jemand hinterher mit dir im Detail besprechen und analysieren, inwieweit du durch diese Übung oder Erfahrung etwas gelernt oder erfahren hast. Vielmehr entsteht die eigentliche Wirkung dadurch, dass du das Erlebte einfach so stehen lässt, wie es ist. Oft verbaut man durch ein intensives Reflektieren, Interpretieren oder Analysieren den Raum, der durch eine bestimmte Erfahrung entstanden ist, und nimmt ihm damit das eigentliche Potenzial, das daraus wachsen könnte. Manche Übungen werden deine Wahrnehmung, den Zustand deiner Sinne und dein Gewahrsein ändern. Green Exercises wirken durch sich selbst. Es braucht kein Zutun, allein durch deinen Aufenthalt im Grünen passiert schon etwas. Eine wichtige Regel gibt es aber doch – den respektvollen Umgang mit der Natur:

1. Hinterlasse keine Spuren wie Müll, Feuerstellen oder andere Schäden, die durch die Art und Weise entstehen, wie du dich durch die Natur bewegst.

2. Zerstöre keine Pflanzen und störe keine Tiere, weder durch dein Verhalten (durch Uferböschungen stapfen zum Beispiel) noch durch Lärm (Musik, lautes Geschrei etc.). Halte dich an die Regeln der natürlichen Räume, in denen du dich bewegst.

3. Bewege dich ausschließlich durch deine körpereigenen Kräfte.

Bevor ich dir gleich einige Übungen erkläre, möchte ich ein Thema behandeln, das unser modernes Leben begleitet und prägt. Unsere Einstellung zu Effektivität und Leistung.

## Effektivität und Leistung

Wir sind geprägt vom Leistungsdenken. Eine fast allgemeingültige Sichtweise ist »Wenn man etwas tut, muss auch etwas dabei rauskommen«. Sollte das auch deine Einstellung sein, sagt mir das, dass du möglicherweise auf der Suche nach Effektivität bist oder glaubst, dass eine Veränderung immer nur dann entstehen kann, wenn man etwas Bestimmtes tut. Meine Erfahrung ist, dass etwas Neues auch einfach von selbst, aus dir heraus erwachen und erwachsen kann. Wie ich eben schon geschrieben habe, sind Green Exercises *anders*. Sie messen und vergleichen nicht. Das könnte eine neue Erfahrung für dich sein und sogar dazu führen, dass sich Unsicherheit oder Unruhe in dir breitmacht. Möglicherweise verunsichert dich die Einfachheit mancher Übungen, und dir gehen Gedanken durch den Kopf wie:

- »Was soll der Quatsch?«
- »Und dann?«
- »Was habe ich davon?«
- »Das bringt doch nichts.«
- »Dann warte ich lieber auf was Anstrengendes.«
- »Was soll das bringen?«

Gegenfrage: Was bringt es dir, auf Facebook, Instagram oder Snapchat Zeit zu verbringen oder abends mehrere Stunden fernzusehen? Spätestens seit Kapitel 1 weißt du, dass dich diese Dinge nicht entspannen. Sie ziehen uns in den Bann, weil wir Angst haben, etwas zu verpassen (FOMO), und weil wir nach immer neuen Eindrücken streben. Aber all das füllt deinen Kopf und sorgt dafür, dass du *nicht* abschaltest. Liegst du das erste Mal auf dem Rasen, schaltest du möglicherweise auch nicht ab. Das plötzliche Innehalten und das Nichtstun schaffen stattdessen einen Raum in dir, in dem du deine innere Stimme klar hören kannst. Wen oder was hörst du da? Spricht da eine innere Nörglerin oder ein

Zweifler? Was sagt diese Stimme? Dass es anstrengend sein muss, damit sich etwas bewegt? Dass alles Sinn machen muss? Das sind Glaubenssätze! Es ist gut, dass du sie hörst, denn nur dann kannst du sie in etwas Positives transformieren. Hast du andere Erwartungen gehabt, als einfach nur im Gras zu liegen? Erwartungen sind so eine Sache. Wir erwarten viel, doch wer sagt uns, dass andere Menschen oder Situationen das erfüllen, was wir erwarten?

Oft ist unsere Einstellung geprägt von Härte und der Suche nach einem Sinn, den wir aufgrund gelernter Muster für uns vordefinieren und daraus Erwartungen ableiten. Wenn uns etwas begegnet, was außerhalb dieser Box (Vorstellungskraft) liegt, wird unsere Stressachse aktiv, weil unser Gehirn Dinge meidet, die es nicht kennt. Um dich für deine Erwartungen zu sensibilisieren, möchte ich dir vorab ein paar Fragen stellen:

1. Hast du ein bestimmtes Ziel, das du mit Green Exercises verfolgst?
2. Wenn ja, welches?
3. Welche Erwartungen hast du an die Übungen, und was sollen sie für dich bewirken?
4. Was bedeutet für dich das Wort *Effektivität*?

Es wird vielleicht so sein, dass dir einige Übungen sinnlos erscheinen, weil sie so wenig von dir verlangen oder zu einfach und damit unspektakulär sind. Vielleicht kannst du sie trotzdem »aushalten«? Versuch es, denn dies ist deine erste Übung.

## Übung – Aushalten, was ist

Geh raus und such dir eine Wiese. (Falls es Winter ist oder der Boden nass ist, zieh dich wetterfest an. Du kannst dir auch eine Isomatte mitnehmen, aber im besten Falle verzichtest du darauf.) Lege dich in Rückenlage ausgestreckt ins Gras. Breite deine Arme neben dir aus und leg sie locker auf den Boden, deine Handflächen sind zum Himmel gerichtet.

Schließe deine Augen.

Spüre deine Atmung.

Lausche.

Kannst du Geräusche wahrnehmen? Welche Geräusche sind das?

Wie ist die Luft, die du atmest?

Kannst du Gerüche wahrnehmen?

Spüre deinen Körper. Gibt es Teile deines Körpers, die du intensiver wahrnimmst?

Lass dich einfach leiten von dem, was dir begegnet. Ganz ohne Erwartungen, ganz ohne Fokus auf etwas. Wenn etwas in deinen Fokus kommt, lass es kommen. Wenn du wahrnimmst, dass du dich daran verbeißt und daran festkrallst, lass es los. Lass los, indem du deinen Fokus auf etwas um dich herum richtest oder etwas von dem, nach dem ich oben gefragt habe.

Das ist schon alles. Das ist eine großartige Green Exercise. Wie lange hast du das »ausgehalten«? Hast du es geschafft, zehn Minuten liegen zu bleiben? Ohne Ziel, ohne Work-out?

Falls du diese Übung schon gemacht hast, ist es jetzt spannend zu reflektieren, welche Storys dir dein Gehirn erzählt hat. Folgendermaßen könnte es abgelaufen sein: Das rationale Gehirn schaltet sich ein und erklärt dir, dass diese Übung Quatsch oder blödsinnig ist. Dabei kommen alle möglichen und oft sehr subtilen Gedanken ins Spiel: »Was ist, wenn mich jemand dabei entdeckt oder beobachtet?«, »Früher wurde ich für mein kindliches Verhalten ausgelacht«, »So etwas macht man nicht! (Und ich finde Menschen, die so etwas machen, schräg, und alle anderen, die genau wie ich dieses Bild nicht kennen, wären ebenso ablehnend und verunsichert, jemanden zu sehen, der so etwas tut)«, »Dinge, die etwas bringen sollen, müssen mit Anstrengung, Schmerz oder einer ganz bestimmten Art und Weise, einer Technik getan werden.« Eben diese Momente und Übungen sind es, die ich meine, wenn ich sage, dass du sie aushalten musst. Aushalten, einfach nur daliegen und mit dir selbst, deinem Körper und der Umgebung in Kontakt treten. Eine Verbindung eingehen. Genau das ist es, was sehr viele Menschen heute nicht mehr können. Sie haben alle möglichen Vermeidungsstrategien entwickelt, genau das NICHT tun zu müssen.

Wir können uns hervorragend selbst davon überzeugen, wie »sinnlos« etwas ist, das wir vermeiden möchten. Fakt ist: Wenn wir zur Ruhe kommen und uns nur mit uns selbst verbinden, entsteht ein Raum, der im Alltag selten in dieser Wucht zum Tragen kommt. In diesem Moment der Stille können alle möglichen Gedanken auf uns einprasseln, die wir sonst nicht denken, weil wir so gut darin sind, uns von dem abzulenken, was eigentlich in uns los ist und gelöst werden will. Deshalb ist uns Ablenkung durch andere Dinge häufig so willkommen. Wir sind dann nicht mit uns selbst, unseren Problemen, unseren Ängsten, Sorgen, Glaubenssätzen oder Herausforderungen konfrontiert.

In Momenten wie diesen hilft uns die Anwesenheit der Natur, nachsichtig mit uns umzugehen. Denn egal, wie viele Erwartungen wir an uns selbst richten, die Natur tut dies in keinem einzigen Moment. Genau das erleben wir, wenn wir draußen sind. In uns wächst neuer Raum. Dieser Raum ist in Wahrheit unser Potenzial, und je größer er wird, desto größer wird das Potenzial, mit dem wir aktiv etwas bewegen können. Das Potenzial, das durch die Natur in uns freigesetzt werden kann, ist nahezu unendlich und hat die Kraft, Symptome oder Einschränkungen verschiedener Erkrankungen zu lindern. Eine Metaanalyse aus zehn Studien mit über 1200 Teilnehmern hat gezeigt, dass psychische Parameter durch den Aufenthalt in der Natur stark verbessert wurden. Ganz vorneweg konnte eine hochsignifikante Steigerung des Selbstwertgefühls und der Gemütslage verzeichnet werden.[49]

## Green Exercises – ganz praktisch umsetzen

Ich werde dir nun verschiedene Möglichkeiten aufzeigen, mit welchen »Übungen« du deine Sinne wiederbeleben, deine Gesundheit stärken, zurück zu deiner Natur und deiner Intuition finden und noch mehr das Gefühl von Selbstbestimmung und Zufriedenheit erfahren kannst. Ich habe das Wort »Übungen« absichtlich in Anführungsstriche gesetzt, weil es nicht immer einer »Übung« bedarf, um ein Gefühl auszulösen. Green Exercises werden in anderen Ländern meist mit Sport im Freien gleichgesetzt. Sport in der Natur zu machen ist super, aber Green Exercises haben für mich viel mehr als nur einen sportlichen Aspekt. Für mich sind Green Exercises alle Maßnahmen, die dich (wieder) in Kontakt mit der Natur um dich herum, aber auch deiner eigenen Natur bringen. Dafür musst du nicht schwitzen. Das darfst du natürlich gerne tun, aber manchmal reicht es auch schon, eine neue Wahrnehmung zu erfahren oder eine neue Perspektive einzunehmen. Trotzdem ist es hilfreich, neue Dinge auszuprobieren. Da jeder Mensch anders ist und jeder Mensch etwas anderes sucht oder braucht, gibt es hier auch unterschiedliche Vorschläge. Schau einfach, was dich am meisten anspricht, und starte damit. Es geht dann von alleine weiter.

## 12 Green Exercises

### Barfuß laufen

Barfuß laufen ist super, um dich mit deiner Umgebung und deinem Tastsinn zu verbinden. Du kannst dich tatsächlich »erden«. Was jetzt ein bisschen esoterisch klingt, ist wissenschaftlich nachweisbar. Es gibt etliche Studien, die das Barfußlaufen untersucht haben. Dabei fanden die Wissenschaftler heraus, dass der Kontakt unseres Körpers mit der Erde die Wundheilung verbessert, Entzündungen reduziert, das Immunsystem stärkt und damit chronische Erkrankungen und auch Autoimmunerkrankungen gelindert und positiv beeinflusst werden können.[50] Grund dafür ist die negative Ladung der Erde. Bei Körperkontakt nehmen wir über die Fußsohlen Elektronen auf und stellen den naturgegebenen elektrischen Grundzustand unseres Körpers wieder her. Die aufgenommenen Elektronen wirken als Radikalfänger, funktionieren also wie Antioxidantien.[51] Zudem hebt Barfußlaufen die Stimmung und wirkt somit auch psycho-emotional.

Geh im Freien barfuß, wann immer du Lust dazu hast, und schenke deinem Körper eine kostenlose Antioxidantien-Kur. Elektronen nimmst du bei jedem Untergrund auf, ob Asphalt, Sand oder Gras. Deine Fußmuskulatur profitiert allerdings eher von einem weichen, unebenen Untergrund, und das Gefühl, auf diesem Untergrund zu gehen, ist um ein Vielfaches angenehmer. Geh ruhig auch einmal barfuß durch den Schnee oder laufe im Winter über den kalten Boden. Es ist dabei natürlich sinnvoll, dass du dich durch den Kältereiz nicht überlastest und im schlimmsten Falle Erfrierungen davonträgst. Wie bei allem ist auch hier die richtige und gesunde Dosis entscheidend.

### Regentanz

Wann hast du das letzte Mal den Regen auf deiner Haut gespürt? Stell dich mit nacktem Oberkörper in den Regen. Spüre die Tropfen auf deiner Haut und nimm deinen Körper wahr. Das ist ein tolles Erlebnis, besonders wenn du das im Wald unter den Bäumen machst und dabei auch den Geruch von Geosmin wahrnimmst. Du kannst genauso auch an einen See fahren und erst einmal durch den Regen laufen, um dann im Anschluss im See schwimmen zu gehen. Auch das See- oder Meerwasser »erdet« dich. Wasser ist ein leitfähiges Medium, weshalb auch beim Schwimmen ein Ausgleich des Elektronenfelds zwischen deinem Körper und diesem Element stattfindet.

### Liegender Baum

Leg dich mit dem Rücken auf einen auf dem Boden liegenden Baumstamm. Breite deine Arme neben dir aus, sodass sie im 90-Grad-Winkel von deinem Körper abgespreizt sind, und balanciere deinen Körper. Du kannst auch deine Beine in die Luft heben, um mehr balancieren zu müssen. Das trainiert übrigens auch deine gesamte Rumpfmuskulatur und dein Gleichgewicht sowieso.

### Siegerpose

Stell dich aufrecht hin und breite deine Arme aus. Wenn es geht, hebe sie weiter um 45 Grad, sodass deine Finger schräg Richtung Himmel gerichtet sind. Leg deinen Kopf leicht in den Nacken und schau in den Himmel. Du kannst dabei auch die Augen schließen. Halte diese Position mindestens drei Minuten, atme dabei entspannt und gleichmäßig. Durch diese Körperhaltung wirst du nicht nur positive Emotionen produzieren, sondern auch auf eine besondere Art und Weise mehr aus deiner Umgebung aufnehmen können. Das Spannende ist, dass wir durch bestimmte Posen und Körperhaltungen Einfluss auf unsere Biochemie nehmen können. Dies geht so weit, dass wir Stresshormone senken und positive Hormone steigern können.[52] Du kannst das perfekt kombinieren, indem du das Ganze auch noch barfuß machst.

Einige meiner Klienten berichteten mir, dass sie anfangs Schwierigkeiten hatten, diese Pose einzunehmen, weil sie sich unwohl fühlten. Dabei geht es gar nicht darum, dass sie von jemandem beobachtet werden könnten (denn meist wird diese Übung erst einmal zu Hause ausprobiert), sondern es kommen vielmehr unterbewusste Gefühle ins Spiel. In dieser Pose ist man maximal »geöffnet« und somit auch »angreifbar«. Das ist zumindest das Gefühl, das häufig entsteht. Ich habe dabei das Bild von Wölfen oder Hunden im Kopf, die sich im Kampf ergeben. Sie liegen dann auf dem Rücken und zeigen ihre Kehle, ihre Haltung ist weit geöffnet, und sie haben ihre Beine von sich gestreckt. Wir sind in dieser Pose eben nicht nur empfänglich, sondern – unterbewusst – auch sehr verletzlich, weshalb diese Pose auch einen so intensiven Effekt hat. Wir sind bereit, alles anzunehmen, was ist. Und wir erkennen in diesem Moment eben auch unsere eigene Verletzlichkeit an.

## Mikrokosmos

Leg dich in Bauchlage auf den Boden und beobachte einfach mal, was du dort alles sehen und entdecken kannst. Damit kommst du hervorragend aus der Überfokussierung heraus und nutzt deine *ungerichtete Aufmerksamkeit*. Tauche ein in einen Mikrokosmos, der uns zwar täglich umgibt, den wir aber fast nie bewusst wahrnehmen. Ich denke dabei immer an eine Szene aus dem Film

»Liebling, ich habe die Kinder geschrumpft!«, in der die plötzlich winzigen Kinder durch den hauseigenen Garten laufen und im Gras allen möglichen kleinen Insekten und anderen Tierchen begegnen, die für sie nun überdimensional groß sind. Aus ihrer neuen, anderen Wahrnehmung heraus bekommen die Tiere eine ganz andere Bedeutung.

## Outdoor-Training

Mach dein Work-out einfach mal draußen. Du musst dafür nicht einmal deine Gewichte oder Hanteln mitnehmen. Nimm dir einen Baumstamm, einen Ast, einen Stein und nutze diesen anstelle von Gewichten. Du kannst damit kreativ werden und annähernd alle Übungen machen, die man auch mit Trainingsgeräten durchführen kann. Lass deiner Fantasie freien Lauf, probiere ein paar Übungen aus oder ändere Bekanntes aus dem Fitnessstudio ab. Du machst es eben nicht mit einer Hantel oder einem Gerät, sondern mit dem, was du in der Natur gerade findest. Einen Baumstamm kannst du beispielsweise ähnlich einer Langhantel nutzen. Ein paar Übungsideen kannst du dir auch in meinem Buch »Natürlich fit« holen.

## Sei sinnlich

Nimm Kontakt auf mit der Natur und nutze deine Sinne, um diese wieder intensiv wahrzunehmen: Spüre nasses Moos oder den weichen Grund einer Pfütze unter deinen nackten Füßen. Nimm den Duft des Waldes, eines Seeufers oder einer Wiese bewusst wahr und versuche herauszufinden, wie viele unterschiedliche Gerüche du entdecken kannst. Umfasse einen Baumstamm und berühre mit deinen Händen die Struktur seiner Rinde. Beobachte

Tiere (das können auch winzige Fliegentierchen sein) oder lausche, welche Tiere du wahrnehmen kannst.

## Entdecker

Verlasse einmal den konventionellen Weg und laufe querfeldein. Entdecke neue Wege und tauche in einen anderen Kosmos ein. Auch im Stadtpark gibt es Möglichkeiten, einfach mal raus zu sein aus den alltäglichen Konventionen, Wegen und Pfaden. Auch dort kannst du neue Räume entdecken und mehr in Verbindung mit dir und der Natur gehen. Ob du neue Wege entlangläufst, an der ein oder anderen Stelle ein paar kleine Übungen machst oder dich einfach nur im Unterholz auf einen Baumstamm setzt – verändere deine Perspektive und entdecke Neues. Achte dabei aber immer darauf, dass du keine Tiere störst und die Regeln in Naturschutzgebieten und anderen Bereichen respektierst.

## Sternenhimmel

Schlafe mal eine Nacht draußen. Dafür musst du ja nicht gleich in den Dschungel oder den Wald gehen. Übernachte doch einfach mal in deinem Garten oder auf dem Balkon. Bei einem wolkenfreien Himmel hast du den Blick in einen klaren Sternenhimmel. Auch das sind Momente, in denen du dich mit dir wieder auf eine intensive Art und Weise – wortwörtlich mit dem Universum – verbinden kannst. Beim Blick in die Sterne wird einem immer ganz besonders bewusst, wie klein wir Menschen doch sind und wie unendlich groß das Universum ist. Die meisten Menschen können in so einem Moment ihre Gedanken sehr gut loslassen und sich einfach mal fallenlassen. Probier es aus und schnapp dir deinen Schlafsack! Das geht übrigens auch im Winter und ist eine besondere Erfahrung. Ich spüre bis heute, wie intensiv die Erfahrung im eiskalten Winter in Norwegen im Iglu war. Da muss man sich eben warm einpacken. Und es muss auch nicht unbedingt Norwegen sein.

## Wandertag

Mach eine Tagestour durch die Natur. Steh frühmorgens auf und sei den ganzen Tag draußen. Es ist völlig egal, wie lang die Strecke ist, die du zurücklegst. Auch völlig egal ist, in welchem Tempo und mit welchen Fortbewegungsmitteln du unterwegs bist. Einzige Bedingung: Fortbewegung nur mit eigener Körperkraft.

## (R)Aus sein

Befreie dich einen Tag lang von jeglichem elektronischen Gerät. Schalte ab und sei raus. Allein nicht online zu sein ist schon etwas, womit du dir neuen Raum schaffen kannst. Zusätzlich kannst du dir eine Zeitschaltuhr zulegen, die du so einstellst, dass sie dein WLAN nachts automatisch ausschaltet. Bis heute ist wissenschaftlich nicht eindeutig geklärt, ob WLAN-Netze oder andere elektromagnetische Felder in unserem Haushalt langfristige körperliche Schäden verursachen. Ausschalten hingegen schadet uns ganz sicher nicht. Den Geräten, die dann mal Pause machen dürfen, ebenso wenig wie der Energiebilanz. (Wusstest du, dass der Stand-by-Modus ein ordentlicher Stromfresser ist? Nach Schätzungen des Bundesumweltamtes addieren sich allein in Deutschland die Kosten für Leerlaufverluste – das Gerät läuft nicht, ist aber betriebsbereit – sowie Stand-by-Kosten im Jahr auf 51 Millarden Kilowattstunden![53])

## Grüner Daumen

Pflanzen wirken immer auf unser evolutionäres Zellprogramm. Sie sind ein wichtiger Teil für unsere psychische und physische Gesundheit. Wir brauchen dafür nicht immer den Wald, einen Park oder andere natürliche Orte, denn auch zu Hause können wir uns durch Pflanzen etwas Gutes tun. Zimmerpflanzen schenken uns durch ihre fraktalen Formen Entspannung und wirken in unserer direkten Umgebung als Stresshemmer. Außerdem verbessern sie die Raumluftqualität, indem sie den Sauerstoffgehalt erhöhen und die Luft reinigen. Laut einer Studie der NASA nehmen bestimmte Pflanzen Chemikalien auf und schützen uns vor deren schädigenden Wirkungen.[54]

Falls du zu Hause einen kleinen Garten oder einen Balkon hast, ist der Anbau von Kräutern oder Gemüse eine großartige Möglichkeit, zwischendurch einfach mal raus zu sein und abzuschalten. Wir haben bei uns zu Hause ein kleines Gemüse- und Kräuterbeet. Meine Frau ist von uns beiden diejenige, die dort am meisten Zeit verbringt, aber auch ich weiß sehr gut, wie schnell ich vom Alltag abschalten kann, wenn ich Gartenarbeit mache. Dabei kommen mehrere Aspekte zusammen. Einerseits ist es heilsam, einfach nur eine einzige Sache zu tun, beispielsweise den Boden umzugraben. Ebenso heilsam ist es, mit unseren Händen in Kontakt mit dem Boden, der Erde oder den Pflanzen zu sein. Es »erdet« uns genauso wie das Barfußlaufen. Zu guter Letzt können wir abschließend immer einen klaren Erfolg sehen, denn es wird sichtbar, dass wir durch unser Tun etwas verändert oder geerntet haben. Dass selbst gezogene Pflanzen vitaminreich und lecker sind und den Speiseplan aufwerten, ist ebenso angenehm.

Es würde mich nicht wundern, wenn dir all diese »Übungen« banal erscheinen. Sie sind es ja auch! Aber genau das ist es, was sie so effektiv macht. Die größte Herausforderung wird für dich möglicherweise sein, diese Einfachheit der Übungen oder die Einfachheit des Seins anzunehmen. Green Exercises sind heute womöglich die beste Möglichkeit, uns von all den Erwartungen, Zwängen, Pflichten und vielfältigen Anforderungen des modernen Lebens wenigstens zeitweise zu befreien.

Eine Befreiung aus der Überfokussierung und dem ständigen Streben nach mehr ist wirklich notwendig. Ständig verlangt man von uns mehr Leistung, mehr Effektivität, mehr Dinge, mehr materiellen Reichtum, mehr Anerkennung, mehr Schönheit, mehr Follower, mehr Mobilität, mehr Konsum. Möglicherweise ist es auch schon so weit, dass wir all das auch von uns selbst verlangen. Die Sehnsucht, einfach einmal nur zu *sein,* wird in uns immer größer. *Einfach* zu sein. Natürlich zu sein. »Ich selbst« zu sein. Dabei wissen viele gar nicht so genau, wer »ich« denn wirklich ist oder wie das »Ich« wirklich sein will. Und wer bitte wäre »ich« denn, wenn ich einfach das tun würde, was ich wirklich will? Genau das gilt es herauszufinden. Gleichzeitig ist dies unsere größte Angst. Wer oder was bleibt übrig, wenn wir genauer hinschauen? Gefällt uns die Person, von der wir uns schon so lange ablenken?

Wir sollten aufhören, uns abzulenken, und beginnen, Verantwortung für uns selbst zu übernehmen. Wir sollten den Mut haben, uns mit unseren Ängsten, Zweifeln, Schwächen und Sorgen auseinanderzusetzen. Ablenkung fasziniert uns. Sie ermöglicht uns, einen Raum zu betreten, der surreal ist und sich doch so real anfühlt. Ein Film, ein Foto auf Facebook, eine Instagram-Story, ein bisschen Surfen im Web. Alles fühlt sich so echt an, aber das ist es nicht. Es ist eine virtuelle Welt, die uns von dem entkoppelt, was wirklich ist. Deshalb sind echte, reale Momente so wichtig. So elementar und notwendig. Mit Green Exercises haben wir die Möglichkeit, uns selbst zu erleben und uns selbst auf echte und natürliche Art und Weise zu begegnen.

# Wie viel Green Exercise braucht der Mensch?

Sobald sie wissen, welche positiven Auswirkungen Green Exercises auf Stimmung und Gesundheit haben, stellen mir die meisten Menschen die Frage, wie viel davon nötig ist, um den größtmöglichen Effekt zu erzielen. Was also ist die richtige Menge Natur? Und welche Art Natur ist die richtige? Ist ursprünglicher Wald besser als ein Flussufer, oder reicht auch der Stadtpark? Und wie viel Anstrengung ist nötig, um den größten positiven Effekt auf die Gesundheit zu erreichen? Die Frage ist die nach dem richtigen »Rezept«. Einem Rezept mit genauen Angaben, wann wie viel Natur in welcher Dosis einzunehmen wäre.

Eines vorab: Untersuchungen belegen, dass bereits bei einem kurzen Aufenthalt in der Natur Selbstwertgefühl und Stimmung deutlich verbessert werden. Den erstaunlicherweise größten Effekt haben die ersten fünf Minuten.[55] Dabei ist es völlig unerheblich, wo der Naturkontakt stattfindet, ob in der Stadt, auf dem Land oder im tiefsten Wald – zusätzliche positive Effekte hat nur noch der gleichzeitige Kontakt mit Wasser. Wie lange und mit welcher Intensität die Aktivität durchgeführt wird, ist nicht wichtig. Ganz im Gegenteil, besonders leichte Aktivitäten wie Spaziergänge bringen besonders positive Effekte hervor. Unerheblich ist auch, welches Geschlecht oder Alter man hat und wie es um die Gesundheit steht – alle, wirklich alle Altersgruppen profitieren von einem bereits kurzen Naturkontakt, ganz besonders aber diejenigen mit psychischen Problemen.

Eine Untersuchung aus Finnland belegt, dass 15 bis 45 Minuten in einem Stadtpark – sogar einem mit gepflasterten Wegen und vielen Besuchern – absolut ausreichen, um die Laune, Lebensfreude und Erholungsgefühle nachhaltig zu verbessern.[56] Die Autorin von »The Nature Fix« hat errechnet, dass fünf Stunden im Monat draußen sein das Minimum ist, um einen positiven Effekt auf Gesundheit und Wohlbefinden zu erreichen.[57] Diese fünf Stunden bekommst du schnell zusammen, wenn du nur mehrmals in der Woche etwa eine halbe Stunde im Grünen verbringst. Wenn du während deiner Arbeitswoche täglich in der Mittagspause eine halbe Stunde draußen bist, kommst du schon auf zehn Stunden. Verbringst du nur ein Wochenende im Monat im Grünen, verdoppelt sich die Zeit noch einmal. Ich sage gerne: »Die Dosis macht das Gift.« Das Tolle am Draußensein ist, dass diese Formel hier nicht gilt. Anders als bei vielen anderen Dingen in unserem Leben – wie Zucker, Sitzen, Alkohol, Fertiggerichte oder Zeitdruck, die in größerer Menge nicht gut für uns sind – können wir draußen sein, so viel wir wollen. Es gibt kein Zuviel an Natur!

## Welche Dosis Natur brauche ich?

Ich fasse es hier noch einmal kurz zusammen:

- Bereits 5 Minuten im Grünen bringen einen positiven Effekt für Wohlbefinden und Gesundheit.
- Um die Stimmung dauerhaft zu heben und Depressionen abzuwehren, sind mindestens fünf Stunden im Monat ratsam.
- Wenn du es schaffst, das Level von 10 Stunden im Monat zu erreichen (also täglich eine halbe Stunde), wirst du dich schnell besser fühlen.[58]

Fünfzehn bis dreißig Minuten im Freien können sogar in einen straffen Tagesplan integriert werden. Das allereinfachste Mittel, die tägliche Bewegung zu erhöhen, löst bei den meisten Menschen erst einmal Augenverdrehen aus. Oft sind es übrigens genau die Augenverdreher, die dieses Mittel *nicht* nutzen.

*Aufgepasst! Jetzt kommt eines der effektivsten*
*Bewegungserhöhungs-Wundermittel, die es gibt:*
*Erhöhe deine täglichen Wege zu Fuß.*

Überlege mal, welche Strecken du verlängern kannst, die du täglich zu Fuß zurücklegst. Parke beispielsweise dein Auto 800 Meter vor deinem eigentlichen Ziel und laufe den Rest der Strecke. Es gibt viele Wege, das Laufen an der frischen Luft zur Routine zu machen und so deine tägliche Portion Natur zu bekommen. Mein Tipp: Morgens direkt nach dem Aufstehen und vor dem Frühstück wenigstens 15 Minuten spazieren gehen. Das macht nicht nur wach, sondern liefert durch die frische Luft dem Körper eine Menge Energie und aktiviert nebenbei auch den Stoffwechsel und die Fettverbrennung.

# Positive Auswirkungen von Green Exercises

In diesem Kapitel möchte ich dir noch einmal verdeutlichen, was dir die Zeit im Grünen bringt. Übrigens kannst du aus all dem, was ich beschreibe, Übungen ableiten, die du jederzeit anwenden kannst. Wenn ich dir erkläre, welche Auswirkungen das Waldbaden hat, brauchst du nichts weiter zu tun, als das zu probieren, was dir reizvoll erscheint. Geh in den Wald, lass Sonnenlicht an deine Haut, such dir einen Lieblingsort und wirf deinen Stress über Bord.

## Wirf den Stress über Bord

Natur entspannt. Wie ich in den ersten beiden Kapiteln bereits beschrieben habe, versetzt dich die Natur automatisch in einen Erholungsmodus. Länder wie Japan, Südkorea und Norwegen praktizieren schon seit einiger Zeit Programme wie *shinrin yoku* (Waldbaden) oder *friluftsliv*. In Japan ist das Waldbaden ein Eckpfeiler der Gesundheitsvorsorge und kulturell fest verankert, und es liegen mittlerweile eine Menge wissenschaftlicher Studien vor[59], die die positiven Auswirkungen der Waldtherapie auf unsere Gesundheit belegen.

## Shinrin yoku – Waldbaden

Ich liebe diesen Begriff, denn er beschreibt einfach auf wundervolle Art und Weise, was wir im Wald wirklich tun! Wir können uns in ihm baden – wie in einer wohlig warmen Badewanne. Als ich vor Kurzem mit dem Mountainbike durch das Bonner Siebengebirge fuhr, hatte ich dieses intensive Gefühl, in der Waldbadewanne zu sein. Überall um mich herum prangte frisches Grün, und die Blätter der Bäume atmeten mir ihren Sauerstoff entgegen. Die kühle Morgenluft umgab mich wie ein samtweicher Schleier und legte sich sanft auf meine Haut. Die Sonnenstrahlen kribbelten warm in meinem Gesicht und auf den Armen. Es war wirklich fast so, als würde man in eine warme Badewanne steigen, wo die Haut dann auch so angenehm kribbelt.

Als Baby stellte mich meine Mutter immer im Kinderwagen auf die Terrasse. Egal, bei welchem Wetter und egal, zu welcher Jahreszeit. Dann war ich im Winter eben dick und warm eingepackt – ich machte mein Mittagsschläfchen immer draußen. Irgendwann rief wohl einmal eine Nachbarin an und fragte meine Mutter, ob sie mich denn nicht reinholen wolle, es regne schließlich. Meine Mutter verneinte, denn ich stand zwar draußen, aber im Trockenen. Später habe ich viel draußen gespielt, im Garten, im Wald oder an Bächen. Ich hatte immer ein gutes Immunsystem.

Als Kind reflektierst du nicht, wie gut du dich nach einem Tag im Freien fühlst, aber als Erwachsene sind wir durchaus dazu in der

Lage. Für die Menschen, die vor allem auch wissenschaftliche Zusammenhänge verstehen wollen, sind in den letzten Jahrzehnten diverse Studien erschienen, die eindrucksvoll belegen, wie die Mechanismen der Natur auch bei einem einfachen Waldaufenthalt funktionieren.

Die positiven Auswirkungen des Waldbadens:
- Erhöhung der Funktion deines Immunsystems (inkl. eines messbaren Anstiegs deiner körpereigenen Killerzellen)
- Senkung des Blutdrucks
- Stressreduktion (Senkung des Cortisolspiegels)
- bessere Laune
- Erhöhung der Konzentrationsfähigkeit (auch bei ADHS-Kindern)
- beschleunigte Erholung nach Operationen oder Erkrankungen
- Erhöhung des Energielevels
- Verbesserung der Schlafqualität

Ebenso eindrucksvoll sind die Ergebnisse, die bei jenen dokumentiert wurden, die regelmäßig rausgehen:
- Verbesserung der Intuition
- Verbesserung des Energieflusses
- Verbesserung der Kommunikationsfähigkeit mit der Natur und ihren Bewohnern
- Verbesserung der allgemeinen Lebenskraft
- Vertiefung von Freundschaften
- umfassender Anstieg des Glücksgefühls

Angebote zum Waldbaden (manchmal auch *Waldtherapie* genannt) gibt es auch bei uns. In professionell organisierten Gruppen werden unter dem schattigen Blätterdach des Waldes Spaziergänge mit angeleiteten Übungen kombiniert, die dir helfen, deine Sinne zu öffnen, die Intuition zu verfeinern und den Wald wahrzunehmen, wie du es vielleicht vorher nie getan hast.

## Körperliche Fitness

Der durchschnittliche Deutsche guckt täglich etwa 221 Minuten Fernse-hen[60], das sind fast vier Stunden! Wahnsinn, wenn wir uns vor Augen führen, dass die meisten Menschen zudem acht Stunden arbeiten und auch noch Zeit damit verbringen, zur Arbeit zu gelangen und wieder nach Hause zu kommen. So kommen ganz schnell 15 Stunden täglich zusammen. Kein Wunder, dass nicht mehr so viel Zeit übrig bleibt, um raus in die Natur zu gehen. Immer mehr Menschen machen Fitness und Gesundheitssport. Der größte Teil davon findet drinnen statt. Dadurch werden unser Raum und die Möglichkeit kleiner, von den positiven Auswirkungen der Natur auf Körper und Psyche zu profitieren.

Als ich im Jahr 2010 mein Unternehmen gründete, waren mir die wis-senschaftlichen Zusammenhänge, die ein Aufenthalt in der Natur be-wirkt, noch gar nicht bewusst. Viele Studien sind erst danach erschie-nen. Neben den wissenschaftlichen Erkenntnissen, die in den letzten Jahren bekannt wurden, stehen eine Menge Erfahrungen von Menschen, die das Draußensein für sich entdeckt und als förderlich empfunden ha-ben. Immer wieder teilen die Teilnehmer der Trainings von Outdoor Gym ihre Erfahrungen mit mir und berichten, was sich abgesehen vom Sport durch den Kontakt mit der Natur bei ihnen verändert hat.

## Dein Lieblingsort

Ich habe dir ja schon von meinem magischen Ort im Bonner Siebenge-birge erzählt. Dort finde ich auf einfache Art und Weise zu mir selbst und schalte meine Gedanken aus. Wenn ich jetzt darüber nachdenke, glaube ich, es ist sogar eher so, dass *dieser Ort* meine Gedanken aus- und meinen freien Geist einschaltet. Hast du auch so einen Ort? Gibt es ei-nen Platz, an dem du gerne bist und die Gedanken des Alltags, alle Erwartungen, die an dich gestellt werden – auch von dir selbst –, einfach mal loslassen kannst? Was macht diesen Ort so besonders? Warum fühlst du dich dort frei und gelöst? Kannst du hier mehr wahrnehmen als an anderen Plätzen? Verändert sich deine Intuition und bist du an deinem Lieblingsort möglicherweise in der Lage, Dinge anders oder »genauer« zu sehen?

Abstand vom Alltag zu bekommen und *raus* aus den immer wiederkehrenden Gedankenkonstrukten zu sein ist ein klares Zeichen dafür, dass dieser Ort wunderbar funktioniert, um dich zu befreien und dein in dir schlummerndes Potenzial freizuschalten.

Gibt es für dich noch keinen solchen Ort? Dann hast du ihn vielleicht einfach noch nicht gefunden. Mach dich auf den Weg, neue Orte zu entdecken. Begib dich auf eine kleine Expedition mit dem Ziel: ein Platz für dich selbst. Es wird unzählige Stellen in deiner Umgebung geben, die du noch nicht kennst und wo du noch nie gewesen bist. Nicht jede Stadt hat in ihrer unmittelbaren Umgebung einen Wald, aber es gibt Parks, Grünflächen und andere kleine Inseln, die dich abschalten lassen.

Im Winter ist es ziemlich kahl in unseren Breitengraden, dann gibt es leider nur wenig stimmungsaufhellendes Grün. Wie wäre es dann einmal mit einem Ausflug auf einen Berg mit Weitblick? Ein Hügel tut es auch. Die Weite, der mögliche Fernblick und der freie Blick in den Himmel können deinen Geist befreien und dich raus aus dem Treiben bringen, das dich sonst begleitet. Es gibt dabei keinen richtigen oder falschen Ort, denn es geht nur darum, dass dich dieser Ort befreiter und klarer fühlen lässt.

Kurz vor Fertigstellung dieses Buches habe ich auch einer meiner Klientinnen die Frage nach einem Lieblingsort gestellt. Ihre Antwort hat mich berührt und beeindruckt. Es ist fast so, als hätte sie während meiner Arbeit neben mir gesessen. Ihr Brief zeigt, dass wir tief in uns wissen, was uns guttut. Lies selbst:

Lieber Felix,

das Thema Natur ist für mich ein bedeutendes Thema, deshalb fällt es mir schwer, nur ein paar Sätze dazu zu schreiben. Aber wenn du mich fragst, ob es einen besonderen Ort für mich gibt, dann versuche ich, dies so einfach wie möglich zu beantworten. Eigentlich müsste ich spontan mit Ja antworten, aber seit ein paar Tagen verändert eine Erkenntnis meine Antwort.

Verwundert? Keine Sorge, ich habe nicht den Bezug zur Natur verloren, ganz im Gegenteil, er hat sich verstärkt. Ich habe festgestellt, dass es nicht nötig ist, an einem bestimmten Ort in der Natur zu sein, um sich verbunden zu fühlen, um ein Teil der Natur sein. Natur ist überall, wo Natur ist. Bescheuerter Satz, oder? Es bedeutet für mich nichts anderes, als im ständigen Kontakt mit der Natur zu sein, egal, wo ich gerade bin. Selbst wenn ich in einem Büro sitze, kann ich Kontakt zur Natur aufnehmen, über ein geöffnetes Fenster, vielleicht auch ganz banal über eine Pflanze in meiner Umgebung. (Ja, auch über die etwas zu klein geratene Yucca-Palme in meinem Büro :-)) Da ist eine tiefere Verbundenheit als nur jene, die nur aktiv ist, wenn wir uns in ein Waldgebiet begeben und uns zwangsläufig mit dem Thema auseinandersetzen. Was ich eigentlich sagen möchte: Wichtig ist nicht nur der Ort, sondern auch ein Gefühl, eine innere Einstellung. Plötzlich sieht man überall kleine Wunder der Natur, selbst wenn man den ersten Schritt morgens aus dem Haus geht: »Was zwitschert da?!, »Es ist kalt!«, »Es ist warm!«, »Alles blüht, der Baum ist wieder grün, der Himmel, welche Farbe hat er?«, »Wonach riecht die Luft?« usw.

Verbundenheit bedeutet für mich, ein Gefühl zu haben, das mich überallhin begleitet, nicht abgerufen werden muss durch das mich Begeben an einen bestimmten Ort.

Ich möchte dir aber auch erklären, woher diese Verbundenheit kommt. Eigentlich kommt sie gar nicht, denn wir besitzen dieses wundervolle Gefühl von Geburt an. Als Kinder nehmen wir ständig Kontakt mit der Natur auf, indem wir alles anfassen wollen. Und vor allem wundern wir uns. Wir wundern uns über die Farbenvielfalt einer simplen Tulpe, wir wundern uns über die Geräusche, die Blätter im Wind machen können, wir begeistern uns für die Gesänge eines Vogels, wir sammeln im Herbst bunte Blätter, einfach weil sie so schön sind, wir staunen über eine Wiese voller Gänseblümchen, uns bleibt fast der Atem weg, wenn ein kleines Vögelchen neben uns im Baum landet, wir legen uns auf jede Wiese mit den Füßen Richtung Himmel und springen in jede Pfütze, nachdem wir kichernd im Regen getanzt haben.

Uns wird also eine tiefe Verbundenheit mitgegeben, von Geburt an. Warum? Wir werden als Teil der Natur geboren, in ein großes Netzwerk, das unsere Gesundheit und unser Wesen stärker beeinflussen kann als jedes andere.

Als sich mein Leben vor ca. 10 Jahren durch Krankheit und seelische Probleme rapide veränderte, hätte ich niemals gedacht, dass meine Verbundenheit zu eben diesem einzigartigen Netzwerk einen großen Teil dazu beitragen würde, dass ich heute beschwerdefrei leben kann. Schon von klein auf war ich jemand, der eine starke Bindung zur Natur hatte. Es gab einen Ort, an dem ich mich immer sicher und geborgen gefühlt habe, und das war eben draußen in der Natur, und das immer barfuß. Ich taufte diesen Ort das Wunderland und eine bis heute andauernde Liebe begann. In meinem Wunderland, gab es einen Baum, eine Trauerweide, die bis heute eine unglaubliche Wirkung auf mich hat. Als Kind fühlte sich dieser riesige Baum mit seinen bis zum Boden wachsenden Ästen an wie ein starker Freund. Es gab dort auch eine Schaukel, auf der ich, so oft es nur möglich war, saß. Das Wahrnehmen dieses Baumes mit all seinen Bewohnern hat mich für mein Leben geprägt. Es vertiefte diese Verbundenheit, die wir geschenkt bekommen.

Es gab Zeiten, in denen ich diese Verbundenheit vergessen hatte, weil Krankheiten, Stress und Alltag mich förmlich auffraßen. Ich war besessen von dem Gedanken, Lösungen zu finden, alles zu tun, um alles unter einen Hut zu bringen und mich zusätzlich von all diesen Krankheiten zu befreien, die ich einfach bekommen hatte, ohne dass mich das Schicksal überhaupt gefragt hatte.

Irgendwann kam aber der Punkt, an dem ich realisierte, dass man manchmal einen Weg zurückgehen muss, um sich daran zu erinnern, wo man eigentlich einmal hinwollte. Ich wollte nicht »etwas« sein, ich wollte »ICH« sein. Ich verabschiedete mich von der Suche nach Lösungen und nahm wieder mehr Kontakt zu mir auf. Ich erinnerte mich an das Gefühl, das ich hatte, als ich als kleines Mädchen unter diesem Baum saß, die frische Luft einatmete und ein Gefühl fühlen konnte, das in meinem Leben gänzlich fehlte: Verbundenheit. Ich beschloss, daran etwas zu ändern, und besuchte mein Wunderland. Es war wie ein Nach-Hause-Kommen, wie das Ankommen nach einer langen anstrengenden Reise. Meine Heilung konnte beginnen. Ich nahm wieder Kälte und Wärme wahr, Regentropfen auf meiner Haut, ich sah plötzlich wieder alle Insekten, singende Vögel, Tautropfen auf einer Wiese, die geballte Energie eines Waldes, Pusteblumen am Wegesrand ...

Es ist nicht nötig, ein Wunderland zu haben, es ist wichtig, eines zu fühlen. Du kannst dir vorstellen, wie sich eine Baumrinde anfühlt? Vorstellen reicht nicht. Du kannst dir vorstellen, wie es ist, barfuß über Gänseblümchen zu laufen? Vorstellen reicht nicht! Du kannst dir vorstellen, wie es ist, auf einen Baum zu klettern? Vorstellen reicht nicht! Du kannst dir vorstellen, wie wunderbar ein frisch gepflückter Apfel schmeckt? Vorstellen reicht nicht! Die Natur wieder wahrzunehmen, sich zu wundern, zu spüren, wie einzigartig und groß die Natur ist. Wenn wir heute von sozialen Netzwerken sprechen, dann ist dies wohl das einzig echte soziale Netzwerk. Sowohl auf psychischer als auch physischer Ebene. Ein Austausch, der tiefgreifendere positive Auswirkungen auf die Gesundheit haben kann als jedes Medikament. Ich selbst leide nie unter Atemwegsinfekten, überhaupt bin ich sehr selten krank, denn ich atme noch bewusster, wenn ich in der Natur bin. Das befreit mich von Stress und schenkt mir viele lebenswichtige Stoffe, die ich nutzen kann, um gesund und, ja, auch glücklich zu sein. Welches soziale Netzwerk kann das schon von sich behaupten? Ich bin glücklich darüber, ein Teil dessen sein zu können, mich einzufügen in ein perfekt ausbalanciertes Netzwerk, das mich von Krankheiten und Stress befreien kann. Die Liebe zur Natur und vor allem das Fühlen der Natur bringt mich zurück zu meinen Wurzeln als Kind. Ist es ein Zufall, dass ich damals kerngesund war?

Ich habe ein altes Notizbuch von mir in einer Kiste gefunden, in das ich schon als Kind geschrieben habe. Ich schreibe dir einen Eintrag hier einfach mal unverfälscht auf:

Mit nackten Füßen über die Wiese,
rauf auf einen kleinen Berg,
am besten noch bevor die Sonne über dem rosa blühenden Kirschbaum steht.
Über knisternde Blätter und taubedeckte Halme laufe ich in meinem liebsten weißen Kleid dir entgegen.
Eingebettet in ein Meer von blauen Blüten und wild wachsendem Efeu wartest du auf mich mit ausgebreiteten Armen. »Da bist du endlich, ich habe dich so vermisst!«, rufst du mir zu. »Ich dich auch, mein bester Freund!«, antworte ich dir und kann es kaum erwarten, in deine Arme zu springen.
Du hast 100 Arme, vielleicht auch 130, aber jeder ist stark und

trotzdem liebevoll. Sie reichen vom Himmel bis zum Boden. Manche sind sogar so stark, dass ich darauf sitzen kann, während du sanft mit deinen Fingern durch mein Haar streichst.

Ich liebe es, wenn wir das »Wind«-Spiel spielen und du mich schaukelst auf deinen Armen, ohne dass ich Angst habe. Und wenn ich müde bin, liebe ich es, wie du mit deinen Armen eine Höhle für mich baust, in der mir nichts passieren kann. Mir ist noch nie etwas passiert bei dir, außer das eine Mal, als ich dir aus Versehen wehgetan habe, weil ich auf deinem Arm geklettert bin, obwohl er krank war, und er abbrach. Das tut mir leid, mein Freund. Jetzt geht es dir aber besser, deinen Arm habe ich verbunden.

Wenn ich bei dir bin, dann bist du mein bester Freund, du hörst mir zu und manchmal antwortest du mir auch. Ich bin mir ganz sicher, dass du flüstern kannst, aber nur ich kann dich verstehen. So hört auch keiner unsere Geheimnisse. Bei dir sind sie gut aufgehoben, ich flüstere sie immer auf deine Haut, da, wo du keine Kleidung trägst. Ich habe ein kleines Herz dort hingemalt mit meiner neuen Kreide, jetzt darf es schlagen.

Ich lege meine Arme um dich herum, und es schlägt tatsächlich, ich kann hören, wie es pocht und wie es lebt, wie es sich freut, dass ich hier bin.

Mit den Händen auf deinem Körper bleibe ich hier sitzen auf deinem Arm und höre dir einfach zu. Manchmal bist du traurig, manchmal lustig, aber immer bist du glücklich. Das sieht man an deinen Fingern, die dann im Wind so lustig hin und her tanzen. Am liebsten wäre ich immer hier bei dir, würde bis in den Himmel schaukeln auf deinen Armen. Und wenn es dunkel wird, verstecke ich mich in deiner Höhle auf einem Bett aus weichen Blättern.

Ich hoffe, du bleibst für immer mein Freund.

Als ich den Text gelesen habe, kamen direkt die damit verbundenen Erinnerungen – ich war acht Jahre alt und habe es geliebt, dort zu sein, in der Natur zu sein. Daraus entstand auch das Wissen, dass wir diese Verbundenheit alle immer haben, wir lassen sie nur irgendwann nicht mehr zu, vielleicht weil wir denken, es wäre erwachsen, sich nicht mehr über eine Pusteblume zu freuen. Ist es aber nicht, es ist tot. Erwachsen ist es, sich die Begeisterung zu bewahren, sie jeden Tag zu empfinden, so fühlt man sich reich.

Ich hoffe, ich konnte dir ein wenig helfen oder vielleicht dir auch einen neuen Gedanken schenken.

Irgendwann klettern wir alle gemeinsam auf einen Baum und feiern die Natur!

Fühl dich gedrückt!
Rebecca

Hast *du* einen Lieblingsort? Oder hattest du, wie meine Klientin, einen als Kind? Kannst du dir vorstellen, diesen Ort noch einmal aufzusuchen? Oder gehörst du zu den Menschen, die den Bezug zur Natur erst wiederentdecken müssen?

Die wenigsten Menschen wissen, wie viel (oder wie wenig) Zeit sie in der Natur verbringen. Weißt du es? Mach doch für dich einmal eine Woche lang den Test und schreibe auf – gerne auch in deinen Handynotizen –, von wann bis wann du Zeit draußen verbracht hast. Schreibe auch den Ort dazu. Das könnte beispielsweise der Weg zur Bahn oder auch nur der vom Parkplatz zum Büro sein, ein Spaziergang am Mittag oder Abend, genauso eine Runde auf dem Fahrrad, sei es zum Briefkasten oder zur Arbeit. Schau doch einfach mal, wie viel Zeit du unter freiem Himmel verbringst und wie viel Zeit davon in der echten Natur (Park, Wald, Feld) stattfindet. Ändere deinen bisherigen Tagesablauf nicht, sondern dokumentiere nur! Überlege als Nächstes, welche Möglichkeiten du hast, die Zeit draußen in der Natur zu erhöhen.

Ein Bekannter von mir hatte einen Autounfall. Da er sein Auto für mehrere Wochen nicht mehr zur Verfügung hatte, fuhr er ab diesem Tag mit dem Fahrrad zur Arbeit. Das hat ihm so gut gefallen, dass er das bis heute durchzieht, obwohl er sein Auto längst wiederhat. Ihm macht das Radeln nicht nur Spaß, er ist auch deutlich fitter geworden, denn die tägliche Strecke zur Arbeit beträgt acht Kilometer (one way). Macht also in der Woche mal eben 80 Kilometer und gut und gerne mindestens fünf Stunden, die er in Bewegung und im Freien ist. Pro Monat baute er damit seine Bewegung um rund 350 Kilometer auf dem Fahrrad und 20 Stunden mehr Zeit in der Natur aus. Ohne dass er das bewusst wahrnahm, hat er damit sein ganz persönliches und tägliches Green-Exercise-Work-out gestartet. Du kannst deine körperliche Fitness also auch dadurch steigern, dass du die Zeit erhöhst, in der du draußen bist.

## Immunboost de luxe

Regelmäßig in die Natur zu gehen schiebt dein Immunsystem ordentlich an.[61] Menschen, die mehr Zeit draußen verbringen, haben eine deutlich höhere Immunfunktion – inklusive Anstieg und Aktivität der natürlichen, körpereigenen Killerzellen – als jene, die den ganzen Tag in geschlossenen Räumen verbringen. Diese Killerzellen dienen der Tumorabwehr – für mich Grund genug, mich ins Freie zu begeben. Und auch wenn du häufig unter Erkältungen leiden solltest, ist vielleicht eine Frischluftkur genau das, was dir jeder Arzt verordnen sollte.

## Sonnenlicht-Akkus laden

Wenn du es nicht schon tausendmal gelesen oder gesagt bekommen hast: Sobald du raus in die Sonne gehst, produziert dein Körper Vitamin D. Und das ist verdammt wichtig für deine Gesundheit. Es hilft dir, Depressionen abzuwehren, sorgt für starke Knochen, fördert wichtige Prozesse für eine gesunde Haut[62] und senkt die Gefahr, einen Herzinfarkt zu erleiden. Nur zehn Minuten direktes Sonnenlicht pro Tag auf deiner nackten Haut genügen, um deinen Körper ausreichend Vitamin D produzieren zu lassen.

Nimm die Sache mit dem Vitamin D nicht auf die leichte Schulter. Weltweit leiden schätzungsweise 40 bis 75 Prozent aller Menschen an einem Vitamin-D-Mangel, der schwere gesundheitliche Probleme nach sich ziehen kann.[63] Vitamin D ist eher ein Hormon als ein Vitamin. Es sorgt u.a. für starke Knochen, indem es die Kalziumaufnahme im Darm steigert. Aber es kann noch viel mehr. Es stabilisiert das Kalzium- und Phosphorlevel im Blut, hält das Immunsystem gesund (es gibt Untersuchungen, die nahelegen, dass Vitamin-D-Mangel und Multiple Sklerose zusammenhängen könnten), optimiert die Gehirnentwicklung und sorgt für seelische Ausgeglichenheit. In Ländern mit geringerem Tageslicht gibt es eine höhere Rate an Depressionen und Suiziden. Schlussendlich weisen weitere wissenschaftliche Studien darauf hin, dass Vitamin D vor einigen Formen von Krebs schützen könnte. Und dass Sonnenlicht gut für die Entwicklung der Augen im Kindesalter ist und vor Kurzsichtigkeit schützt, hatten wir ja schon.

## Wie viel Sonne braucht der Mensch?

Um ausreichend Vitamin D zu produzieren, benötigt der Körper Sonnenlicht. Mithilfe der UV-B-Strahlung wird in der oberen Hautschicht eine Form von Cholesterin in Vitamin D3 umgewandelt.

Hier sind die Voraussetzungen dafür, dass ausreichend Vitamin D gebildet werden kann:

- Deine Haut benötigt den direkten Kontakt mit der Sonne. Kleidung, Sonnencreme oder Glasscheiben verhindern die Bildung von Vitamin D.
- Mindestens 25 Prozent deiner (nackten!) Haut müssen ans Licht.[64]
- Die Intensität der Sonne muss ausreichend sein. Nördlich von Italien ist das nur von März bis Oktober der Fall.[65]
- Der UV-B-Anteil muss hoch genug sein. Das ist er in der Zeit zwischen 10 und 16 Uhr.[66]

Wie lange du in die Sonne gehen kannst, ohne dir einen Sonnenbrand zu holen, liegt an deinem Hauttyp. Hellere Typen bilden schneller Vitamin D, bekommen aber auch schneller einen Sonnenbrand. Sonnenbaden also immer nur kurz und mit Bedacht!

Also, geh raus ans Licht. Und keine Angst vor der Sonne. Die Pigmentierung deiner Haut ist dazu da, dich vor Schäden durch die Strahlung zu schützen. Natürlich solltest du dich nicht grillen, zu viel ist wie immer zu viel. Dich verantwortungsbewusst der Sonne auszusetzen ist hingegen gesund.

# Den Körper spüren

Bewegung in der Natur »repariert« uns, indem sie uns zu uns selbst zurückbringt. »Zu uns zurück« bedeutet, dass wir einerseits raus sind, aus dem Alltag und all den damit verbundenen Verpflichtungen und Erwartungen. Andererseits verdichtet sich die natürliche Verbindung zu uns selbst und unserer Umgebung, wodurch wir uns selbst besser wahrnehmen. Und je höher die Selbstwahrnehmung, desto sensibler ausgeprägt ist unser Körpersinn und damit die Fähigkeit, die Signale unseres Körpers zu spüren. Das Tolle am Körpersinn ist, dass das, was du fühlst, nicht positiv sein muss, um Positives zu bewirken. Allein deine Gefühle (wieder) zu fühlen und sie zu akzeptieren, führt zu einer Linderung deiner Beschwerden. In diesem Moment in deinen Körper hineinzuspüren, aktiviert deine neuronalen Netzwerke, und diese regulieren deine Stresshormone und aktivieren dein Immunsystem. Das passiert ohne dein willentliches Zutun. Dein Gehirn besitzt nämlich Werkzeuge, um dein Selbstreparatur-Programm zu starten, selbst wenn du das gar nicht in Auftrag gegeben hast. So passt es zum Beispiel deinen Atem und deine Herzfrequenz dem Level deiner aktuellen Anstrengung an. Wenn wir jetzt noch auf die Signale unseres Körpers hören und sie ohne zu urteilen wahrnehmen, können wir die Kraft unseres Gehirns, uns zu heilen, beträchtlich steigern.

Was es so einzigartig macht, draußen zu sein – selbst wenn man nur draußen IST, nichts tut, keinen Sport treibt –, was uns sofort zurück zu uns selbst bringt, ist das Erwachen unseres Körpersinns. Draußen ist es irgendwie viel leichter, das Grübeln einzustellen, die gedanklichen Trampelpfade zu verlassen und einfach nur den Körper zu spüren. Du kannst tun, was du willst – du wirst den kühlen Wind auf deiner Haut spüren, den Regen oder die Wärme der Sonne. Der Kontakt mit der Natur bringt dich wieder in Kontakt mit dir selbst, mit den Pflanzen und Tieren um dich herum, mit anderen Menschen, letztendlich mit der ganzen Welt. Es geht nicht darum, draußen spezielle Aktivitäten durchzuführen, sondern nur darum, in Kontakt mit der Natur zu sein. Dann geschieht eine Transformation.[67] Das wäre eine Begründung dafür, warum Norwegen mich so nachhaltig bewegt hat.

## Gesundheit fürs Gehirn

Dein Gehirn braucht nicht nur die richtigen Nährstoffe, um gesund zu bleiben. Der Aufenthalt in der Natur ist mindestens genauso wichtig, denn unser Gehirn profitiert davon auf vielfältige Art und Weise. Das ist mittlerweile auch wissenschaftlich belegt. Die positiven Auswirkungen sind nicht nur körperlicher Art, sondern besonders wohltuend auf die Psyche.

*Kreativität und Problemlösungsverhalten werden gefördert.*

Viele Menschen leben nicht nur in der Stadt, sie verbringen auch den Großteil des Tages vor dem Rechner oder am Handy. Das stellt hohe Ansprüche an die Fähigkeit deines Gehirns, sich zu fokussieren und Informationen zu verarbeiten.

Wissenschaftler der University of London untersuchten, inwiefern die Natur kognitive Belastung ausgleichen kann, indem sie eine Gruppe Erwachsener, ausgestattet mit Rucksäcken, aber ohne jegliches technische Gerät, für vier Tage in die Natur schickten. Sie ließen die Probanden vor und nach dem Trip Aufgaben lösen, die kreatives Denken sowie komplexe Problemlösungen erforderten. Nach vier Tagen in der Wildnis stieg die Leistung der Gruppe um eindrucksvolle 50 Prozent.[68]

*Mitgefühl und Großzügigkeit nehmen zu.*

Der Anblick eines spiegelglatten Sees, einer hügeligen Landschaft oder jeder anderen Naturszenerie versetzt viele von uns in Ehrfurcht und Bewunderung. Es wurde nachgewiesen, dass diese Ergriffenheit das Gefühl von Fürsorge und Verbundenheit mit anderen Menschen verstärkt.[69] Bewunderung zu empfinden erhöht die Fähigkeit, ethisch vertretbare Entscheidungen zu treffen, Großzügigkeit wie auch das soziale Verhalten wie beispielsweise Hilfsbereitschaft und Kooperationswilligkeit. Die Wissenschaftler vermuten, dass das daran liegt, dass wir uns in der Natur oder beim Betrachten eines sternenklaren Nachthimmels als Teil eines großen Ganzen fühlen, was wiederum dazu führt, dass wir uns vermehrt dafür interessieren, wie es unserem Umfeld geht und nicht nur uns selbst. Ich kann das aus meiner persönlichen Erfahrung ganz klar bestätigen.

### Die Gedächtnisleistung wird verbessert.

In einer Studie der University of Michigan wurden die Teilnehmer gebeten, eine Gedächtnisübung zu machen, spazieren zu gehen und die Übung nach dem Spaziergang zu wiederholen. Die eine Hälfte der Gruppe lief durch die städtische Baumschule, die andere Hälfte an einer stark befahrenen Straße entlang durch die City. Die Gedächtnisleistung der Baumschulgruppe stieg nach dem Spaziergang um 20 Prozent, die der Stadtgruppe blieb unverändert.[70] Die Wissenschaftler glauben, dass das daran liegt, dass unser Gehirn in städtischer Umgebung wesentlich mehr Reize verarbeiten muss als in der Natur und müde wird. In der Natur hat das Gehirn die Chance, eine Pause zu machen und anspruchsvolle Denkleistungen anschließend energiegeladen angehen zu können. Interessanterweise fand die Studie auch heraus, dass die Teilnehmer ihre Zeit in der Natur nicht einmal genießen mussten, um davon gesundheitlich zu profitieren.

**Noch ein Trick, dein Gedächtnis zu verbessern –
schaff dir echte Erinnerungen**
Wir fotografieren alles und schauen selten genau hin. Klar, auch ich ziehe mein Handy raus, um Bilder von meinen Kindern zu machen, aber wenn wir ehrlich sind, setzen die meisten Bilder, die in unserem Smartphone-Speicher liegen, virtuellen Staub an. Dieser Wahn, jedes Essen, jedes Konzert, überhaupt alles fotografisch dokumentieren zu müssen, hält uns davon ab, den Moment, das echte Leben zu genießen. Weißt du noch, wie sehr sich deine Freundin über ihre Geburtstagsüberraschung gefreut hat, wie der Rauch der ausgeblasenen Kerzen roch und wie aufgeregt ihre Nichte war? Oder warst du zu beschäftigt, das perfekte Bild zu machen? Die Erinnerungen, die aus echten, mit Gefühlen verbundenen Momenten entstehen, enthalten viel mehr, als wir in einem Foto einfangen können. Dein Smartphone kann verloren gehen, echte Erinnerungen bleiben.

In unserer heutigen Zeit ist die mentale Belastung enorm, der wir tagtäglich ausgesetzt sind. Wir sind von Natur aus keine Multitasker, haben uns dieses Verhalten aber mehr und mehr angeeignet. Genau das führt zu mentaler Erschöpfung. Es lohnt sich wirklich, es zur Gewohnheit zu machen, Zeit in der Natur zu verbringen. Wenn du Zeit im Grünen verbringst, wirst du dich schon nach kurzer Zeit produktiver und fokussierter fühlen. Geh mit dem Hund in den Park, plane einen Wochenendausflug in deine Umgebung oder setz dich in den Hof und beobachte die Vögel. Stell dir das Draußensein wie Balsam für deine grauen Windungen vor und hol dir davon, so viel wie es geht.

## Neuer Raum für Intuition

Wir alle haben gelernt, dass nur das richtig ist, was sich messen, beweisen oder logisch erklären lässt. Wir leben in einer Zeit, in der objektive Realität zählt. Unsere Gesellschaft ist technik- und wissenschaftsgläubig, und viele Menschen meinen, dass diejenigen, die an etwas anderes als an beweisbare Dinge glauben – wie beispielsweise die Verbindung zu Pflanzen oder Tieren, zur Natur ganz allgemein –, naiv, abergläubisch, esoterisch oder im schlimmsten Fall verrückt sind.

Im Laufe unseres Lebens lernen wir bestimmte Abläufe, Verhaltensformen, Regeln und ganz bestimmte Verhaltensmuster. Wir lernen auch, dass wir bestimmte Dinge auf eine ganz bestimmte Art und Weise tun müssen. Diese Muster werden zu fest verankerten Denkmustern bzw. Glaubenssätzen. Einen Glaubenssatz zu verändern ist harte Arbeit und führt nicht selten zu Widerständen. Vor allem in der Wissenschaft ist es spannend zu beobachten, was passiert, wenn anerkannte wissenschaftliche Erkenntnisse durch neueste Forschungsmethoden auf den Kopf gestellt werden. Zu Zeiten Darwins gab es eine klare Trennung zwischen Körper und Geist, und bei vielen Menschen besteht diese Trennung noch. Heute wissen wir jedoch, dass der menschliche Körper nicht einfach nur eine Maschine ist, die vor sich hinarbeitet, sondern extrem sensibel auf alles reagiert, was unser Geist (unser Gehirn) denkt, glaubt und fühlt.

Gedanken und Gefühle werden durch das Umfeld, in dem wir leben, massiv beeinflusst. Je häufiger wir bestimmte Gedanken denken, je häufiger wir immer wieder die gleichen Handlungen vollziehen oder ähnliche Erfahrungen machen, desto mehr verfestigen sich diese Erfahrungen zu unserer Persönlichkeit und dem Glaubenssatz, »wer wir sind«. Unsere Glaubenssätze werden vor allem dadurch beeinflusst, wer uns etwas sagt und wie wir mit dieser Person verbunden sind. So sind im Kindesalter unsere Eltern unsere wichtigsten Informations- und Glaubenssatzgeber, denn sie sind diejenigen, denen wir am meisten vertrauen. Je höher die Vertrauens- und Respektebene, desto mehr sind wir bereit, Ansichten von anderen anzunehmen oder uns diese unbewusst als eigene Ansichten anzueignen.

Im Erwachsenenalter sind es nicht mehr unbedingt die Eltern, deren Ansichten wir übernehmen, sondern vor allem Menschen, die wir schätzen, respektieren und achten. Das kann fatale Folgen haben, denn wer beispielsweise von einem »Experten« gesagt bekommt, dass es für ihn unglaublich schwer sei abzunehmen, weil das Übergewicht »genetisch« bedingt sei, der wird es schwerer haben, an einen Abnehmerfolg zu glauben. Oder wir nehmen eine Krankheit als unheilbar an und befassen uns dann nicht mehr mit Möglichkeiten, die die Chance bieten, sich doch von ihr zu befreien. Die Stagnation von Prozessen ist mir sehr oft bei Klienten mit Autoimmunerkrankungen aufgefallen. Durch die Arbeit an ihren Glaubenssätzen und ihrer (Vor-)Einstellung wurden sie aber fast vollständig schmerz- und symptomfrei.

Statt uns also zu verschließen und alles so zu belassen, wie wir es schon immer gemacht haben, sollten wir offen dafür sein, Neues zu entdecken. Das Leben ist in einem ständigen Wandel, und die Welt verändert sich durch unsere enorme technische Evolution in allen Lebensbereichen entsprechend weiter. Darauf flexibel zu reagieren oder gar selbst aktiv etwas zu kreieren ist nicht nur ein »Überlebens«vorteil, sondern auch auf allen anderen Lebensebenen ein voller Erfolg. Wir müssen der Entwicklung nicht hilflos zusehen. Wir können uns das nehmen, was wir für unser persönliches Fortkommen benötigen. Die Intuition ist dabei eine fabelhafte Unterstützung, um nicht nur rational zu denken, sondern zu spüren, was notwendig, möglich oder hilfreich ist. Du kannst deine Intuition trainieren wie einen Muskel. Und das lohnt sich, denn die Intuition kann, wie bereits im zweiten Kapitel beschrieben, sehr hilfreich sein, Entscheidungen zu treffen, die unseren wahren Wünschen näherkommen, und authentisch zu leben. Wenn dir dein Umfeld zu laut und zu voll ist, um deine Sinne wahrzunehmen, dann geh einfach raus.

Es gibt in der heutigen Zeit allerdings auch unzählige Dinge, die dazu führen, dass unsere Intuition gestört wird. Was mir dabei sofort in den Sinn kommt, ist die Art und Weise, wie wir navigieren. Nicht nur im Auto mit unserem Navigationssystem, sondern auch wenn wir in einer fremden Stadt zu Fuß unterwegs sind. Wir richten uns nicht mehr nach einem großen Bauwerk oder schauen auf eine Karte und finden unseren Weg dann nach Gefühl, sondern blicken zum großen Teil auf unser Display und laufen ferngesteuert (durch die freundliche Stimme aus dem Gerät) durch die Gegend.

Solltest du dich gerade angesprochen fühlen, schalte doch einfach bei deinem nächsten Aufenthalt an einem fremden Ort dein Handy-Navi aus und dein Kommunikationsmedium Sprache ein. Frage echte Menschen nach dem Weg und folge dem, was dir beschrieben wird. Eine andere Variante wäre, dir in deiner gewohnten Umgebung einfach mal neue Wege zu suchen und dich intuitiv leiten zu lassen. Je häufiger du das tust, desto sensibler wird dein inneres Navi, und du wirst merken, dass es dich auch ohne Kompass und Karte – intuitiv – ganz gut leiten kann.

## Grenzen wiederfinden

Es geht um dich. Du möchtest herausfinden, was dir guttut – nicht einer anderen Person, sondern dir selbst. Um in Ruhe in Kontakt mit dir selbst zu kommen und das zu tun, was dir wirklich wichtig ist, sind Grenzen heute wichtiger denn je. Doch Grenzen setzen ist für viele Menschen schwer und oft auch mit Ängsten verbunden, weil man dadurch andere Menschen »verletzen könnte«. »Wenn ich Grenzen setze, trete ich anderen Menschen auf die Füße« ist übrigens ein Glaubenssatz, den viele mit sich herumtragen. Auch ein Klient von mir tat sich schwer damit, Grenzen zu setzen. Nicht unbedingt anderen gegenüber, sondern vor allem sich selbst gegenüber.

## Was sind Grenzen?

Grenzen fangen immer bei dir selbst an. Wann gehst du abends zu Bett? Wie lange bist du für andere erreichbar? Wie viel Schokolade kannst du essen, und wie viel Schokolade ist gesund? Glaubst du, dass du nie wieder einen anderen Job haben kannst? Wir setzen uns selbst Grenzen, indem wir danach handeln, was wir glauben.

Wenn wir wachsen wollen, dürfen wir unsere Grenzen überschreiten. Entweder tun wir einfach mal etwas, was bisher außerhalb unserer Vorstellungskraft lag (zum Beispiel eine Green Exercise), oder wir lassen uns auf einen neuen Gedanken ein, vor dem wir uns bislang verschlossen haben. Das für mich stärkste Beispiel für so einen Gedanken ist der eines Menschen, der glaubt, unheilbar krank zu sein, sich dann aber erlaubt zu glauben, wieder gesund werden zu können. Dass der Glaube an die Genesung (oder das Wirken eines Medikaments, man denke an den Placeboeffekt) positiven Einfluss nimmt, gilt heute als gesichert.

Wir können uns also Grenzen nach unten setzen, indem wir auf uns achten, und nach oben, indem wir uns Ziele setzen. Grenzen sind wichtig, denn je nachdem, wie sie gesetzt sind, engen sie ein und beschränken oder geben Raum für Optimismus und Kraft.

Einer meiner Klienten war selbstständig und arbeitete extrem viel. Er nahm nahezu jeden Job an, der hereingeflattert kam, und arbeitete täglich mindestens zwölf Stunden. Er machte immer alles Mögliche gleichzeitig. Während er telefonierte, war sein Mailprogramm offen, Whats-App-Nachrichten trudelten parallel ein, auch auf dem Rechner und über Skype waren weitere Kommunikationskanäle offen. Er wollte es all seinen Kunden recht machen und hatte mittlerweile so viele Jobs, dass er gar nicht mehr so genau wusste, bei welchem Kunden er eigentlich noch was zu tun hatte oder was bereits erledigt war. Das führte dazu, dass er von morgens bis abends nur zu Hause saß – von wo aus er arbeitete –, Jobs jonglierte und neben diesem »Leben« kein anderes Leben mehr stattfand. Über die Jahre hatte er starkes Übergewicht entwickelt. Dazu kamen Bluthochdruck, wechselnde Gelenkschmerzen, Schlafstörungen und immer wieder auftretendes Herzrasen. Teilweise traten Angstzustände auf, die an Panikattacken grenzten, besonders in Zeiten, in denen viele seiner Kunden nicht pünktlich oder gar nicht zahlten. Der Stress war enorm, denn einerseits gab es den hohen Erwartungsdruck der Kunden, andererseits hatte er Existenzängste durch sein unregelmäßiges Einkommen. Was tun?

Grenzen setzen war die Zauberformel. Diese Lösung kam ihm, als er sich an einem Wochenende einen Tag Zeit nahm, um einfach mal den Kopf freizubekommen und abzuschalten. Er war nach mehreren Monaten das erste Mal wieder draußen unterwegs, ging an einem kleinen Fluss in der Nähe seines Hauses spazieren, und als er sich am Flussufer ins Gras setzte und seine Gedanken das erste Mal seit Langem loslassen konnte, kam ihm wie von selbst die Lösung: Es war an der Zeit, Grenzen zu setzen. Er erkannte, dass er mit seiner beruflichen und nicht mehr vorhandenen privaten Situation total unzufrieden war. Er hatte sich völlig von dem entfernt, was ihm eigentlich wichtig war: mit seiner Arbeit anderen Menschen zu helfen. Diese Hilfe konnte er jedoch keinem einzigen seiner Kunden mehr zuverlässig geben, weil er viel zu viele Kunden hatte und viel zu viele Dinge auf einmal bearbeiten musste. Es ging also nicht darum, so viele Kunden wie möglich zu haben und es allen recht zu machen, sondern mit den *richtigen* Menschen auf die *richtige* Art und Weise zu arbeiten. Er verstand, dass er nur vorwärtskommt, wenn er klare Grenzen setzt. Und zwar sich selbst.

Die Grenzen, die er sich dabei setzte, waren grandios! Ich hätte sie selbst nicht klarer und besser formulieren können.

Folgende drei Grenzen setzte er nach oben:
1. Maximal zehn Kunden, die er insgesamt betreut,
2. maximal bis 18 Uhr arbeiten,
3. maximal 30 Minuten täglicher Medienkonsum in seiner Freizeit (WhatsApp, Facebook, Instagram, TV, Internet).

Diese drei Grenzen setzte er nach unten:
1. Nicht weniger als 60 Minuten Zeit pro Tag draußen verbringen,
2. nicht weniger als zwei Stunden pro Tag alle internetfähigen und mobilen Geräte ausschalten,
3. wenigstens einmal im Monat einen Freund treffen.

Innerhalb eines halben Jahres war er wieder auf dem Damm. Mit seinen Kunden arbeitete er sehr effektiv, und seine Leistung war so gut, dass er seine nun höheren Stundensätze gut verargumentieren konnte. Seine Kunden empfahlen ihn weiter, und er bekam neue Kunden, die seine Arbeit wertschätzten. Wenn ihn jemand anfragte und er bereits zehn Kunden betreute, lehnte er mit der Begründung ab, er könne nur dann qualitativ hochwertig arbeiten, wenn er sich für jeden seiner Kunden genug Zeit nehme. Die meisten dieser »abgelehnten« Kunden warteten daraufhin auf ihn. Grenzen sind manchmal wirklich heilsam.

Wir leben in einer völlig entgrenzten Zeit. Wir können rund um die Uhr fernsehen, chatten, surfen. Das Internet bietet uns grenzenlos viel Information. Es gibt immer und überall alles zu essen, was wir uns nur vorstellen können. Die Auswahl ist riesig. Und genau das ist ein Problem. Sei ehrlich zu dir selbst. Wenn du vor einer Speisekarte mit 50 Gerichten sitzt, fällt dir die Auswahl leicht? Was, wenn du vorher schon entscheiden würdest, dass du heute auf jeden Fall Fisch und Salat isst? Wer viele Möglichkeiten hat, geht viele Schritte in viele Richtungen. Das ist verwirrend und wenig effektiv.

# 6 Übungen, um besser Grenzen setzen zu können

Diese Übungen werden dir helfen herauszufinden, was du in deinem Leben haben möchtest und was dir zu viel werden könnte.

### Übung 1 – Suche Grenzen!

Überlege dir, wo deine Grenzen nach oben sind und welche du nach unten setzen möchtest. Wichtig ist, dass diese Grenzen gut für dich einzuhalten sind. Deshalb reicht es auch aus, wenn du nur eine Grenze nach oben und nach unten setzt. Überlege, was dir wichtig ist.

### Übung 2 – Tue nichts!

Das Leben um uns herum macht nie Pause. Denn egal, wie viel Uhr es irgendwo auf der Welt ist, es gibt immer etwas zu tun, und irgendjemand macht immer irgendetwas. Das war schon immer so. Einfach mal nichts tun ist deshalb großartig, weil genau aus diesen Momenten des Nichtstuns oft die großartigsten Dinge entstehen. Aber Achtung: Nichtstun dazu zu benutzen, um dann etwas Besonderes zu tun, ist nicht das, worum es geht. Denn es geht ja darum, nichts zu tun und damit auch keine Erwartungen zu haben, was aus dem Nichtstun entstehen kann.

Nichtstun findet hervorragend an einem Ort in der Natur statt, weil natürliche Orte und Plätze deinen Fokus oder deine Überfokussierung auflösen und dich in einen Zustand des *Rausseins* versetzen können. Wenn du an einem Fluss sitzt und dem fließenden Wasser zuschaust, wirst du leichter an einen Punkt kommen, an dem dein Kopf frei wird von all dem, was dich sonst beschäftigt. Das Wasser fließt an dir vorbei und nimmt mit, was in deinem Kopf herumschwirrt. Du verbindest dich mit dem Fluss, mit dem, was um dich herum ist, und mit dir selbst auf eine natürliche Art und Weise. Termine für das Nichtstun darfst du dir gerne im Kalender eintragen. Genau genommen ist es zwar schon ein Tun, das Nichtstun einzuplanen, aber es ist wichtig, sich für diese Zeiten zu sensibilisieren und einen Raum für sie zu schaffen.

### Übung 3 – Mach (r)aus!

Für mich die beste Lösung in der heutigen Zeit, mit dem wohl größten Impact, wieder mehr zu sich selbst zu kommen. Mach dein Handy und alle anderen Geräte aus. Sei nicht erreichbar für Freunde und alle, die mit dir in irgendeiner Art und Weise verbunden sind, und versuche auch nicht, dich mit anderen Menschen zu verbinden. Eine einfache Regel könnte sein: Wenn du mit einem Freund oder einer Freundin verabredet bist, machst du in der Zeit, die ihr zusammen verbringt, dein Smartphone aus. Im besten Falle trefft ihr die Entscheidung gemeinsam, das Ding auszulassen. Das erhöht die Qualität der Kommunikation und die gegenseitige Aufmerksamkeit um ein Vielfaches. Nebenbei erhöht es auch die Fähigkeit, viel mehr auf das Gegenüber zu achten und Körpersprache sowie (kaum wahrnehmbare) Mikrobewegungen in der Mimik wahrzunehmen, die Ausdruck von Emotionen sind. Wir können besser »mit«fühlen, was unser Gegenüber fühlt.

### Übung 4 – Geh raus und mach aus!

Eine Übung, bei der du zwei Dinge miteinander verbindest. Nämlich das Draußensein mit dem Ausmachen. Denn natürlich kannst du einen fantastischen Spaziergang durch die schönsten Landschaften der Welt machen, aber wenn dein Handy ständig piepst und irgendwelche Nachrichten eintrudeln, die du abhörst oder dir ansiehst, kannst du von dem, was um dich herum ist, nicht mehr viel wahrnehmen. Abgesehen davon ist allein das Wissen, dass dein Handy angeschaltet ist und jemand versuchen könnte, dich zu erreichen, ein Stressfaktor. Das berichten mir viele meiner Klienten, und ich weiß es auch aus eigener Erfahrung sehr gut. Denn es ist ein Riesenunterschied, ob dein Handy auf lautlos oder im Flugmodus ist. Und es ist darüber hinaus auch ein Unterschied, ob dein Handy im Flugmodus oder komplett ausgeschaltet ist. Ich gehe noch einen Schritt weiter: Es ist ein riesiger Unterschied, ob du dein Handy einfach mal zu Hause lässt oder ob es ausgeschaltet in deiner Hosentasche ist.

Teste bei deinen nächsten Aufenthalten in der Natur einfach mal alle Varianten und prüfe dein Gefühl dazu. Was verändert sich an deiner Wahrnehmung und Intuition? Du bist auch herzlich eingeladen, dir Notizen zu machen, was dir dabei alles begegnet und auffällt. Hast du das Gefühl, dass dir etwas fehlt, oder macht es dich unruhig, dass du eventuell etwas verpasst? Und auch wenn man das Handy neben dem Telefonieren wunderbar zum Fotografieren benutzen kann … auch das ist nicht nötig, denn dein Auge sieht viel mehr als die beste Linse der Welt. Speichern kannst du besondere Bilder auf deinem Memorystick, der immer dabei ist – deinem Gehirn.

## Übung 5 – Nimm wahr!

Blinde Menschen haben enorme Fähigkeiten, denn da sie ihren Sehsinn nicht nutzen können, sind alle anderen Sinne um ein Vielfaches feiner ausgebildet. Sie hören, riechen, tasten, schmecken und nehmen viel intensiver wahr als Sehende. Stell dich mal auf ein Bein und mach die Augen dabei zu. Du wirst sofort merken, wie viel mehr dein gesamtes Bewegungs- und Gleichgewichtssystem arbeiten muss, als würdest du mit offenen Augen auf einem Bein stehen. Deshalb ist es eine unglaublich gute Übung, wenn du deine Augen schließt – sei es bei dir zu Hause, im Park, im Wald, in der Bahn oder an anderen Orten. Nimm wahr, was um dich herum passiert. Spürst du die Nähe anderer Menschen? Sind sie dir nah oder zu nah? Wie ist der Untergrund? Stabil oder wacklig? Fühlst du dich sicher? Diesen Empfindungen nachzugehen wird deine Intuition schärfen, und du wirst wahrnehmen, was dir sonst gar nicht aufgefallen wäre.

### Übung 6 – Minimalisiere!

Wir alle häufen Dinge an, die uns in der Vergangenheit festhalten. Das alte Schaukelpferd, Omas Tortenhebersammlung oder Klamotten aus den Neunzigern, die du nie wieder tragen wirst, weil sie nicht mehr passen und, wenn doch, uncool sind. Raus damit. Ich habe mich gerade von einem Haufen Bücher, CDs, DVDs, Computerspielen und Sportutensilien getrennt. Du kannst dir nicht vorstellen, wie gut ich mich fühle, wenn ich auf halb leere Regalfächer statt auf Haufen von Zeug gucke. Ich muss weniger aufräumen, weniger putzen und kann wieder frei atmen. Ausmisten ist wirklich befreiend. Der Anblick gut organisierter Schubladen und Schrankinhalte beruhigt meinen Geist. Ich bin wesentlich sortierter, wenn mein Umfeld klar strukturiert ist. Ein weiterer Pluspunkt: Ich habe sogar ein bisschen Geld zurückbekommen, ganz ohne mich auf den Trödelmarkt stellen zu müssen. Bücher und Elektronik wird man gut im Internet los, auch ohne lange Angebote gestalten zu müssen. Alles andere habe ich gespendet. Hast du noch Hemmungen, besorg dir ein Buch, das dir eine klare Anleitung zum Entrümpeln gibt.

Stell dir immer wieder die Frage: Warum MUSS ich das haben? Brauche ich es wirklich? Mir hat die Erinnerung an meine Naturaufenthalte geholfen. Zum Beispiel was man beim Campen wirklich dabeihaben sollte. Das sind nur wenige Dinge, und in der Zeit draußen fehlt mir von all dem anderen Zeug kaum etwas. Schon gar nicht das, was schon jahrelang ungenutzt im Keller schlummert. Klar, ich hätte auch die Augen vor dem Wust an Zeug verschließen und wandern gehen können. Aber der Trödel wartet nun einmal hartnäckig zu Hause. Also war ich dieses Mal nicht raus, sondern voll drin – im Ausmisten.

# Keine Zeit?

Ich habe schon darüber gesprochen, wie viel Zeit wir am Handy oder vorm Rechner verschenken, oft ohne es wirklich zu bemerken. Bei dem Versuch, uns mit anderen Menschen zu verbinden, verbringen wir immer mehr Zeit vor irgendeinem Monitor. Doch soziale Medien haben natürlich auch Vorteile, die ich immer wieder erlebe, wenn ich mit Menschen online arbeite. Die Teilnehmer sind über eine Facebook-Gruppe miteinander vernetzt, tauschen sich aus und motivieren sich gegenseitig. Für viele von ihnen ist es neu, jemanden zu haben, der in der gleichen Situation steckt, ihnen offen und verständnisvoll zuhört und, mehr noch, Hilfe anbietet. Eine Teilnehmerin schrieb:

>*»Für mich ist es das erste Mal, dass ich so etwas wie Freunde habe. Auch wenn ich diese Menschen noch nie persönlich getroffen habe, bin ich sehr dankbar für diese Freundschaft. Sie bieten mir Unterstützung an, wenn sie brauche, und ich hoffe, dass auch ich ihnen etwas geben kann. Ich habe gelernt, dass wir alle Schwächen und auch Sorgen haben. Ich habe eine Frau kennengelernt, die genau die gleichen Erfahrungen gemacht hat wie ich. Ich war sehr ehrlich und habe ihr in persönlichen Nachrichten Dinge*

*erzählt, die ich noch nie jemandem gesagt habe. Wie wertlos ich mich oft fühle und solche Dinge. Sie hat mir ehrlich geantwortet. So habe ich ihr helfen können und sie mir. Zum ersten Mal fühle ich mich gebraucht, und das ist ein so schönes Gefühl. Allein dafür halte ich durch.«*

*So* funktioniert die Verbindung zwischen Menschen auch online. Wir müssen aber zugeben, dass der tägliche Wahn mit solchen Momenten wenig zu tun hat. Soziale Medien können mächtig stressen. Sicherlich kennst du die Situation, in der du dich wunderst, warum jemand noch nicht auf deine Nachricht geantwortet hat. Guckst du dann auch immer wieder in deinem Chatverlauf oder in den Mails, ob jetzt endlich eine Antwort da ist, malst dir Horrorszenarien aus, wie die Antwort ausfallen könnte, oder checkst, ob du etwas Komisches geschrieben hast? Hast du den anderen vielleicht gekränkt? In anderen Momenten ist die Flut der Nachrichten einfach zu groß, um hinterherzukommen. Du hast das Handy noch gar nicht ausgeschaltet, da piept, klingelt oder blinkt schon wieder eine Nachricht.

Ich gehe mittlerweile dazu über, es phasenweise komplett auszuschalten und vorher eine »Antwort«-Zeit festzulegen. Erst dann schalte ich das Gerät wieder ein, bearbeite Anfragen und antworte auf Nachrichten. Das macht mich wesentlich ruhiger. Auch in meinen festen Gruppen gibt es feste Zeiten. Eine Frage posten kann jeder jederzeit. Die Regel ist aber, dass ich zu festen Zeiten antworte. So muss niemand alle paar Minuten gucken, ob ich geantwortet habe, sondern weiß, dass ich es ganz sicher, aber immer erst zu einer bestimmten Zeit tue.

Du siehst vielleicht schon an diesem Beispiel, dass ich versuche, mit meiner Erreichbarkeit, meinem Medienkonsum und vor allem mit mir selbst achtsam umzugehen. Eine Struktur hilft dabei sehr.

Eine andere Klientin (selbstständig in einer Bürogemeinschaft, zwei Kindergartenkinder) macht es zum Beispiel so: Da sie immer in Sorge war, einen Anruf des Kindergartens zu verpassen, schaute sie im Büro ständig aufs Smartphone und las, wenn sie schon dabei war, auch gleich die Nachrichten von Bekannten, Freunden oder einen »wichtigen« Post auf Instagram. Mittags war sie meist gestresst, weil sie das Gefühl hatte, nichts geschafft oder wichtige Dinge vergessen zu haben. Sie hetzte dann unzufrieden zum Kindergarten und verbrachte unentspannte Nachmittage mit den Kids zu Hause, weil sie versuchte, vom heimischen Rechner aus Liegengebliebenes aufzuarbeiten.

Durch den Tipp einer Freundin probierte sie Folgendes: Im Büro stellte sie außer einem speziellen Ton für die Nummer des Kindergartens alle Signaltöne ihres Smartphones aus und legte es in die oberste (leicht geöffnete) Schublade ihres Schreibtischcontainers. Anfangs schaute sie zu jeder vollen Stunde nach, ob sie nicht doch einen Anruf überhört hatte, las aber keine Nachrichten. Ihrem Mann, der gerne schon mal zwischendurch anrief, sagte sie, er dürfe erst ab 14:30 Uhr, also nach Feierabend anrufen, und ihre Kolleginnen bat sie, ihr mitzuteilen, wenn das Telefon während ihrer Abwesenheit am Schreibtisch geklingelt haben sollte. Die erste Woche fiel ihr diese Regelung sehr schwer, gleichzeitig bemerkte sie aber, wie viel effektiver sie arbeitete. Nach drei Wochen war ihre Panik, etwas Wichtiges zu verpassen, Vergangenheit, und sie schaffte ihre Arbeit in kürzerer Zeit, weil sie viel konzentrierter und fokussierter war.

## Beispiele für einen strukturierteren Umgang mit Medien

- Feste Zeiten für private Kommunikation einrichten.
- Feste Zeiten für berufliche Kommunikation einrichten.
- Feste Zeiten zum Surfen einrichten.
- Klingeltöne für Notfallnummern einrichten, die restlichen Töne ausschalten. Das gilt nicht nur für die Arbeit, sondern auch für die private Zeit! Ein Treffen im Restaurant verläuft wesentlich kommunikativer, wenn nicht alle paar Minuten einer der Anwesenden auf sein Handy schaut.

Zeit ist relativ. Es zählt, was wir aus unserer Zeit machen. Cicely Saunders, eine Begründerin der modernen Hospizbewegung und Palliativmedizin und damit eine Dame, die weiß, wovon sie spricht, sagte einmal:

>»Es geht nicht darum, dem Leben mehr Tage zu geben,
> sondern den Tagen mehr Leben.«

Genauso ist es. Wir können frei entscheiden, ob wir unsere Zeit in den Weiten des Internets oder der Natur verbringen, ob wir lieber chatten oder uns mit Freunden treffen, ob wir uns noch einen Termin in den Kalender eintragen oder uns auch mal Zeit für eine stille Minute nehmen. Auch kleine Änderungen im Alltag machen einen Unterschied. Für Strecken, die ich zu Fuß oder mit dem Rad bewältigen kann, verzichte ich gerne aufs Auto. Das Radfahren ersetzt an manchen vollen Tagen die Sporteinheit und spart somit Zeit, statt mir welche zu rauben. Wenn ich statt über volle Straßen quer durch den Park abkürze, bin ich mit dem Rad schneller als mit dem Auto. Und selbst wenn ich dafür länger brauche – von meinem Abstecher in die Natur, von dem ich gesundheitlich profitiere, profitiert wiederum die Natur, in der zumindest an diesem Tag ein Auto weniger fährt.

# Die natürliche Wirkung von Achtsamkeit

Wir sind ständig aufmerksam und lernen von klein auf, bestimmte Regeln und Formen, aber auch andere Dinge zu beachten. Wir achten auf den Straßenverkehr, auf unsere Kollegen und die Bedürfnisse unserer Chefin. Wir achten darauf, pünktlich zu sein, wie wir unser Besteck halten, und darauf, was gerade im Trend liegt. Ach ja, das Wetter müssen wir auch beachten, damit wir das Richtige anziehen. Auch unser Smartphone mit all seinen Apps und Messenger-Diensten will unsere Beachtung. Wir achten darauf, die richtige Anzahl an Schritten zu gehen, nicht zu viele Kalorien zu uns zu nehmen, und darauf, wie wir auf andere wirken. Klar, wir lieben es auch, Beachtung zu bekommen.

Wenn wir so vieles beachten, müssten wir doch demzufolge auch ziemlich achtsam sein, oder? Nein, wenn wir permanent auf Dinge achten, sind wir eher in einer Habtachtstellung! Wir achten auf dies, das und jenes, am besten auf alles. Wir sind überfokussiert. Achtsam zu sein bedeutet hingegen, nicht in einem Modus der Überfokussierung zu sein. Einerseits ist es gut für uns, uns gesund zu ernähren, regelmäßig draußen zu bewegen und in Kontakt mit anderen Menschen zu sein. Andererseits ist die Frage erlaubt, ob wir dabei den richtigen Umgang, den richtigen Fokus wählen. Unter Achtsamkeit verstehe ich einen Zustand, in dem wir weder das Gefühl haben, auf alles Mögliche zu achten, noch in einer Verpflichtung sind, dies zu tun. Beides löst bewusst oder unbewusst Stress aus. Zwanglos, ruhig, wertfrei, aufmerksam, selbstbestimmt und erwartungslos unsere Umgebung, Lebewesen und uns selbst wahrzunehmen – das bedeutet für mich, in einem Zustand der Achtsamkeit zu sein.

Achtsamkeit bedeutet für mich nicht nur, jeden Moment wahrzunehmen und wertzuschätzen, sondern auch wertschätzend mit meiner Umwelt umzugehen. Ich schmeiße Müll nicht achtlos weg, pflege einen offenen und freundlichen Umgang mit den Menschen, denen ich begegne, und ich trample nicht durchs Unterholz. Beim Einkaufen achte ich darauf, Verpackungen möglichst zu vermeiden – wir kaufen gern auf dem Markt ein und tragen das lose Gemüse im Korb nach Hause. Ich werfe Ballast in Form belastender Gedanken ab, genauso entrümpeln wir auch ab und zu unser Haus und befreien uns von Dingen, die wir nur noch mitschleppen oder die uns schlechte Laune machen, verkaufen, verschenken oder spenden sie. Neue Dinge schaffen wir mit Bedacht an. Wenn wir essen, essen wir. Keine Geräte am Tisch, sondern Gemeinsamkeit und Aufmerksamkeit. Diese Momente sind dadurch besonders, weil sie unmittelbar, real und persönlich sind und im gegenwärtigen

Moment stattfinden. Die Natur unterstützt uns dabei, in den Zustand der Achtsamkeit zu gelangen.

## 4 Möglichkeiten, raus zu sein und achtsam zu leben

Wie funktioniert das also? Als kleiner Tipp vorab: Versuche nicht, alle Punkte auf einmal umzusetzen, sondern such dir denjenigen Punkt heraus, der für dich am leichtesten in deinen Alltag zu integrieren ist. Wenn du eine Gewohnheit geändert hast, knöpfst du dir die nächste vor. So schaffen es sogar die Chaotischsten unter uns, nach und nach in ein ruhigeres Fahrwasser zu kommen.

### 1. Konzentrier dich auf das Wichtigste.

In seinem Buch »Die sieben Wege zur Effektivität« hebt Steven Covey hervor, wie wichtig es ist, sich zuerst um die Dinge zu kümmern, die wichtig sind, weniger um das, was dringend ist. Covey war Unternehmensberater, und diese Regel wird häufig beim Zeitmanagement angewandt, um produktiver zu arbeiten. Sie funktioniert hervorragend, und ich finde, dass sie sehr gut auf den Punkt bringt, was uns davon abhält, vorwärtszukommen. Wir biegen tausendmal ab, gehen 20 Schritte in 20 Richtungen, statt 20 Schritte geradeaus zu laufen. Überleg dir also:

*Was ist (mir) am wichtigsten?*

### 2. Mach nur eine Sache auf einmal.

Schluss mit Multitasking. Der Mensch ist ein hervorragender Monotasker, freuen wir uns doch darüber. Das Tanzen auf vielen Hochzeiten entspringt dem Wunsch, mehr zu leisten und produktiver zu sein. Aber wie du im ersten Kapitel gelesen hast, ist geteilte Aufmerksamkeit oder

Überfokussierung ein Fluch. Wir wollen immer dabei sein, nichts verpassen. Aber auch FOMO – *the fear of missing out* oder die Angst, etwas zu verpassen – ist ein Fluch. Bei der Menge allzeit verfügbarer Informationen und Unterhaltungsangebote kannst du rund um die Uhr online sein und du verpasst noch immer den Großteil dessen, was da draußen los ist. Es ist nicht nur effektiver, sondern auch gesünder (denk an die *attention restoration*-Theorie), nur eine Sache auf einmal zu machen und dieser Sache all deine Aufmerksamkeit zu schenken. Das ist Gewahrsamkeit. Tauch ab, gib dich hin, das ist megaerfüllend!

*Mach nur eine Sache auf einmal.*

Wie die alten Zen-Meister schon sagten: »Wenn du gehst, geh einfach nur. Wenn du isst, iss einfach nur.«

### 3. Eine Minute Achtsamkeit – betrachten, ohne zu urteilen.

Ich gebe zu, der Begriff Achtsamkeit ist mittlerweile ganz schön überstrapaziert. Für die meisten Menschen hat er etwas mit Yoga oder Meditation zu tun, und manch einer hat da »keine Lust« drauf. Dabei kann Achtsamkeit für jeden etwas komplett anderes sein. Tanzen, lesen, einen Apfel essen. Es kommt dabei gar nicht so sehr darauf an, was du machst, sondern darum, dass es deine volle Aufmerksamkeit fesselt. Beobachte die Katze deiner Nachbarin beim Spielen, ohne dir dabei Gedanken zu machen, ob sie über die Balkone klettern darf oder nicht. Schenke einem gegenwärtigen Erlebnis Aufmerksamkeit, ohne sofort zu urteilen. Das ist Achtsamkeit.

Eine Minute mag lächerlich wenig klingen, aber was nur eine Minute dauert, kann auch nicht wirklich schiefgehen, oder? Ganz anders, als sich zu schwören, ab sofort jeden Tag eine Stunde Yoga zu machen. Jede kleine Minute, die du dich aufmerksam einer schönen Sache widmest, belohnt dich mit einem kleinen Energie-, Zufriedenheits-, Selbstvertrauens- oder Motivationsschub. Wir glauben immer, dass es die großen Aktionen sind, die große Veränderungen bewirken, aber das stimmt nicht. Es sind die vielen kleinen.

*Überlege dir, was dein Ding ist, und mach das,*
*egal, was um dich herum passiert.*

### 4. Sei cool mit dir.

Die wichtigste Beziehung, die du haben kannst, ist die zu dir selbst. Soziale Medien erlauben es uns, die unterschiedlichsten Menschen auf der ganzen Welt kennenzulernen und Kontakt mit ihnen zu halten. Aber kennst du dich eigentlich? Wie steht es mit dem Kontakt zu dir selbst? Wie schaffst du es, dich mit dir selbst zu verbinden? Magst du dich? Wenn du dich noch nicht als die komplette Person akzeptierst, die du bist – welche Details magst du an dir?

Selbstliebe ist etwas anderes als Egoismus. Es ist nicht nur völlig in Ordnung, dich selbst zu mögen und zu schätzen, es ist absolut erstrebenswert, weil heilsam.

Gopi Kallayil (der Google-Manager) sagt, wir sollten auf die Tweets unserer Herzen hören, auf das Status-Update unseres Körpers achten und die dringende Chat-Anfrage unseres Gehirns beantworten. Denke immer daran, dass du begabt bist. Jeder von uns ist einzigartig, was sein Gehirn, seinen Körper und sein Bewusstsein angeht. Um diese Gaben bestmöglich nutzen zu können, sagt Kallayil, sei es jedoch wichtig, uns aus dem Internet aus- und in unser *Innernet* einzuloggen.

*Was magst du an dir?*

Dem kann ich nur zustimmen. Sei raus und ganz bei dir. Warum klappst du das Buch nicht zu und versuchst es direkt mal?

# Natur statt Medikamente?

Ich habe während der Recherche zu diesem Buch noch einmal explizit bei unseren Klienten bei Outdoor Gym nachgefragt, welchen Unterschied ein Training in der Natur gegenüber einem Indoor-Training macht und woran dieser Unterschied persönlich festzumachen ist. Die Antworten machen mich immer wieder sprachlos und glücklich, zeigen sie doch auch ohne wissenschaftlichen Unterbau, was die Natur Gutes tut. Deshalb möchte ich dir gern eine dieser Aussagen weitergeben.

Lieber Felix,

du hast gefragt, was sich bei mir verändert hat, seit ich draußen trainiere? So ziemlich alles. Ich bin viel weniger krank. Früher hatte ich wirklich jedes Jahr, besonders im Winter, Dauerschnupfen, auch Grippe und üble Bronchitis. Ich habe es erst gar nicht bemerkt, es fehlte mir ja nicht, aber seit ich draußen trainiere (seit fast zwei Jahren), hatte ich außer einer kleinen Erkältung, die sich aber nicht ausgewachsen hat, nichts mehr. Ich habe abgenommen, endlich. Vielleicht weil ich entspannter bin? Jedenfalls ist auch mein Frustfuttern weniger geworden.

Noch viel besser: Ich habe Morbus Bechterew, aber seit einem Jahr kann ich auf die Tabletten verzichten. Mein Rheumatologe glaubt es kaum, aber es ist so. Ich bin fast schmerzfrei und bekomme keine Schübe mehr. Ich fühle mich so frei! In vielen Bereichen ist das so. Ich ekle mich zum Beispiel nicht mehr vor Käfern und Würmern, und wenn ich rausgehe und etwas finde, das ich mir anschauen möchte, tue ich das. Ich fasse es an und fürchte mich nicht mehr vor Dreck und Bakterien. Das war nicht immer so und hat sich auch durch deine Erklärungen zum Immunsystem für mich geändert. Auch über so was nicht mehr nachzudenken ist sehr befreiend.

Meine Wahrnehmung ist anders, eben auch freier. Ich sehe viel mehr. Ich setze mich auf eine Bank und schaue mir die Bäume an. Sie sehen jeden Tag anders aus. In dem Park, in dem wir trainieren, kann man die Jahreszeiten richtig wachsen sehen. An einem Tag sind da Knospen, kurz danach Blättchen, und dann blüht alles.

Was ich am Draußensein liebe? Meine neue Freiheit und den herrlich leeren Kopf! Und natürlich den Duft von Gras, Blüten und regennassem Wald. Wenn ich nach dem Sport nach Hause komme, bin ich ein anderer Mensch. Sagt übrigens auch meine Frau. :-)

Wir können noch so viele Studien lesen, und unser Kopf kann noch so viel »verstehen« – was am meisten zählt, ist die eigene Erfahrung. Der Einsatz unserer Sinne in der Natur ist die beste Therapie. Die Natur leitet uns zu uns selbst, und genau das macht es so einzigartig. Jeder Mensch ist einzigartig, mit individuellen Bedürfnissen und Voraussetzungen, und jeder Mensch benötigt die Therapie, die ihm persönlich hilft. Geh raus, lass dich von deinen Sinnen leiten und finde das, was dir guttut.

## Kinder und Natur

Ich habe als Kind fast jeden Tag im Freien verbracht. Ich streifte mit meinem besten Freund durch unser Wohnviertel, und je älter wir wurden, desto größer wurde unser Radius. Wir spielten im Sandkasten, kämpften mit Stöcken oder buddelten stundenlang im Garten und bauten im Wald Staudämme oder Hütten aus altem Holz. Ich kann mich noch gut an die Gerüche der heißen, trockenen Sommermonate erinnern: trockener Lehm, der schmorende Komposthaufen unserer Nachbarn, der Duft frisch gebrochener Zweige und auch der metallische Geschmack meines Bluts. Niemand hat mir verboten, über meine Handkante zu lecken, wenn ich sie mir aufgeschürft hatte, und niemand bekam mit, wenn wir Grashalme oder kleine Äste kauten. Ich wohnte am Stadtrand, aber auch meine Schulfreunde, die in der Stadt wohnten, waren viel draußen. Hinterhöfe, Brachen und der »verbotene« Teich im Stadtpark hatten ihren ganz eigenen Reiz.

Es ist wichtig, dass Kinder frühzeitig eine Bindung zur Natur herstellen können. Langzeitstudien weisen deutlich darauf hin, dass sich aus den Lebensumständen in der Kindheit – besonders den sozialen Kontakten und der Art der Umgebung – Schlüsse auf den gesundheitlichen Status im Erwachsenenalter ziehen lassen. Je mehr Naturkontakt im Kindesalter, desto »gesünder« das Verhalten der Erwachsenen.[71] Die Verbindung zur Natur sollte also so früh wie möglich gefördert werden. Wer schon einmal einen Säugling beobachtet hat, dessen Kinderwagen unter einem Baum steht, weiß, was ich meine. Nirgends schläft ein kleiner Mensch besser als unter wispernden Blättern.

Der Aufenthalt im Grünen hat nachweislich einen positiven Effekt auf das Langzeitgedächtnis, und sowohl körperliche als auch geistige Entwicklung profitieren stark von freiem Spiel und der ungestörten Erkundung der Umwelt.[72] Kinder entdecken im Spiel in der Natur ihre Sinne. Natur duftet, stinkt, kratzt oder ist seidenweich, die Sonne blendet, und die Augen gewöhnen sich an das Dämmerlicht im Unterholz. Jeder Stein fällt mit einem unterschiedlichen Platschen oder Plumpsen in den Teich, und knackt es leise im Gebüsch, kommt auch schon einmal Angst auf – oder Spannung. Je nachdem, ob der kleine Naturforscher gerade Indiana Jones ist oder das verschreckte Häschen, das sich vor dem Fuchs versteckt. Die Natur ist wild, selbst im Stadtpark, aber nicht gefährlich. Schmutz, kleine Wunden und auch ein Schluck Teichwasser bringen niemanden um. Ganz im Gegenteil schulen sie, wie viele von uns heute wissen, unser Immunsystem und machen es flexibel und beweglich.
Es ist wichtig, dass wir unseren Kindern angstfrei erlauben, sich in der

»Wildheit« der Natur aufzuhalten. Ermöglichen wir ihnen diesen freien und freiheitlichen Kontakt mit der Natur, können sie einen positiven Gesundheitsweg einschlagen, der bis in ihr Erwachsenenleben reicht. Die Klänge und Gefühle der Natur sind wie ein Samenkorn, das auch nach der langen Dürre eines Lebens in geschlossenen Räumen nur ein bisschen Wind und Blätterwispern benötigt, um zu erwachen und zu keimen.

Ich liebe es, mit meinen Kindern draußen zu sein. Auch ohne Plan. Unsere Wochenendausflüge gehen manchmal nur bis zum nächsten Feldweg, wo wir dann unsere Picknickdecke ausbreiten und einfach nur *sind*. Die Kinder stromern durchs hohe Gras, sammeln Marienkäfer oder beobachten Wasserkäfer, die über einen kleinen Tümpel laufen. Manchmal kommen wir auch gar nicht bis zum Feld, sondern machen einen »Ausflug« in den Garten, liegen auf dem Rücken im Gras und beobachten das bunte Leben im Garten oder die Wolken am Himmel. Wir finden es wichtig, unseren Kindern vorzuleben, dass man nicht immer etwas zu tun haben muss. Dass es schön ist, einfach auch mal nur das Leben zu genießen. Noch sind sie klein, und ebenso klein ist der Radius, in dem sie sich bewegen. »Darf ich allein zu den Nachbarn laufen und klingeln?« Na klar! Der Radius wird größer werden, und wir müssen lernen zu ertragen, dass wir nicht immer wissen werden, wo die Kinder gerade stecken. Ich möchte ihnen die wilde Freiheit, die ich als Kind draußen empfunden habe, ebenso schenken, wie ich sie geschenkt bekommen habe.

Natürlich begleiten uns Eltern verschiedene Ängste, die durch Horrorschlagzeilen, die man zu lesen bekommt, auch immer wieder befeuert werden. Aber ist es dann richtig, die Kinder von dem Leben draußen auszuschließen und ihnen diesen Raum aus der eigenen Angst heraus zu nehmen? Wir haben als Eltern Verantwortung für unsere Kinder, und es ist wichtig und richtig, nicht fahrlässig zu handeln oder blauäugig Gefahren einzugehen. Ebenso wichtig ist es aber, die eigene Angst zu analysieren, zu erkennen und zu verarbeiten. Eigene Ängste übertragen sich sehr schnell auf unsere Kinder und können sich in ihnen verankern. Erlauben wir ihnen die Freiheit kindlicher Abenteuer und lösen wir uns von den Ängsten, die entweder aus unserer eigenen Erfahrung oder der unserer Eltern resultieren beziehungsweise durch Medienberichte entstanden sind.

# Nature-Life-Balance

Wir alle haben Ziele. Jeder für sich, ganz individuell. Was vor wenigen Jahrzehnten oder Jahrhunderten alltäglich war, bedarf heute bewusst gelebter Balance. Immer mehr Menschen folgen ihrem inneren Bedürfnis, raus zu sein und die Zeit in der Natur zu genießen. Immer mehr Menschen erkennen den Wert, den ein Aufenthalt draußen in der Natur hat, denn sie erfahren, dass sie sich dadurch besser fühlen. Welche genauen Einflussfaktoren dabei auf allen körperlichen Ebenen wirken, ist den meisten Menschen nicht bekannt, und dieses Wissen ist auch gar nicht unbedingt nötig. Denn entscheidend in unserem Leben ist, wie wir uns mit etwas, das wir tun, fühlen beziehungsweise wie wir uns fühlen, wenn wir etwas lassen. Ich habe versucht, viele dieser Aspekte und Facetten in diesem Buch zu erfassen, miteinander zu verbinden und dadurch greifbar zu machen. All das ist völlig kostenlos, einfach umsetzbar und ermöglicht dir, die in dir vorhandenen Potenziale freizusetzen.

Die Folgen, die sich für uns, unser persönliches Umfeld, für die Gesellschaft, die Natur und das Leben auf unserem Planeten daraus entwickeln können, sind riesig. So groß, dass wir uns nur schwer vorstellen können, was aus unserem eigenen bewussten, wertschätzenden und natürlichen Verhalten erwachsen kann. Es ist für viele vielleicht genau deshalb nicht vorstellbar, dass wir durch augenscheinliche Banalitäten wie Green

Exercises, durch die wir uns in erster Linie mit unserer natürlichsten Essenz des Seins rückverbinden, viel mehr erreichen. Aber aus genau dieser Rückverbindung entsteht Achtsamkeit, und wir können sie ohne komplexe Trainingsmethoden oder ausgefeilte Techniken erreichen.

Was hält uns eigentlich davon ab, Einfaches anzuwenden? Muss denn alles einem vorgegebenen Plan folgen oder in Zahlen messbar sein? Je mehr Zeit wir in der Natur verbringen, desto intensiver werden wir ganz von selbst eine tiefere Verbindung mit der Natur und zu uns selbst eingehen. Dieses natürliche Band ist womöglich der nächste Schritt zu einem neuen evolutionären Bewusstsein, das die Menschen auf dieser Welt nicht nur insgesamt als Kollektiv miteinander zu verbinden vermag, sondern auch die Menschheit mit allem, was auf unserer Welt *ist*.

Die Natur ist alles. Die Dinge, Technik, Kultur – alles, was wir Menschen bislang geschaffen haben, ist Teil unserer Vorstellungskraft und Teil unseres lebendigen Potenzials. Die Natur schenkt uns viel mehr als nur Stressausgleich, eine Steigerung unseres Immunsystems, eine Verbesserung unseres Gesundheitszustands sowie des allgemeinen Wohlbefindens. Die Natur ermöglicht uns die evolutionäre Weiterentwicklung des Menschseins. Wir tragen nicht nur die Verantwortung für die Natur, die wir beeinflussen, inklusive der Tiere und Pflanzen, die wir züchten, halten und gentechnisch verändern, sondern vor allem auch für unser Handeln, für uns selbst und für alle anderen Menschen.

Das mag für uns als einzelnes Individuum viel zu groß klingen, aber jeder selbst nimmt mit seinem Denken und Handeln maßgeblich Einfluss auf die Menschen um sich herum. Genau dort gilt es zu beginnen und das eigene Potenzial anzuerkennen und dafür zu nutzen, das Leben lebenswert und »die Welt im Kleinen« jeden Tag ein bisschen besser zu machen. Wenn du jetzt sagst: »Puh, das ist mir ein bisschen zu viel. Ich bin raus!«, dann ist das eine super Möglichkeit, kurz innezuhalten und zu entdecken, welches Potenzial wirklich in dir schlummert, und damit den ersten Schritt hin zu einem Leben zu machen, das natürlich, glücklich und erfüllt sein kann.

# Dank

Nun habe ich bereits mein viertes Buch geschrieben. Dieses Buch ist ganz anders als die ersten drei. In der Art der Erzählweise und auch in der Art und Weise, wie viel präsenter und spürbarer ich selbst in dem Buch bin. Ich danke an dieser Stelle zuallererst meiner Fähigkeit, anzunehmen und anzuerkennen, was ist. Damit verbunden auch allen Erfahrungen, die ich in meiner Vergangenheit machen durfte. Jede Erfahrung hat mich reflektieren lassen, geprägt, gestärkt, erleichtert und reicher gemacht. Bewusst oder unbewusst.

Ich danke Carlo Günther für sein tiefes Vertrauen und seine brennende Begeisterung, Neues zu kreieren. Danke, Carlo, für unseren gemeinsamen Weg der letzten Jahre und unseren den Geist öffnenden Weg durch das Bonner Siebengebirge, der so viel Klarheit gebracht hat.

Danke Dir, liebe Melle, für Deine wachsende Energie, Leichtigkeit und das perfekte Pingpongspielen in unserer Arbeit.

Danke auch Dir, lieber Wald, der du mich von klein auf begleitest und mir immer wieder neue Erkenntnisse über mich selbst schenkst.

Leben, Du selbst bist das größte Geschenk und Dir gebührt der größte Dank, denn ohne Dich wäre all das, was ich kreieren darf, gar nicht möglich.

Von Herzen frei und dankbar

Felix

# Literatur

## Raus sein

1   56 Prozent der befragten Social-Media-Nutzer gaben zu, Angst zu haben, etwas zu verpassen: https://www.statista.com/statistics/262138/percentage-of-us-social-networks-who-suffer-from-fomo/ (abgerufen am 1. Juni 2018.

2   Thetawellen bei Erwachsenen: https://www.findyournose.com/dalai-lama-gehirnwel-len-eines-kleinkindes (abgerufen am 1. Juni 2018).

3   Berman, Marc G.; Jonides, John; Kaplan, Stephen: *The Cognitive Benefits of Interacting With Nature*, Psychological Science, Volume 19, issue 12 (2008): 1207–1212.

4   Cimprich, B.: *Development of an intervention to restore attention in cancer patients,* Cancer Nurs., Apr;16(2) (1993): 83–92.

5   Kaplan, S.; Kaplan, R.: *Cognition and Environment,* New York: Praeger (1982), Republished 1989 by Ulrich's, Ann Arbor, MI.

6   Morhenn, V.; Beavin, L. E.; Zak, P. J.: *Massage increases oxytocin and reduces adrenocorti-cotropin hormone in humans,* Altern Ther Health Med., Nov–Dec; 18(6) (2012): 11–18.

7   Vanman, Eric J.; Baker, Rosemary; Tobin, Stephanie J.: *The burden of online friends: the effects of giving up Facebook on stress and well-being,* The Journal of Social Psychology, published online: 09 Apr 2018.

8   Sidani, Jaime E. et al.: *The Association between Social Media Use and Eating Concerns among US Young Adults*, Journal of the Academy of Nutrition and Dietetics, September 2016, Volume 116, Issue 9: 1465–1472.

9   Schienle, A.; Stark, R.; Kulzer, R.; Klöpper, R.; Vaitl, D.: *Atmospheric electromagnetism: Individual differences in brain electrical response to simulated sferics,* International Journal of Psychophysiology, 21 (1996): 177–188.

10  http://blog.heartmathdeutschland.de/emotionale-zustaende-sind-messbar/ (abgerufen am 1. Juni 2018).

11  Durchschnittliche tägliche Fernsehdauer in Deutschland in den Jahren 1997 bis 2017 (in Minuten): https://de.statista.com/statistik/daten/studie/118/umfrage/fernsehkonsum-entwicklung-der-sehdauer-seit-1997/ (abgerufen am 1. Juni 2018).

## Die wahre Macht der Natur

12  Bratman, Gregory N. et al.: *Nature experience reduces rumination and subgenual prefrontal cortex activation,* PNAS July 14, 2015, 112 (28) 8567–8572; published ahead of print June 29, 2015.

13  Matsuoka, R. H.: *High school landscapes and student performance*, University of Michigan, Ann Arbor (2008), https://deepblue.lib.umich.edu/handle/2027.42/61641.

14  Cuo, Frances E.; Sullivan, William C.: *Environment and crime in the inner city: Does vege-tation reduce crime?*, Environment & Behaviour, Vol. 33, No. 3 (2001): 343–367.

15  Weinstein, N.; Przybylski, Andrew K.; Ryan, Richard M.: *Can nature make us more ca-ring? Effects of immersion in nature on intrinsic aspirations and generosity*, Personality and Social Psychology Bulletin, Vol. 35, No. 10 (2009): 1315–1329.

16  Caroline M. Hagerhäll et al.: *Fractal Dimension of Landscape Silhouette Outlines as a Predictor of Landscape Preference*, Journal of Environmental Psychology, Vol. 24, No. 2 (2004): 247–255.

17  Das Zitat findet sich auf folgender Website: http://www.beethoven.li/zitate/ (abgerufen am 1. Juni 2018).

18  Kahn, Peter H.; Severson, Rachel L.; Ruckert, Jolina H.: *The human relation with nature and technological nature*, Current directions in Psychological Science, Vol. 18, No. 1 (2009): 41.

19  Eine sehr übersichtliche Zusammenfassung inkl. diverser Studien zum Thema natürliches Licht und Kurzsichtigkeit: https://www.nature.com/news/the-myopia-boom-1.17120 (abgerufen am 1. Juni 2018).

20  Slominski A. T.; Zmijewski M. A.; Plonka, P. M.; Szaflarski J. P.; Paus R.: *How UV Light Touches the Brain and Endocrine System Through Skin, and Why*, Endocrinology, 2018 May 1;159(5): 1992–2007. doi: 10.1210/en.2017-03230.

21  Xiong, S. et al.: *Time spent in outdoor activities in relation to myopia prevention and control: a meta-analysis and systematic review*, Acta Ophthalmol, (2017). doi: 10.1111/aos.13403.

22  Bedrosian, T. A.; Weil, Z. M.; Nelson, R. J.: *Chronic dim light at night provokes reversible depression-like phenotype: possible role for TNF*, Molecular Psychiatry, Volume 18 (2013): 930–936. doi: 10.1038/mp.2012.96.

23  Wood, B.; Rea, M. S.; Plitnick, B.; Figuero, M. G.: *Light level and duration of exposure determine the impact of self-luminous tablets on melatonin suppression*, Applied Ergonomics, Volume 44, Issue 2, March 2013: 237–240.

24  Van den Bulck, Jan: *Adolescent Use of Mobile Phones for Calling and for Sending Text Messages After Lights Out: Results from a Prospective Cohort Study with a One-Year Follow-Up*, Sleep, Sep 1; 30(9) (2007): 1220–1223.

25  Kyba, Christopher C. M. et al.: *Artificially lit surface of Earth at night increasing in radiance and extent*, Science Advances (22 Nov 2017), Vol. 3, No. 11, e1701528. doi: 10.1126/sci-adv.1701528.

26  Kaniewska, P. et al.: *Signaling cascades and the importance of moonlight in coral broadcast mass spawning*, eLife 2015;4:e09991. doi: 10.7554/eLife.09991.

27  Chater, Keith F.: *The Smell of the Soil*, in: https://microbiologysociety.org/publication/past-issues/soil/article/the-smell-of-the-soil.html (abgerufen am 1. Juni 2018).

28  J. Porter et al.: *Mechanisms of Scent-Tracking in Humans*, Nature Neuroscience, 10 (2007): 27–29. doi: 10.1038/nn1819.

29  Zur positiven Wirkung von Naturholz: https://www.zirbenwelten.com/wp-content/uploads/2017/01/Joanneum-Forschungsbericht-Langfassung.pdf (abgerufen am 1. Juni 2018).

30  Bushdid, C. et al.: *Humans can discriminate more than 1 trillion olfactory stimuli*, Science, Vol. 343, No. 6177 (2014): 1370–1372.

31  Mujica-Parodi, Lillianne R. et al.: *Chemosensory cues to conspecific emotional stress activate amygdala in humans*, PLoS ONE, Vol. 4, No. 7 (2008), published online, e6495.

32  Der Artikel ist auf der Seite der Max-Planck-Gesellschaft erschienen: *Dein Stress ist auch mein Stress. Allein das Beobachten stressiger Situationen kann eine körperliche Stressantwort auslösen* (17. April 2014), https://www.mpg.de/forschung/stress-empathie (abgerufen am 1. Juni 2018).

33  FAA Aerospace Forecast Fiscal Years 2012–2032, zitiert in Karp, Gregory: *Air travel to nearly double in next 20 years, FFA says*, Chicago Tribune, March 8, 2012.

34  Griefahn, Barbara et al.: *Autonomic arousals related to traffic noise during sleep,* Sleep, Vol. 31, No. 4 (2008): 569.

35  Barber, Jesse R. et al: *Conserving the wild life therein: Protecting park fauna from anthropogenic noise*, Park Science, Vol. 26, No. 3 (winter 2009–10): 26.

36  Kaltenbach, Martin; Maschke, Christian; Klinke, Rainer: *Health Consequences of aircraft noise*, Deutsches Ärtzeblatt Int., Vol. 105, No. 31–32 (2008): 548–556.

37  Ebd.

38  Evans, Gary et al: *Chronic noise exposure and physiological response: A prospective study of children living under environmental stress*, Psychological Science, Vol. 9, No. 1 (1998): 75–77.

39  Stansfeld, S. A. et al.: *Aircraft and road traffic noise and children's cognition and health: a cross-national study*, Lancet, 2005 Jun 4–10; 365(9475): 1942–1949.

40  Bolhuis, J. J.; Okanoya, Kazuo; Scharff, Constance: *Twitter evolution: Converging mechanisms in birdsong and human speech*, Nature Reviews Neuroscience, 11(11), November 2010: 747–759.

41  Gould van Praag, Cassandra D. et al.: *Mind-wandering and alterations to default mode network connectivity when listening to naturalistic versus artificial sounds,* Scientific Reports, Volume 7, (2017) Article number: 45273.

42  Bhasin, M. K. et al.: *Specific Transcriptome Changes Associated with Blood Pressure Reduction in Hypertensive Patients After Relaxation Response Training,* J Altern Complement Med., 2018 May; 24(5): 486–504. doi: 10.1089/acm.2017.0053.

43  Lipton, Bruce H.: *Intelligente Zellen. Wie Erfahrungen unsere Gene steuern*, Burgrain 2006.

44  Li, Q. et al.: *A forest bathing trip increases human natural killer activity and expression of anti-cancer proteins in female subjects*, J Biol Regul Homeost Agents, (2008) Jan–Mar; 22(1): 45–55.

45  Li, Q. et al.: *Forest bathing enhances human natural killer activity and expression of anti-cancer proteins*, Int J Immunopathol Pharmacol., (2007) Apr–Jun; 20(2 Suppl 2): 3–8.

46  Park, B. J. et al.: *The physiological effects of Shinrin-yoku (taking in the forest atmosphere or forest bathing): evidence from field experiments in 24 forests across Japan*, Environ Health Prev Med. 2010 Jan; 15(1): 18–26. doi: 10.1007/s12199-009-0086-9.

47  Louv, Richard: *Das Prinzip Natur. Grünes Leben im digitalen Zeitalter*, Weinheim und Basel 2012.

## Green Exercises – Die innere und äußere Befreiung ganz praktisch umsetzen und im Alltag leben

48  Falk, J.; Balling, J. D.: *Evolutionary influence on human landscape preference*, Journal of Environment and Behaviour. doi: 10.1177/0013916509341244.

49  Barton, J.; Pretty, J.: *What is the best dose of nature and green exercise for improving mental health? A multi-study analysis*, Environmental Science & Technology, 44. Jg., Nr. 10 (2010): 3947–3955.

50  Oschman, J. L.; Chevalier, G.; Brown, R.: *The effects of grounding (earthing) on inflammation, the immune response, wound healing, and prevention and treatment of chronic inflam-*

*matory and autoimmune diseases,* J Inflamm Res., 2015 Mar., published online 2015 Mar 24. doi: 10.2147/JIR.S69656.

51   Chevalier, G.; Sinatra, S. T.; Oschman, J. L.; Sokal, K.; Sokal, P.: *Earthing: health implications of reconnecting the human body to the Earth's surface electrons,* J Environ Public Health, 2012; 2012:291541. doi: 10.1155/2012/291541.

52   Carney, Dana; Cuddy, Amy; Yap, Andy J.: *Power Posing: Brief Nonverbal Displays Affect Neuroendocrine Levels and Risk Tolerance,* (2010) Psychological Science, 21: 1363–1368. doi: 10.1177/0956797610383437.

53   Stand-by-Kosten ermittelt durch das Statistische Bundesamt: https://www.umwelt-bundesamt.de/themen/klima-energie/energiesparen/leerlaufverluste (abgerufen am 1. Juni 2018).

54   Wolverton, B. C.; Johnson, A.; Bounds, K.: *Interior Landscape Plants for Indoor Air Pollution Abatement*, NASA/ALCA Final Report, Plants for Clean Air Council, Davidsonville, Maryland, 1989.

55   Barton, Jo; Pretty, Jules: *What is the Best Dose of Nature and Green Exercise for Improving Mental Health? A Multi-Study Analysis*, Environ. Sci. Technol., 2010, 44: 3947–3955.

56   Korpela, K. M.; Ylén, M.; Tyrväinen, L.; Silvennoinen, H.: *Favorite green, waterside and urban environments, restorative experiences and perceived health in Finland*, Health Promot Int., 2010 Jun; 25(2): 200–209. doi: 10.1093/heapro/daq007.

57   Williams, Florence: *The Nature Fix – Why nature makes us happier, healthier, and more creative*, W.W. Norton & Company, Inc., New York (2017): 141.

58   Shanahan, Danielle F. et al.: *Health Benefits from Nature Experiences Depend on Dose,* Scientific Reports, Volume 6, Article number: 28551 (2016), doi: 10.1038/srep28551.

59   Bratman, Gregory N. et al.: *Nature reduces rumination and sgPFC activation*, Proceedings of the National Academy of Sciences, Jun 2015. doi: 10.1073/pnas.1510459112.

60   Statistiken zur Mediennutzung in Deutschland: https://de.statista.com/themen/101/medien/ (abgerufen am 1. Juni 2018).

61   Li, Qing: *Effect of forest bathing trips on human immune function,* Environ Health Prev Med., 2010 Jan; 15(1): 9–17. Published online 2009 Mar 25. doi: 10.1007/s12199-008-0068-3.

62   Mostafa, Wedad Z.; Hegazy, Rehab A.: *Vitamin D and the skin: Focus on a complex relationship: A review*, Journal of Advanced Research, Volume 6, Issue 6, November 2015: 793–804.

63   Naeem, Z.: *Vitamin D Deficiency – An Ignored Epidemic,* International Journal of Health Sciences, 4.1 (2010): V–VI. Print.

64   Holick, M. F.: *Sunlight and vitamin D for bone health and prevention of autoimmune diseases, cancers, and cardiovascular disease*, Am J Clin Nutr., 2004; 80(6, suppl): 1678S–1688S.

65   Webb, A. R.; Kline, L.; Holick, M. F.: *Influence of season and latitude on the cutaneous synthesis of vitamin D3: exposure to winter sunlight in Boston and Edmonton will not promote vitamin D3 synthesis in human skin,* J Clin Endocrinol Metab., 1988; 67(2): 373–378.

66   Holick, M. F.; Chen, T. C.; Lu, Z.; Sauter, E.: *Vitamin D and skin physiology: a D-lightful story,* J Bone Miner Res., 2007;22 (suppl 2): V28–V33.

67   Ewert, Alan et al.: *Understanding the transformative aspects of the wilderness and protected lands experience upon human health,* USDA Forest Service Proceedings (2011): 140–146.

68   Atchley, Ruth Ann; Strayer, David L.; Atchley, Paul: *Creativity in the Wild: Improving*

*Creative Reasoning through Immersion in Natural Settings*, (2012) PLoS ONE 7(12): e51474. https://doi.org/10.1371/journal.pone.0051474.

69    Piff, Paul K. et al.: *Awe, the Small Self, and Prosocial Behavior*, Journal of Personality and Social Psychology (2015), Vol. 108, No. 6: 883–899.

70    Berman, Marc G.; Jonides, John; Kaplan, Stephen: *The Cognitive Benefits of Interacting With Nature,* Psychological Science, Volume 19, Issue: 12: 1207–1212.

71    Bixler, R. D.; Floyd, M. F; Hammitt, W. E.: *Environmental socialization. Quantitative tests of the childhood play hypothesis,* Environment and Behavior, 34 (6) (2002): 795–818.

72    Berman, Marc G.; Jonides, John; Kaplan, Stephen: *The Cognitive Benefits of Interacting With Nature,* Psychological Science, Volume 19, Issue 12: 1207–1212.

# Stichwortverzeichnis

## Zum Autor

Felix Klemme ist Diplom-Sportwissenschaftler, Life-Coach und Gründer des Unternehmens Outdoor Gym in Bonn. Zu seinen Kunden zählen übergewichtige Menschen, Profisportler, Burn-out-Patienten, Patienten mit Autoimmunerkrankungen sowie gesundheitsbewusste Menschen. Seit 2013 ist er TV-Coach für die RTL-2-Dokuserie »Extrem schwer«, in der er stark übergewichtige Menschen ein Jahr lang begleitet und ihnen dabei hilft, ihr Leben zu ändern und abzunehmen. Felix Klemme ist der Gewinner des Neos Award für den Personal Trainer des Jahres 2015.

Websites: www.outdoorgym.de und www.felixklemme.de